南山慈善译丛
NANSHAN TRANSLATIONS OF
CHARITY RESEARCH

第一辑主编／褚蓥

捐赠：

西方慈善公益文明史

GIVING：

CHARITY AND PHILANTHROPY IN HISTORY

［美］罗伯特·H.伯姆纳 ／ 著
（Robert H. Bremner）

褚蓥 ／ 译

社会科学文献出版社
SOCIAL SCIENCES ACADEMIC PRESS (CHINA)

总　序

<<<<<<<<<

　　学术的意义是什么？我认为是要在求得经世济国之用的同时，追求自身内心的安宁。一部学术作品如果连学者自己的内心都无法抚慰，那么这样的作品也就缺乏灵气，是不可能流传于世的，更难以利社稷、安国家。

　　2014 年，我来到广州，开始寻找学术的意义。在这里，我寻找到了一座"山"，并在"山"上安居，过一种处江湖之远，近乎隐居的生活。偶然也有友人来广州寻我，问及"山在哪里"，我笑而答曰"山在心中"。

　　"山在心中"是一种学术态度，也是一种人生态度。选择做这种学术，能安静地思考；选择过这种生活，能获得幸福。事实上，这种恬淡而平静的生活的确给了我智慧的惠风，也给了我幸福的感觉。这才是真正的"采菊东篱下，悠然见南山"。

　　所幸的是，"山"中的生活并不孤单。我来广州后，相继有多位好友来"山"中与我结庐为伴。我们时常会面，把酒言欢，谈天论地。于是，"六朝多少兴废事，尽入渔樵闲话"。

　　2015 年初，一位好友在聚会时提出："我辈皆以弘扬中华慈善学为趣，而我国慈善学之研究甚为鄙陋。

1

我们何不做一套译丛，介绍西方慈善思想，以为对比借鉴。"听到这一主张，我拍手称好。经过两年的筹备，这套南山慈善译丛终于推出了第一辑。而其中"南山"二字，正取自我们内心安居地之名。

这套译丛以慈善思想为主线，分为三个系列：慈善思想、慈善历史、慈善法律。每一个系列皆选择数种国外经典慈善学作品，逐步翻译引入。其中，第一辑选了三本书，即每个系列各有一本书。这三本书都是有一定影响力的作品，也是我们从 400 多本慈善学作品中精挑细选之后确定的作品。参与这套译丛翻译工作的译者都是做义务劳动，没有领受一分钱的报酬，而且他们翻译都十分认真。这种一丝不苟的学术态度，恰恰符合前文言及的"南山精神"——爱智慧，爱生活。

是为序！

褚 蓥

2016 年 12 月 20 日

中文版序

　　罗伯特·H.伯姆纳教授（1917～2002年）的《捐赠：西方慈善公益文明史》是西方慈善学上一座难以逾越的丰碑。罗伯特先生是俄亥俄州立大学历史学的荣誉教授，常年从事济贫、慈善等相关研究，曾出版过《美国公益事业》（*American Philanthropy*）、《公共之善：内战时期的公益与福利》（*The Public Good：Philanthropy and Welfare in the Civil War Period*）、《美国贫困调查》（*The Discovery of Poverty in the United States*）等书，在学界引起较大影响。

　　为何我们应认为《捐赠：西方慈善公益文明史》是西方慈善学上一座难以逾越的丰碑呢？笔者有四点理由。

　　第一，该书是罗伯特教授退休后一直在研究与撰写的一部作品，也是罗伯特教授留给世人的最后一部作品。这部作品集罗伯特教授毕生研究之精华，是一个史家的学问达到人生的顶点时的绝唱之作。

　　第二，罗伯特教授在该书中旁征博引，从古希腊开始到近现代，收录了为数众多的慈善文献。这些文献既有正统的史实，如新闻报道、历史记录等，也有各类文学作品，如小说、诗歌、戏剧等，更有圣经、古兰经等神学典籍。其文献量之丰富，品类之庞杂，非一般史家所能驾驭。这尽现了罗伯特教授作为一个优秀史学家考据的功力。

第三，罗伯特教授在考据之余，还不忘对诸多材料做出点评。书中有不少点睛之笔，使原本略显枯燥的素材增色不少。在经常的情况下，罗伯特教授略带诙谐的一句评语，在使人会心一笑的同时，还能品出素材背后的深意。这绝非普通史学家所能达致。

第四，如果仅有精致的考据，精彩的点评，则这本书也不过是一本优秀作品，甚或经典作品，但也难以成为一座丰碑。而之所以称其为西方慈善学上一座难以逾越的丰碑，更主要的是因为罗伯特教授的这部作品开创了一个全新的研究领域，那就是慈善文学史。熟悉慈善史的读者都知道，世界领域主流的慈善史作品都是对历史事实的记录与整理，而罗伯特教授这一部篇幅不算长的作品则打破了这一研究思路。它是从历史文献，特别是文学作品的角度来记述历史的。比如，在本书一开篇，罗伯特先生就以荷马史诗为载体，介绍了古希腊人的慈善捐赠观念，然后他话锋一转，论及了赫西俄德的《工作与时日》，再然后就进入了古罗马，以西塞罗和塞内加的作品作为研讨对象。这种叙事方式在之前的慈善史作品中是从未见过的。而敢于尝试这一题材，并成功写出这样作品的人，也只有罗伯特教授了。

综合以上四点，笔者以为，罗伯特教授的这部作品是西方慈善学上一座难以逾越的丰碑。就笔者而言，我素来偏爱精致的有学力的学术作品。早在 2012 年，我就已经注意到这部作品了。但是，当时苦于学力有限，其中有不少内容非猝然可以读懂，故而，我一直不敢尝试挑战这部经典作品。因此，我又苦读数年，潜心为翻译这部作品做准备。到 2015 年初，我认为自己已经基本能看懂这部作品了，便开始动手翻译。其间经历了近两年的时间，我边翻译边查阅书中提到的文献，竟也把其中提到的很多部小说的中文版读了一遍。在初稿完成后，该书又经过两道审校，是由我和我的助手李晋蓉一起完成的。由此，才算是完成了这部译稿。

但是，笔者的学力毕竟有限，而罗伯特教授的学术功力又十分深厚，非我一个学界晚辈可以轻易比及。故而，译稿中的错讹之处是在所难免的。也望读者能够不吝指出，帮助我在未来的修订中不断完善这部作品。

褚蓥

2016 年 9 月 30 日于广州

致 谢 <<<<<<<<<<<

我首先要感谢文中所引文献和故事的作者们。他们有的还在世，有的已经故去。我还要感谢国家城市联盟（National Urban League Inc.），因为它允许我引用蓝斯顿·休斯（Langston Hughes）的作品《毯子何其薄》（*How Thin a Blanket*）。

在我的写作过程中，玛丽（Merle Curti）、理查德（Richard Margat）、托马斯（Thomas R. Buckman）、欧文（Irving Louis Horowitz）和保罗（Paul A. Varg）都给我提供了很多鼓励和有用的建议。弗兰克（Frank Annunziata）很用心地给我提供了很多关于慈善的剪报和杂志剪辑。

约瑟夫（Joseph Lynch）教授与我分享了他关于教会史与圣徒传的知识。他和他的继任者，也就是俄亥俄州立大学历史中心的主席迈克尔（Michael J. Hogan），很热心地给我提供了办公场地以及文秘协助。我还要感谢该中心的全体工作人员，他们很热诚地给我提供了不少帮助。我要感谢俄亥俄州立大学图书馆负责索引、流通、馆际互借等工作的人员。在很多年里，他们给我提供了很多协助。我还要特别感谢史蒂芬（Stephen W. Roger），他协助我找到了很多很难找的文献，也帮我解决了文末的参考文献的问题。

1

克莱顿（Clayton Roberts）、安·伯姆纳（Ann Bermner）、迈克尔（Michael Spicer）都曾向我提供过有关历史悠久的英国慈善基金会的现状的信息。苏·伯姆纳（Sue Bremner）就编辑和文体向我提供了很多有价值的建议。我还要特别感谢玛丽安（Maria Mazon），她很娴熟且有耐心地将我的手稿打了出来，以及凯瑟琳（Catherine Marting Bremner），她在本书写作的各个阶段都很热情地给我提供了很多帮助。

　　捐赠，和爱一样，都属于慈善的构成元素。不过，有时爱是可以没有的，但捐赠却是必不可少的。受助也是十分重要的，但首先得有捐赠。现在我们打开邮箱，接电话，或者在城市街道里漫步，都经常会遇有捐赠的机会。在捐赠过程中，除了物质之外，我们还表达（或隐忍）了对他人的爱、信任、友情、鼓励、同情、帮助和建议。关于慈善与公益的差异，我们做出捐赠，以减轻贫困、受苦或悲伤者的不幸，这是慈善（charity）；我们做出捐赠，以避免或矫正社会问题和环境问题，改善陌生人和各种其他生物的生活和生存环境，且也没有人对此提出要求，这是公益（philanthropy）。

　　本书穿越了历史，从古代到现代，探讨了各个时期人们对慈善的不同态度。这一慈善史讲的是仁善之人与组织所为之事，如何为之，以及其努力成效何如。本书之研究，基于各类文献——传说、诗歌、民谣、经文、诵经、小说、传记、论文和戏剧——对文献作者及其刻画的人物之捐赠观以及向贫民、乞丐和良善事业做捐赠之看法做了品评。他们所做出的建言或警告，皆展露出他们之自私、自利和高傲；他们也论及其对宗教、政治、社会阶层、容忍观或批判观之态度；除这些主题以外，他们还经常涉及牺牲、骄傲、招摇、奢侈、善功以及懒惰等主题。这些主题的言说者在倾吐时皆带有强烈的情绪，且经常表达反对意见，由此，他们所论及的这些主题也就显得越发有价值了。他们尖锐的评论使这一话题避免落到俗套的善举之列。

慈善与公益有诸多共通之处（主要是捐赠），因此，这两个词也经常混用。关于两者的不同之处，一者在于两者对贫民的兴趣有差异。所谓慈善，乃犹太教、基督教和伊斯兰教信徒之神圣义务，即负有救助贫民、孤儿、无所依靠者，及无家可归者之困境的义务。对不幸者的同情，以及对人们所作出的"爱其邻人"和"爱同教之友"的告诫皆属于上述宗教的教义。这些教义拓展了慈善的含义，将之拓展到仁善且关心地对待他人的程度，而无论其需要与否，信仰为何。慈善的特性，即在于给予他人未知之神的恩赐。而有些所谓的聪明人，其行为或许属于善举，但其思想却并非如此。

所谓公益，源于世俗，强调的乃是对人之爱，而非对神之爱。它也不像慈善一样，牵涉对穷人之救助。在 17 世纪，公益的意思是思想的仁善倾向，及其人道主义之转变。在 18 世纪和 19 世纪，公益又牵扯到了人道主义改革，即改善囚犯和精神病人的待遇，废除奴隶制，以及争取妇女和劳工权利等。到 19 世纪末期，公益又变为向多种事业捐赠，以增进社会各个阶层的福利。近年来，公益指的是政府承担其中多数职责，支付多数费用，以救助生活在贫困线以下的人。有的人认为这的确是政府的职责，但就算是这些人，也还认为帮助穷人可以采用多种形式，包括：创新和尝试新的济贫服务种类，监测政府的项目以确保公平、合理，为被遗忘者呼喊，为弱势者的赋权而奔走。

对于两种善，世间皆不乏批评之声。人们对慈善的批评主要是认为其在救助贫困时，也催发了贫困；人们也同时批评两种善，即认为其皆专注于捐赠人的利益，却未能顾及受助人的诉求。公益所施行的缓慢改良的路径亦为激进社会改革者们所不耻；同时，公益的改革者们一心献身于其事业之中，这也令那些世俗之人怀疑改革者们的头脑是否健全。此外，人们还认为慈善事业的实践者们普遍是伪善者，行为高大，意图阴暗，宛如教士或政客一般。这些书的作者们在他们的作品中都涉及这些指责，有的还对部分指责做出了回应。他们犀利地指出了利他主义背后隐藏的自利之心，高尚外表下隐藏的吝啬之魂。

　　本书除脚注数量较多以外，并不算是一本严谨的学术著作。它主要是一本故事书，讨论了捐赠、索取，偶然也会涉及获取。脚注的目的是给出文中所论及文献的出处，以便有兴趣的读者获取更多信息。文中所涉及文献的出版年份，以及作者之生卒年月都已经标注清楚，也是为了免于读者再另行查找。考虑部分经典文献包含多个版本，且所列页码又不相同，故脚注所列书名和页码皆为所引或所论及文本之书名和页码。书末的文献表列有书中所引主要文献的名录。

目　录

第三部分 18 世纪

第四部分 19 世纪

第五部分 19 世纪 80 年代到现在

第一部分

古代世界

引子　第一个博爱家 *

　　根据希腊神话，人类的第一个恩人是泰坦巨神普罗米修斯。他给了人们火。火在之前是由神所独享的。对于普罗米修斯的这个行为，宙斯做出了严厉的惩罚，即将其缚于高山之巅，永受烈日和严寒之苦。在埃斯库罗斯（公元前525～公元前456年）的名剧《被缚的普罗米修斯》中，逮捕普罗米修斯的人告诉他，其所受之惩罚乃是对其博爱（*philanthropos*）之回馈。学者们对这个词做了多种翻译：公益（Philanthropy）、爱人类的倾向、仁爱、爱人类、人道的慈善（human charity）、养育人类、护卫人类，以及帮助人类。

---

* Philanthrophist，一般译为慈善家。但下文在论及公益事业时，也使用该词，而本书又对慈善与公益有所区别。为防误解，故统一译为"博爱家"。——译者注

第一章　关于捐赠与乞讨的
古典主义观点

《奥德赛》和《伊利亚特》是现存历史最久远的希腊文学作品。在这两部作品中，荷马论及生活于公元前 9 世纪的人们对于乞讨和赠予的看法。他们的这些看法，就像我们现在一样，是充满矛盾的。荷马及其作品中的人物都对乞丐表示出了鄙夷。他们认为乞丐老是在欺骗，所以要求对乞丐进行严厉的惩罚，以"教育乞丐不要再欺骗"。但同时，经常的情况是，这些乞丐又是由神装扮的，因此，人们就应该对其表现出足够的体谅。

在《奥德赛》的结尾处，英雄奥德修斯①历经多年的流浪，终于回到其在伊萨卡的王国。但是，他却发现他的土地被侵占了，而且有很多求婚者在他的家门口向他的妻子求婚。奥德修斯的守护神雅典娜将其伪装成一个流浪汉，以保护其不受求婚者的戕害，直至他能想出一个办法处置掉那些求婚者们为止。奥德修斯穿着破衣烂衫，容貌大改，堂而皇之地穿过求婚者饮宴的大厅，只有他的儿子忒勒马科斯注意到了他的身份。受忒勒马科斯的邀请，并遵从雅典娜的命令，奥德修斯向每位求婚者乞求食物。所有人都给了他一些吃的，除了安提诺乌斯。他痛斥那个庇护奥德修斯的猪倌，因为他将一个不受欢迎的乞丐带进了这座城市。他抄起一个板凳，扔向眼前这个流浪汉。无论是安提诺乌斯，还是其他求婚人都不知道他们正在经受一场测试；雅典娜要求奥德修斯向求婚者

---

① 在希腊神话中，神与人之后嗣为英雄。因此，英雄属于半人半神，且有神作为其之护佑者。——译者注

4

乞讨，是因为她想要通过他们的反应来区分好人和坏人。但是，荷马随后又告诉我们，虽然雅典娜下令进行这样的测试，但其随后又决定将所有的求婚者，无论好坏，一律处死。[1]

对乞丐的态度或能反映出不同人的不同性格，但是世上本无关于人们态度的定论。安提诺乌斯和奥德修斯（在不同的情况下）都对乞丐施过暴力；安提诺乌斯受到了谴责，而奥德修斯却因为痛打乞丐而获得求婚者们的道贺。安提诺乌斯曾痛斥其他求婚者选了一条简单的道路，即用其他人的财富装点自己的慷慨。但荷马并未指明安提诺乌斯的拒绝是因为社会对乞讨的通行原则所致，还是因为其个人之吝啬。[2]

有些人认为施与是一种更有损名誉之事，故而人们不应向乞丐施舍。赫西俄德是古希腊的一名诗人。他在公元前 700 年前后也表达了这样的观点。在他的作品《工作与时日》（*Works and Days*）中，他提到他的兄弟，说自己已经给了他足够的东西，并不会再给他了。"劳作吧，愚蠢的佩尔赛斯，这是神对人的命令啊。"不要纠缠你的邻居，或浪费时间在忌妒和无意义的幻想上。"谨慎的工作将带来繁荣，懒惰的人将陷于覆灭。"[3]根据同样的理念，普鲁塔克引用了一个斯巴达人的话。这个斯巴达人断然拒绝了一个乞丐的呼请，说道："如果我给你钱，那你就会愈发成为一个乞丐；那个第一个向你施舍的人必须对你如此卑贱的行为负责，因为他令你如此懒惰。"[4]安德鲁·卡内基，根据其《财富的福音》一书中的主要观念，延展开来写了一篇文章。在这篇文章中，他也引用上述斯巴达人的观点，提出："只有少数，极少数的富翁，是没有做过使人成为乞丐的恶行。"[5]

赫西俄德直截了当地建议——向波提尔（一个希腊的地名，赫西俄德的居住地）的"王公"或大地主们提出——不要向乞丐或穷人施舍：

> 爱那些爱你的人，帮助那些帮助你的人。给那些给你的人，不要给那些没有给过你的人。

如赫西俄德所见，是否对自己有利应为捐赠和拒绝之首要原则。而关于自我放纵，他建议道：

尽情畅饮，在瓦罐还满着或将要空的时候。在瓦罐还有一半的时候，节省是好的，但在罐底露出来的时候，这就没用了。[6]

在上述所引文字中，赫西俄德提出的观点也就是托斯丹·凡勃伦（1859～1929 年）所称的"实用主义知识"（pragmatic knowledge）。对于这个，凡勃伦的定义是"谆谆的劝诫人们要节俭、谨慎、平和，以及精明的管理——这是获得最大好处的行为的集合体"。凡勃伦相信在这块知识领域中，"从孔子到塞缪尔·斯迈尔斯，并未有太多的进步"。[7] 而赫西俄德又比孔子还要早几个世纪。

昆图斯·恩纽斯（公元前 239～公元前 169 年）是第一个主要以拉丁文创作史诗的人。现在他的作品只有一些片段传世，见于后来的作家们的引述中。在《论道德义务》中，西塞罗引用如下这一段：

一个人在路上好心地为陌生人指路，并用手里的烛火点燃对方的灯笼，其也不会因此损失什么。

基于此，西塞罗总结出来一个道德理念："只有那些不会给个人带来损失的好事才是可以做的，哪怕是对陌生人。"[8]

西塞罗（公元前 106～公元前 43 年）是一位政治家、演说家和哲学家，著有《论道德义务》一书。该书写于公元前 44 年，名义上是写给他儿子的箴言。在论及慷慨时，其引用了三段关于捐赠的警言：第一，在赠予时，对受助者或其他人不应有所偏重；第二，赠予之量不应超越捐赠人之本意，或令其家族致贫；第三，赠予之量应与受助者之价值相当，考虑如下因素，包括，性格、关系，对捐赠人之态度，对捐赠人之回报。在这三条警言中，最重要的是第一条；在讨论这一条时，西塞罗强调了"其他人"，即受到向受助人的赠予行为影响的人。关于这些"其他人"，西塞罗主要说的就是那些为苏拉和恺撒所挟持的古罗马各大庄园的合法所有者们，这些人后来都转成了苏拉和恺撒的支持者或政治同盟。西塞罗宣称："没有腥味可以是慷慨的，却又是不正义的。"[9]

以自己的努力和影响力帮助他人是需要费些工夫的，此外还要有一定的勇气。有鉴于此，西塞罗认为这比单纯捐钱在道德上要高尚一些。

类似捐钱一类的善心不仅取决于钱包的大小，还限制了受助人的数量，更有可能耗尽人们的财富。相反，人们如以非金钱的方式帮助别人，则能一箭双雕。"人们助人愈多，在其良善的事业上便有更多的盟友"，准备更充足，内容更适宜，其效果也就更好。[10]

西塞罗将捐款的人分为"挥霍的人"和"慷慨的人"。他认为，前者奢侈消费，大摆筵席，分发食物，举办角斗士表演，举办动物决斗表演，其目的是为了炫耀财富，博取名望。他们这种讨好公众的做法，效果并不持久，转瞬即为人所遗忘。"慷慨的人"则会花钱赎取俘虏、营救被绑架者、提供嫁妆，或偿还好友的债务。如果受益人值得帮助，且捐赠人谨慎、稳健，避免了"不做区分的善意"，"采用了一种令人容易接受的方式，即将我们的环境因素列入考量"，那么为这些目的所做的慷慨捐赠便是适当的。[11]毫无疑问，如果"过于慷慨，导致以后无法再行善举"，则没有比这更傻的情况了。[12]

西塞罗是朱利乌斯·恺撒（公元前 100～公元前 44 年）的同时代人。他在恺撒去世那年写成了《论道德义务》这本书。在西塞罗关心向个人捐赠的时候，恺撒（按照西塞罗的标准，就属于"挥霍的人"）则为公共事业留下了大笔遗产。[13]普鲁塔克记载了恺撒被刺的经历，以及宣读恺撒遗言后的各种仪式（普鲁塔克记载这些内容的时间，是在这些完成后的一个半世纪）。当时，宣布的是恺撒将其"自由财富赐给罗马的每一个市民"，并展示了他被屠戮的躯体，以激怒之前漠不关心的公众，群起反对罗马城里的政客们及其盟友。[14]莎士比亚根据托马斯·诺斯（Thomas North）翻译的《希腊罗马名人传》（*Plutarch's Lives*）（1579年）写出了《朱利乌斯·恺撒的悲剧》（*The Tragedy of Julius Caesar*）一剧。在剧中，他对恺撒的慷慨之举做了改造。在葬礼的悼词中，马克·安东尼告诉围观的公众，恺撒除了捐出财富以外，还做了这样的安排：

> 他还向你们捐出了台伯河岸的所有步道、私有凉亭以及新种的果园；他将这些永远的留给了你以及你的子嗣们；你们可以漫步其间，欣享其中的乐趣。[15]

在这种情况下，挥霍式的捐赠也起到了重要的成效。并且，我们要感谢历史文献，使得它没有被历史所遗忘。

塞内卡（公元前 4 ~ 公元 65 年）在其生命的末年，可能是公元 62 ~ 64 年间写出了《论利益》（*On Benefits*）一书。这本书类似于西塞罗的《论道德义务》一书。塞内卡出生于西班牙，并在罗马接受教育。他是一名哲学家、戏剧家，并在尼禄（公元 54 ~ 67 年）做罗马皇帝的前期任其家庭教师和大臣。他在写《论利益》一书时已经失宠了，并被指控合谋推翻尼禄。在完成这本书后不久，他就自杀了。塞内卡比恺撒约小 100 岁；他对捐赠的看法与西塞罗相似，但表达却更为温和、通俗，且较少带有道德上的执着（moral earnestness）。他强调捐赠之量对捐赠人和受益人的适宜性问题——我们应根据情况做出捐赠，不应过大或过小："对一个伟大的人而言，有的捐赠实在是太小了，而对其他人而言，有的又实在是太大了，令人无法接受。"在提及不合适、欠考量捐赠的情况时，他举到了亚历山大的例子——"他是个疯子，也想不出什么不浮夸的点子来"——他将整座城市送给了一个朋友，这个朋友毫无准备，也不愿意接受这个重任。对此，亚历山大的回应是："我并不关心接收这个馈赠后你变成什么样，我只关心馈赠之后我会怎么样。"亚历山大的这个回应遭到了塞内卡的讥讽。世上没有什么东西天然就属于礼物："这取决于捐赠人和接收人的情况——捐赠的时间、原因和地点。"[16]

有个朋友曾向塞内卡抱怨他遇到了忘恩负义的情况。塞内卡回应说，这种情况很少见，因此，捐赠人也无须变得过于谨慎，或者吝啬起来。"为了发现一个感恩的人，值得人们尝试很多个背弃恩情的人。"正是由于感恩的不确定性，塞内卡写道："才使得你要变得更加慈善。因为努力产出之时间并不确定，故而，你必须不断尝试，直到最终成功。"[17]

在《如何分辨一个朋友是不是阿谀者》一文中，普鲁塔克提到了一个人。这个人的朋友生病了，且生活艰难。他去看望这个朋友。他在假装帮朋友整理枕头的时候，偷偷将钱塞到枕头底下。早上，侍从发现这笔钱，大为惊讶。那个生病的朋友立刻意识到发生了什么，并失笑于他朋友的小计谋。"所以，我也认为"，普鲁塔克评论道，"神在我们不知道的情况下将其之绝大部分恩惠赐予我们。神也十分乐意行为谦和，又与人为善，因为这符合他们的本性"。阿谀者的行为对你来说是厌烦的，而谦和、会体谅人的捐赠人则会试图营造这样一种印象，即他们的所作所为并不麻烦，不值一提。当士麦那人感谢斯巴达人在闹饥荒的时候送给他们谷物时，斯巴达人如此说道："这不值一提；我们不过是决定让我们和我们的牛少吃一天，然后把这些省下来的食物送给你们罢了。"[18]

本章注释

[1] Homer, *The Odyssey*, Translated by E. V. Rieu（Baltimore：Penguin Books，1962），268（Book XVII）.

[2] 同上，276-279（Book XVIII）。奥德修斯受到了伊伦的挑衅而与之对战。伊伦是一个臭名昭著的乞丐，对食物和酒贪得无厌。在那场对战中，奥德修斯几乎打死了他。

[3] Hesiod, *Works and Days*, translated by Apostolotos Athanassakis（Baltimore：Johns Hopkins University Press，1983），77. Irving Babbitt，an early twentieth century literary critic，quotes Hesiod approvingly in *Democracy and Leadership*（Boston and New York：Houghton Mifflin Company，1924），205.

[4] Plutarch, "Sayings of Spartans," in *Plutarch's Moralia* with an English translation by Frank Cole Babbitt（Cambridge：Harvard University Press，1969），3：415。普鲁塔克（50~125年）是一个希腊评论家和传记作家。他生活在古罗马，并在古罗马教书。

[5] Andrew Carnegie, "The Best Fields for Philanthropy," *North American Review*，148（1889）：686。我们将在第五部分里论及卡内基的《财富的福音》。

[6] Hesiod, *Works and Days*, 76.

[7] Thorstein Veblen, "The Place of Science in Modern Civilization"（1906）in Perry Miller, ed., *American Thought*, *Civil War to World War I*（New York：Holt，Rinehart and Winston，1963），312。塞缪尔·斯迈尔斯（1812~1904年）因为创作了《自助》（*Self-Help*）（1859年）而被人们铭记。

[8] Ennius, "Fragment 140," in *Cicero On Moral Obligations*［*De Officiis*］，translated by John Higginbotham（Berkeley and Los Angeles：University of California Press，1967），57（bk. 1，ch. 16）.

[9] Ibid., 54-55（bk. 1，ch. 14）.

[10] Ibid., 115-119（bk. 2，ch. 15）.

[11] Ibid., 120（bk. 2，ch. 16）.

[12] Ibid., 119（bk. 2，ch. 15）.

[13] 恺撒向公众捐赠了大笔遗产，十分慷慨。但这并未耗尽恺撒的产业。他将其中的绝大部分留给了屋大维（后来更名为奥古斯都·恺撒），并将剩下的留给了其他两个甥孙。

[14] Plutarch, "The life of Julius Caesar," in *Plutarch's Lives of the Noble Grecians and Romans* Translated by Sir Thomas North (Boston and New York: Houghton Mifflin Company, 1928), 5: 346 – 347.

[15] William Shakespeare, *The Tragedy of Julius Caesar*, act 3, sc. 2。这部剧写于 1599 年，出版于 1623 年。莎士比亚是参考了普鲁塔克的《马库斯·布鲁图传》(*The Life of Marcus Brutus*)，而写出的葬礼悼词。载于《希腊罗马名人传》(*Plutarch's Lives*) 第 7 卷，第 127 页。

[16] Seneca the Younger, *De Beneficiis* (*On Benefits*) bk. 2, par. 15 – 16, in *Seneca: Moral Essays*, translated by John W. Basore (Cambridge: Harvard University Press, 1935), 1: 77 – 80.

[17] Seneca the Younger, Letter LXXXI, "*On Benefits*" in *Seneca: Epistulae Morales*, translated by Richard M. Gummere (Cambridge University Press, 1962), 2: 219 – 221.

[18] Plutarch, "How to Tell A Flatterer from a Friend," in *Plutarch's Moralia* 1: 337 – 341.

第二章 犹太教、基督教和伊斯兰教
经文中的捐赠与慈善

我们能向万能的主奉献什么呢？该隐是亚当的儿子。他是一个农民。他向主献出了"地里的产出物"；他的兄弟亚伯是一个牧羊人。他"将他羊群中头生的和羊的脂油献上"。主蔑视该隐的贡品，却看重了亚伯的贡品。[1] 上帝偏好肉甚于蔬菜，却从未见一个合理的解释，即为何亚伯的贡品被选中了，而该隐的却遭到拒绝。近来，有学者指出，圣经的编纂者刻意美化以色列人的游牧经历，而贬低其种植经历，并认为游牧民族拿动物做牺牲的做法比农民拿蔬菜或水果做贡品的做法更为尊贵。[2] 其他人在解读这段时，则将关注点从贡品的性质调整为供奉者本人的个性，以及其在贡奉时的精神状态。《创世纪》中对亚伯言之甚少，而新约的作者却大声宣称其是"正义的化身"（righteous）（《马太福音》，28-35），并提出其牺牲之所以为主所接受，是因为其"因信"而贡奉主（《希伯来书》，11：4）。

犹太教圣经（《旧约》）中满是各种关于向穷人施舍，以及向其他人表示善意的训诫。《申命记》中就有这么一段："那地上的穷人将永不断绝。"所以信徒们应"向你地上困苦穷乏的弟兄松开手"，向他们施舍或借给他们所急需的资财，主也将赐福于照此训诫行为之人。[3] 其中，有一篇赞美诗也承诺，主自身是"谦和的、秉性温良，广施仁德"的；另一篇则宣称人们向穷人布施的正义的美名将永久流传。[4] 先知弥迦也曾提到，主并不要物质上的牺牲，而只要人们行正义之事，热爱善良（kindness），并谦卑地与神同行。[5] "正义的"西美昂（公元4世纪）是犹太教的神父。他的布道和作品中都曾强调世界的三大基本律是善良、遵从

11

律法，以及忠于信仰。[6]

在基督教圣经的第一卷（《新约》）中，耶稣（公元前 7 ~ 公元 30 年）对其信徒说："有求你的，就给他；有向你借贷的，不可推辞。""不可将善事行在人的面前，故意叫他们看见。"[7]耶稣谨遵犹太教关于行善及回报的教义，却提出善事应该默默地行，不得故意炫耀自己的财富或展示自己的虔诚。此外，耶稣不仅告诉他的信徒们行善的方式，还告诉了行善的边界。这一边界很是激进。耶稣将原来的"给出你富余之物"改成了"给出你拥有之物"。有一回，有一个富裕、虔诚的年轻人已经遵守了所有的谕旨。他又跑来问自己还能做什么才能获得救赎。耶稣告诉他，要将自己所有财富都拿出来卖掉，然后把换来的钱分给穷人。这个年轻人思虑良久，想到他自己和他家人的生活保障和幸福的问题，最后"忧忧愁愁地走了，因为他的产业很多"。[8]

如果耶稣只是告诉这个年轻人要慷慨地向穷人们布施的话，鉴于其殷实的家底，穷人们应该会过得很好的。但是，耶稣却拿他自己以及他的信徒们所遵循的道路来要求和测试这个年轻人。这条人生之路的目标以及标准就是要与最悲惨、最穷困者们一起共担困苦，休戚与共，并积极相助。将自己与"我这弟兄中一个最小"（《马太福音》，25：40）相类同，是一个人否定个人利益，无私的爱上帝、人类、邻人，甚至敌人时不可或缺的一环，这也就是典型意义上的基督徒的生活。这个年轻人还没有准备好接受这样一种生活。由之，耶稣感慨道，富人满心都是尘世之事，又如何能进入天父之国呢。[9]

对于"谁是我的邻人？"这个问题，耶稣引用了一个良善的撒玛利亚人的故事来做出解答。有很多文学或绘画作品都演绎了这个故事。这个故事的情节是这样的：这个撒玛利亚人为了帮助一个受伤的陌生人，花了不少工夫和金钱，而另一个祭司和另一个利未人则对此无动于衷，"看见他就从那边过去了"。[10]在另一个故事里，财主戴维斯和乞丐拉撒路生前所拥有之财富，以及死后"所得之安慰"，恰恰相反。在生前，乞丐拉撒路讨要戴维斯桌子上掉下来的零碎充饥，而死后，戴维斯则祈求拉撒路"用指头尖蘸点水，凉凉我的舌头"。[11]有很多作家，比如亨利·乔治，从耶稣那里继承对富人浓浓的敌意，以及对穷人无比的尊重。他们也引用这些故事，来唤起人们对现代社会中奢侈与贫贱并存现象的关注。另外，19世纪的英国旅行家理查德·伯顿却认为仅仅因为戴维斯在生前就享受了天堂般的生活，便让他下地狱是不公平的。"如果一个富人很难进天堂的话"，伯顿反驳道，"难道我们都要做穷人，过着艰难的日子吗"？我们非但不要赞扬和宣传所谓的"神圣的贫困"，反而要承认一点，"贫困乃万恶之源，并且，它还剥夺了人们惠益他人的权利"。[12]

耶稣衡量慷慨的标准并非捐赠的大小，而是这捐赠对捐赠者而言是多大的牺牲。在他眼里，一个穷寡妇捐出的两个铜板要比一个富人捐出的大宗财富重要得多，因为富人只是给出了他多余的财富，而那个寡妇则是给出了她活命的钱。[13]

有的时候也会出现这样的情况，即有的人耗尽家财（经常是他的土地），向穷人或公众大肆捐赠，只是为了出一口恶气，出于一时心血来潮，出于自利之心，或者是其他原因，而与爱上帝或者邻人毫无干系。圣·保罗是第一个伟大的基督使徒。他曾警告科林斯的教徒们："虽然我把我所有的钱财都赠予贫苦大众……但失去了爱（love），亦无所裨益。"[14]在他这么说时，他可能就已经预见我们谈到的这种情况。不过，穷人或其他人在得到这些捐赠的钱财时还是会受益的。于是，根据上述观点，慈善与基督徒思想中的爱之间产生一种紧密的联系。这一联系导致捐赠人的意图受到严格的审查，而另一件同样重要的、无可争议的事情，即捐赠将对受益人产生的影响，则被人们所遗忘。

在耶稣死后，他的两个门徒，彼得和约翰，来到耶路撒冷的一座庙里。在殿门口躺着一个人。他生来是瘸腿的，天天被人抬来，放在殿的一个门口，要求进殿的人周济。他向彼得要钱，彼得并没有给他一个子儿，但是神奇地治愈了他的双脚。"于是拉着他的右手，扶他起来，他的脚和踝骨，立刻健壮了，就跳起来，站着，又行走，同他们进了殿，走着，跳着，赞美神。"[15]我们不知道后来的事情如何发展。也许在这个乞丐搞明白"诚实的工作"很难挣到钱，或者要比乞讨挣得少的时候，或许就再也开心不起来了吧。在文学作品中，以及在世俗的看法里，乞丐是不愿意接受治疗的，因为残疾其实是他们活命的根本。[16]

在4世纪，有个年轻的罗马士兵接受了基督教的教义，但尚未接受洗礼。他将他的斗篷割作两半，并将一半给了一个正在瑟瑟发抖的乞丐。当天晚上，耶稣穿着乞丐的那一半斗篷出现在这个士兵的梦里，说道："马丁，虽然还是警卫，却为我披上这件斗篷。"[17]此后不久，马丁（316～397 年）就离开了军队，参加了教会。372 年，他担任法国图尔市（Tours）的主教。圣·马丁之所以出名，是因为他完成了很多神迹，而且是第一个没有成为殉道者而被尊为圣徒的。他年轻时的行为，即将自己仅有的东西分享给别人，成了艺术家们津津乐道的主题。[18]而为了纪念他，在有的国家，人们也把 11 月中旬出现的晴天都称为"圣·马丁之夏"。

"伟大的"圣·瓦西里（329～379 年）是圣·马丁同时代的人，但年纪比圣·马丁略小一些。他将对穷困者的慈善义举与对乞丐随意施舍做了区分。瓦西里是恺撒里亚地区（现为土耳其）的主教，也是希腊教会的神父之一。他在恺撒里亚创办了一所救济院，为旅行者提供庇护所，并为儿童、病人和老年人提供看护。他指责富人对穷人不管不顾，但是也提倡对分发救助品开展系统性的管理和评估。19 世纪的慈善改革者们曾经颇为嘉许他的观点，并引用了他写的一封信。在这封信里，他写道，人们向困苦者和"切实需要帮助的人"捐赠，是在向主捐赠，必将得到回报，而人们随意地施舍给流浪汉，"是在将东西扔给狗，必将给其带来恶报，因为这样的流浪汉的需求并不迫切，不值得可怜，反倒是应该为自己的行为感到羞愧"。[19]

圣·奥古斯丁（354～430 年）和圣·瓦西里一样，是一个富裕、世俗的年轻人。他们后来都真心地放弃了尘世的乐趣与财产，以基督苦修为人生的目标。奥古斯丁是一个伟大的神学家。他的作品深远地影响了基督教会的教义。此外，他还是一个善良的教区牧师，以及希坡地区的主教（现为阿尔及利亚）。F. 范·德·米尔在一本关于奥古斯丁僧侣生活的书中说道："他总是很看得起流浪汉。"有一天，奥古斯丁做完了他的布道——人群掌声雷动——随后，他说道，希望有人做出捐赠，因为他在去教堂的路上，看到了一些穷人。这些穷人要求他为他们向大家求助。他对这些信教者说：我们这些神职人员要为他们尽自己所能，但是我们的能力都是有限的。所以，你们必须成为我们的神使，去帮助他们。[20]

奥古斯丁坚信："慈善是唯一的将上帝之子与魔鬼之子相区分的办

法。"[21]但是，哪怕是在奥古斯丁的时代，哪怕是最有心的人也不可能帮助所有的穷人。在《论基督教教义》（397年）一书中，奥古斯丁宣称找到了一种办法：如果你有一件东西只能给一个人，但却有两个或更多人想要它，而且没有一个人比其他人更迫切的需要这件东西，也没有一个人更有权向你索取这件东西，那么最公平的方式就是抽签了。他总结说："对于这些人，由于你没法判别对方之良善，而你又必须做出决定，那么就只能采用抽签的办法了，即根据每个人的运气来决定。那些偶然抽中的人，就是碰巧跟你关系更近的人。"[22]

在这些"关系更密切的"人当中，圣·奥古斯丁应该还是会建议捐赠者给最需要的人。这才是慈善（charity）的正道。而现代的公益（philanthropy）则偏好赞助更有前途的人。

伊斯兰教和犹太教、基督教一样，有一个中心，那就是全能的、神秘莫测的神（阿拉）。他要求他的信徒们臣服、爱、赞扬和信仰。伊斯兰教的根基在于《可兰经》。《可兰经》中记述了阿拉向先知穆罕默德（570～632年）启示的教义。《可兰经》的权威文本完成于651～652年，由先知的书记员搜集整理先知说过的话总结编纂而成。在伊斯兰教中，慷慨的捐赠和祈祷、斋戒、朝圣、禁止食用某些食物（比如，酒、猪肉）一样都是基本教义。

在基督教中，人们对于信仰的功德和善功（包括捐赠）的功德之间的关系存在争议。而伊斯兰教则对两者并不存在任何争议；两者对于虔诚都十分重要。在《可兰经》浩瀚的篇章中，有下列段落与信仰、慈善、仁爱和宽恕相关：[23]

> 你们把自己的脸转向东方和西方，都不是正义。正义是信真主，信末日，信天神，信天经，信先知，并将所爱的财产施济亲戚、孤儿、贫民、旅客、乞丐和赎取奴隶，并谨守拜功，完纳天课，履行约言，忍受穷困、患难和战争。这等人，确是忠贞的；这等人，确是敬畏的。（2：177）
>
> 施财的士女和以善债借给真主的士女，他必定加倍偿还他们，他们将受优厚的报酬。（57：18）
>
> 信道的人们啊！你们的妻子儿女，有一部分确是你们的敌人，

故你们当谨防他们。如果你们饶恕他们，原谅他们，赦宥他们，（真主就赦宥你们），因为真主确是至赦的，确是至慈的。（64：14）

你们的财产和子嗣，只是一种考验，真主那里有重大的报酬。（64：15）

你们当量力地敬畏真主，你们当听从他的教训和命令，你们当施舍，那是有益于你们自己的。能戒除自身的贪吝者，确是成功的。（64：16）

如果你们以善债借给真主，他将加倍偿还你们，而且赦宥你们。真主是善报的，是至容的。（64：17）

他是全知幽明的，是万能的，是至睿的。（64：18）

如上文所示，《可兰经》推崇两种形式的慈善：志愿型慈善和支付天课（zakat，一种对富人的税）。后者的收益被用于救济穷人、支付征税官和财务管理人员报酬、帮助教义的护卫者和新入教者、帮助俘虏和奴隶赎身、帮助陷于困境的欠债者，以及有困难的旅行者。志愿型慈善能帮助捐赠人在天国筑起钱库；而强制性的天课则可以使信仰者少把心思放在积累个人财富上，并能更多地关心不幸的人。[24]天课具有回馈教义的护卫者，促进人们转信伊斯兰教，以及将人们引导到除积累个人财富以外的道路上等功能。天课的这些功能在某种意义上促进了伊斯兰教的快速发展。在穆罕默德先知死后不到一个世纪的时间里，伊斯兰教就在中东、北非和南西班牙等地区占据了统治地位。

迈蒙尼德，或称为摩西·本·迈蒙（1135~1204年），出生于西班牙的科尔多瓦，是一名希伯来学者、拉比（犹太教宗教领袖）、哲学家和物理学家。在他出生时，科尔多瓦正处在摩尔人长达4个世纪的统治之下。这段统治真是太长了，长到足够让穆斯林和犹太人学会如何共同相处，并使得该城市成为两种信仰的追随者们学习借鉴的中心。1148年，一个激进的伊斯兰教派别攻占科尔多瓦。为了躲避迫害，犹太人被迫出逃。迈蒙尼德及其家人也只得开始了颠沛流离的生活。最后，他们来到了开罗。在那里，他成为苏丹萨拉丁王室的一名物理学家，以及犹太社群的领导者。他会一口流利的希伯来语和阿拉伯语，并用希伯来文写了《摩西五经重述》（*Mishneh Torah*），用阿拉伯文写了《困惑指南》

(*A Guide for the Perplexed*)。

迈蒙尼德最重要的作品，即《摩西五经重述》，完成于1178年，是一部关于律法和各时期的犹太教学说的系统性指引。这里提到的犹太教学说，包括从摩西时期开始到迈蒙尼德时期为止的所有学说。数千年来，犹太人发展出来众多与慈善相关的律法和传统。该书第7卷将它们都编纂到了一起。其中，该卷第一章涉及"与穷人分享"这一主题：有人故意将他的一块地或者果园留着不收，这样穷人就可以自己采摘来填饱肚子。其他章节涉及慈善募捐、分发救济品等主题，这些是每一个犹太社群都希望一直保持的优良传统。"慈善食物是每天都要募集的，而社群基金则是每周五募捐一次。慈善食物是为来自四面八方的穷人们准备的，而社群基金则只向当地的穷人发放。"律法强调，慈善捐赠行为应该尽可能的和善、体贴。本书第七章（关于义务和优先权）提到，如果一个穷人拒绝接受救济，"那么就应该换一种方式，即采用馈赠或借款的方式温和地给他"。同样的体贴的做法也适用于捐赠人："有的人超过自己能力、慷慨过头，或者为了避免面子上难堪而强迫自己，勉强做出捐赠。任何人不得向这样的人募捐。任何劝募者如令人难堪，或者向这样的人募捐的，最终都会受到惩罚，因为圣经上有言曰：'凡欺压他们的，我必刑罚他'（《耶利米书》，30：20）。"[25]

《摩西五经重述》中经常被引用的一段是第7卷第十章的内容。在这一章中，迈蒙尼德根据轻重次序罗列出了"慈善的八重标准"，即：

8. 吝啬的捐赠；

7. 快乐的捐赠，但比该给的少；

6. 经劝募后捐赠；

5. 未经劝募即行捐赠；

4. 向不认识的人捐赠，但对方认识你（"伟大的圣人们将钱捆成打，随手扔在背后，穷人们应该毫不害羞地上前捡拾。"）；

3. 向认识的人捐赠，但对方不认识你（"伟大的圣人们通常会默默地走过穷人们的门口，并把钱搁在那里。"）；

2. 向不认识的人捐赠，他也不知道你的身份（比如，向慈善基金或慈善组织捐赠。迈蒙尼德提出："除非你知道负责募集善款的人是可信且理智的，并且知道他如何有效管理基金，否则就不能向这家慈善基金捐赠。"）

1. 通过捐赠、借贷、与之合伙或向其提供工作等方式，帮助穷人自立。[26]

我们很难找到这八重标准在同时代对应的案例，所以，只能简单举几个例子，其中，最高一级标准和较低的四重标准就无须评论了。关于第四重标准，建立一家以捐赠人命名的慈善基金会、基金或奖学金就属于这种情况；而做出一笔指定用途的匿名捐赠则符合第三重标准。至于第二重标准，假如有一家慈善组织我们很认可，并且它用钱也很规范，我们向它做出捐赠（虽然看起来我们没做啥事），就属于这种情况。

在上述"慈善的八重标准"的接下来的一段里，迈蒙尼德又说道：

> 那鼓励、使人给义（tsedakah，对穷人之帮助）者，将比捐赠人获得更大的恩惠。关于慈善募捐或其他类似情况，经上曰："那使多人归义的、必发光如星、直到永永远远。"（《但以理书》，12：3）[27]

在现代，职业劝募师和志愿者们承担了本来由慈善基金募捐人承担的枯燥的工作，也就是迈蒙尼德上面提到的那些工作。

迈蒙尼德的《困惑指南》一书，完成于 1190 年，是一部哲学作品。这本书所面向的读者是熟悉犹太律法和古典哲学的宗教学者们。这些学者可能研读了这两种学问，但为这两种学问间的矛盾之处所困惑。而这本书就能解答他们的这些困惑。在迈蒙尼德死后不久，《困惑指南》即被翻译成希伯来文。整本书吸取众多犹太教和基督教大学问家们的智慧，特别是托马斯·阿奎那。这部作品中有一段讨论了 hesed（慈善）这个词在经文中的使用。"在那些鼓舞人心的文字中"，迈蒙尼德写道，hesed 这个词主要被用来表示向别人给予有爱的善意，且对方没有凭私人关系或姻亲关系要求这种善意。在这种情况下，慈善就像是上帝赐予人类的有爱的善意，特别是在"创造世界的行为"之中。[28]

本章注释

[1] Gen. 4：2 – 3.

[2] Northrup Frye, *The Great Code*, *The Bible as Literature*（New York and London：Harcourt, Brace Jovanovich, 1982），142 – 143. Cuthbert A. Simpson, "Exegesis," in *The Interpreter's Bible*（New York：Abingdon Press, 1951 – 1957），1：518.

[3] Deuto. 15：7 – 8, 10 – 11.

[4] Pss. 103：9；112：9.

[5] Mic. 6：8（Revised Standford Version）。金·詹姆斯（King James）的版本使用了"mercy"，而不是"kindness"。

[6] R. Travers Herford, ed., *Pirke Aboth*, *Commonly called "Sayings of the Fathers"*（New York：Jewish Institute of Religion Press, 1925），22.

[7] Matt. 5：41 – 42, 6：1 – 6.

[8] Matt. 19：16 – 22；Mark 10：23 – 25.

[9] Matt. 19：23 – 24；Mark 10：23 – 25.

[10] Luke 10：25 – 37.

[11] Luke 16：19 – 31.

[12] Henry George refers to Dives and Lazarus in *Social Problems*（1883）in Perry Miller, ed., *American Thought*, *Civil War to World War I*（New York：Holt, Rinehart and Winston, 1954），57。伯顿（Burton）关于戴维斯和"神圣的贫困"的评论，参见 *The Book of a Thousand and One Nights*（Benares, India：The Burton Club, 1885），5：268 nt. 2。

[13] Like 21：1 – 4；Mark 12：41 – 44.

[14] I Cor. 13：3（R. S. V.）。在詹姆斯·金的译本中，他用的是"charity"，而不是"love"。

[15] Acts 3：1 – 8.

[16] 参见本书第二部分第三章。那里举到了乞丐害怕被治愈的案例。

[17] Mary Caroline Watt, *St. Martin of Tours*, *The Chronicles of Sulpicius Severus*（London：Sands and Company, 1928），98 – 99。这部编年史的作者是西弗勒斯（Severus, 365～425 年）。这本书对树立圣·马丁的名望起了很大的作用。

[18] 与此有关的代表作，从中世纪手稿中简单但感人的小人到埃尔·格列柯伟大创作，不一而足。

[19] St. Basil the Great, "Letter CL," in Roy J. Defferari, *St. Basil, the Letters*（Cambridge：Harvard University Press, 1962），2：369. In E. F. Morison, *St. Basil and His Rule*（Oxford：Oxford University Press, 1912），126，文中最后一句结论部分翻译如下：

"而人们向流浪者施舍，其实是扔给了一条狗，是要引来恶报的，因为这样的流浪汉老是强行向人哭穷、索要，并不值得丝毫可怜。"

W. J. Ashley in *An Introduction to English Economic History and Theory*（New York：Putnam，1898，first published in 1888），2：315，对这一段的翻译如下：

"人们对迎头跑来的乞丐不加分辨，随意施舍，并不是真的因对困苦者的同情而行善，而是将面包屑随意的扔给了一条恼人的狗。"

[20] F. Van Der Meer，*Augustine the Bishop*，*The life and Work of a Father of the Church*，translated by Brian Battershaw and G. R. Lamb（New York and London：Sheed and Ward，1961），138.

[21] Ibid.，437 – 438.

[22] St. Augustine，*On Christian Doctrine*，translated by J. F. Shaw in Robert M. Hutchins，editor in chief，*Great Books of the Western World*（Chicago：Encyclopedia Brittanica，1952），18：631 – 623.

[23] *Al Qur'an*. A Contemporary Translation by Ahmed Ali（Princeton：Princeton University Press，1984），32，471，489.

[24] Charles J. White，"Almsgiving," in Mircea Eliade，*The Encyclopedia of Religion*（New York：The MacMillan Publishing Company，1987），1：215；Muzzamil H. Siddioi，"Zakat," ibid.，15：550 – 551.

[25] *Mishneh Torah*：*Maimonides*，*Code of Law and Ethics*，abridged and translated from the Hebrew by Philip Birnbaum（New York：Hebrew Publishing Company，1974），153 – 159。引文见 Book VII，Chapter 7，pargraphs 9 and 11。

[26] Ibid.，ch. 10，paragraphs 7 – 14.

[27] Ibid.，paragraphs 6。菲利普·伯恩鲍姆（philip Birnbaum）对第 7 卷做了一番评论。他说，*tsedakah* 这个词在后圣经时代的希伯来文中，特指对穷人的救济，是一种公正、合道德的行为。犹太教认为，穷人有权获得衣食住等基本保障，人们应给予尊重。"义并非一种慈善的情感，而是一种公正的行为。"（pp. 156 – 157）

[28] Moses Maimonides，*The Guide for the Perplexed*，translated by M. Friedlander，2nd ed.（London：George Routledge and Sons Limited，1947），392 – 393（Pt. 3，ch. 53）。伊萨多·特尔维斯基（Isadore Twersky）在文中对迈蒙尼德的《困惑指南》做了讨论，参见 Eliade，ed.，*Encyclopedia of Religion*，9：134 – 135。

第二部分

中世纪和近代世界

引子 一座老医院和它的病人们

圣巴塞洛缪医院（St. Bartholonew's，简称"Barts"）是伦敦的一座历史最悠久的医院，始建于1123年。其所在地就是其现在所在的史密斯菲尔德。它的创始人是雷希尔（Rahere），一个出生"低贱的"人。但是，他凭着自己的诙谐、圆滑的口才，赢得了进入贵族家庭和威廉·鲁弗斯（征服者威廉之子）宫廷的机会。雷希尔是伦敦主教理查德·德·贝尔美森（Richard de Belmeis）的追随者。后来，他放弃了朝臣的身份，加入教会做了一名教士。大约在1120年，他前往罗马朝圣——这在当时是一件十分艰难的使命——然后就在罗马病倒了。出于对生命的绝望，他立誓，如若能够痊愈，他将建造一座医院，以"再现纯净的人"（Ye Recreacion of poure men）。随后，圣·巴塞洛缪，耶稣的十二使徒之一，出现在他眼前，要求他在史密斯菲尔德建造一座医院。史密斯菲尔德是伦敦郊区的死刑行刑地。雷希尔的资助人帮助他从亨利一世那里搞到了在史密斯菲尔德那块地。1123年，雷希尔开始建造医院，然后又在旁边建造了一座小修道院。现在这座小修道院还残存了一部分，更名为"伟大的圣巴塞洛缪教堂"。

在医院建造前后，雷希尔、8个奥古斯丁教团的教士，以及4个负责照看病人的修女便开始为得病的穷人，以及建造医院的劳工筹措资金、食物和施舍。他们真是用心感动天，有一次：

> 阿登纳，埃德雷德的妻子，正在圣伊莱斯教区酿酒。但是，她只有7份麦芽。所以，她很担心如果给出一份麦芽的话，会不会使她的啤酒走味。但是，在她给出一份，给了圣巴塞洛缪医院的人后，

她再一数，发现还是有 7 份麦芽。然后，她又一数，发现又变成了 8 份麦芽。然后是 9 份；接着是 10 份。她把多出来的麦芽全部送给了教会。[1]

雷希尔一直担任这家医院的院长，直到 1137 年，他退休去了修道院。在他死后 4 个世纪，亨利八世解散了所有的宗教团体，包括奥古斯丁教团，却特许这家医院存在。所以，它才能一直保存下来。此后，由于收到人们的捐赠，它又扩大了服务范围。1918 年，在圣巴塞洛缪医院800 年华诞的时候，为了感谢病人们捐赠的财物，诺曼·摩尔医生致辞道：

> 我们治好了很多人，让孩子们回到父母的身边，让丈夫回到妻子身边，让妻子也回到丈夫的身边，让人们回到工作岗位上，让勇敢的战士回归他们守护的乡土。我们还减轻了无法治愈的病人，以及受到致命创伤的病人的痛苦。在这里，我们经常做着各种成果斐然的观察，得到了无数有价值的新发现。在这里，我们体会了为智慧所充盈的快乐，感受到了增进知识的荣耀，也获得了使用知识为人类谋福利的机会，这些都要感谢我们的病人们啊。为了病人们，雷希尔打开了圣巴塞洛缪医院的大门；为了病人们，教会的众兄弟姐妹一起努力工作，一起虔诚祈祷。自他以后，他所开创的为医院的病人竭尽全力，为外面的人努力奋斗的事业并没有人们所放弃，相反，我们继承了下来，并不断做大。麦菲尔德（Mirfeld）医生为了解救痛苦的人，增进知识，在其工作之余还研究原有处方，设计新的疗法。出于同样的想法，哈维（Harvey）读完了前人有价值的成果，仔细观察健康人和病人的身体，并希望通过这种方式来促进用药的效果。同样的想法推动艾博纳希（Abernathy）提升讲解水平，以更为清楚的向学生们讲解生物原理，推动学生们实践这些原理，并使他们深深地爱上了这个能够使用这些知识、能够为人们做很多善事的地方。所以，病人们才是我们真正的动力，他们在无形中鞭策我们要经常提升内外科的水平，着力培养实习生，提升护士们的能力。[2]

圣巴塞洛缪医院顺利度过了大萧条，在第二次世界大战中也只遭到一点点毁坏。在 1993 年开始时，它变成了国家健康服务中心，向医生和护士教授医学知识。1993 年，英国当时由保守派执政的政府差点就决定要将这座已经存在了 870 年的医院永久地关闭了。

本章注释

［1］Norman Moore，M. D. *The History of St. Bartholomew's Hospital* （London：C. Arthur Pearson Limited，1918），1：21.

［2］同上。摩尔（1847～1922 年）是圣巴塞洛缪医院的咨询医生；麦菲尔德是 "*Breviarium Bartholomae*" 的作者；威廉姆·哈维（1578～1657 年）是血液循环的发现者；约翰·艾博纳希（1764～1831 年）是著名的外科医生和教师。他们的这些成就都与圣巴塞洛缪医院有关。

第三章　乞讨、募捐和慈善

　　1200 年后不久，乔凡尼·弗朗西斯科·伯丁尔（Giovanni Francisco Berdone），即后来的亚西西的圣·方济各（1182 ~ 1226 年），开始投身于修复教堂、祈祷、慈善、沉思"马太福音"第十章的教义等事务之中。他想在他的人生中践行基督对使徒们的告诫，即布道、照顾病人、照看麻风病人、免费布施、舍弃个人财物等。他的这种行为令他与他的富裕家庭决裂，却吸引了很多被他的真诚与执着所征服的信徒们。后来，这些人组成了方济各会，并在 1210 年得到教皇英诺森三世的正式承认。方济各要求他的僧侣们，被称为修士（friars），安于贫穷，并乐于跟"低贱者……贫困者、残疾者、麻风病人、街头行乞者"等为伍。[1]这些方济各会的修士们都没有个人财产。他们只能通过体力劳动，或者挨家挨户地行乞来谋生。方济各会发展得很快，乃至于方济各没法在会里强制执行他所提出的关于贫困的教规。到 1220 年，方济各辞去了方济各会的会长职务，当时已经有 5000 名方济各会僧侣，但是他们并没有都跟创始人一样，投身于贫困的怀抱。

　　《圣·方济各的小花朵》一书中的多数内容写于方济各死后一个世纪，作者是蒙特桑塔玛利亚①的小兄弟②乌格里诺（Brother Ugolino）。书中大量的篇章都在宣传圣·方济各如何为人们所爱戴，并揭示出人们对乞讨的沉迷。其中有一个故事讲了圣·方济各和他的随行者，小兄弟梅西（Brother Masseo）的一段经历。在一个小镇上，方济各在一条街上乞

---

①　地名，即现在的意大利的蒙特乔治。——译者注
②　方济各会中称教友为小兄弟。——译者注

讨，而梅西则守在另一条街上。"圣·方济各的身材矮小。根据人们通行的审美观，这种情况是不会得到陌生人的好脸看的。所以，他只要到了很少的一些过期面包和一点面包壳。而小兄弟梅西则身材魁梧，面容俊朗，所以要到了很多优质的面包。"当他们两个坐下来，分食各自要到的面包时，方济各对所得之"财富"十分欣喜，因为这不是凭人力所挣得，而是由上帝赐予的。在另一个故事中，一个贵族出生的年轻修士拒绝乞讨。于是，方济各声色俱厉地命令他这么做。这个年轻的贵族只得抛下自尊或羞怯，出去乞讨。但是，这个年轻人发现他的第一次冒险十分有价值：他没有得到太多的东西，却收获了很多快乐和恩泽，而这些都是上帝的赏赐。自此以后，"他除了乞讨之外，啥都不想干了"。[2]

小兄弟朱尼珀的做法暴露出了另一个问题。他很慷慨，所以，把自己的短袍或斗篷给了遇到的第一个穷人。虽然上面命令他不能把自己的宗教服饰给别人，但还是允许一个乞丐从他身上扒走了短袍。然后，他向上级解释说："一个好人从我背上扒下了短袍，然后走掉了。"而且，他还不满足于仅仅是给出自己的财物。他还把手边的任何东西，包括其他僧侣的书、斗篷等全都给了穷人。"正是因为这个，教友们都很小心的不在修道院的公共房间里留下任何东西，以免朱尼珀因为对上帝的爱，或者为了上帝的荣耀而把一切都给出去了。"[3]

据朱尼珀的记载，在方济各死后，修士们虽然还受到"甘愿贫困"这一誓言的约束，但却被允许拥有共同财产。方济各会的教众们，以及其他成立于 13 世纪的托钵僧团（多明我会、圣衣会、奥古斯丁教团等）的僧众们继续行乞，但却不再挨家挨户的祈祷、听忏悔，以换取施舍了。他们开始在教堂开展特别的募捐活动，并接受人们的奉献与捐赠。通过这种方式收集上来的钱被用于修建和运营修道院和教堂，以及支持由他们教团运营的学校、大学、医院和慈善组织。

休伯特（Hubert）就是其中一个托钵僧，也是"教团中最好的行乞者"。这个世俗的修士踏上了前往坎特伯雷的朝圣之路。作为一个"神约者"（limiter），休伯特有在某一地区行乞的排他性权利，而作为他们教团的执业僧侣，他又被许可听取忏悔。休伯特有效地使用了第二项特权。只要有人愿意向他付钱，以表示忏悔，那人就能通过这种轻松的方式完成苦修。休伯特热爱优质的生活，喜欢有钱的感觉，又对贫穷和困苦不感兴趣，所以，他俨然成了圣·方济各的对立面。他结交富人和"大金主"，与农民和家庭主妇们关系都很好，跟酒店招待们也混得很熟，能从穷寡妇手里骗出铜板来，却没有时间或也不想把同情心浪费在麻风病人或其他"穷鬼"身上。[4]

休伯特的创造者是杰弗里·乔叟（1343~1400年）。乔叟是彼特拉克（Petrarch，1304~1374年）、薄伽丘（1313~1375年）、威廉·兰格伦（William Langland，1332~1400年）的同时代人，但比他们略年轻一些。跟这些人一样，乔叟生活的时代也是一个战火纷飞、政变频仍、社会不安、宗教纷争的时代。乔叟出生后没多久，英法百年战争就打响了第一枪。在他的少年时代，黑死病肆虐欧洲，仅在一年时间里（1349年）就夺走了英国1/3人口的生命。

在《教区牧师》一文中，乔叟写了一个跟休伯特截然相反的人物。这个牧师很穷，却心地良善，"富有思想，勤于劳作"。他很有学识，有耐心，很谨慎，是人们的精神导师，且不唯利是图。他不从教区居民手里榨取什一税，却将他的收入和财物分给需要的人。他无畏风雨酷暑，走遍教区，言传身教，也不畏权贵，敢于直面斥责罪恶之人。[5]

可能这个牧师的观点跟乔叟是一致的，所以，乔叟在《坎特伯雷的故事》一书中的致谢部分写了大段的其关于赎罪和七宗罪的看法。这个牧师是"良好行为"教义的忠实追随者，他强调慷慨的布施是人们赎罪的必要组成环节。休伯特的做法是，从人们手里榨取钱财，以代替对罪的惩罚，而该牧师则与此不同。他要求人们做出三种布施：牺牲式的捐赠，以表示向主的奉献；同情式的赠予，出于对受苦的邻人的怜悯；审慎的捐赠，经过对受助人精神和物质方面的妥善询问。"如果你不能亲自访问受助人"，他建议说，"那就给他捎封信去，并递上你的礼物"。[6]人们要想矫正自身的贪婪之罪，他又建议说，"对大众的仁爱与同情可以起作用"，还有"合理的捐赠也是可以的"。在死的时候，他还提醒朝圣者们，他们"必须忘记自己所有的一切，但却应该记住自己投入善良事业上的东西"。[7]

法院传票送达员（他编了一个关于卖赦罪符者的故事）是乔叟一书的序言中提到的最后一个朝圣者。这个送达员在教会法庭干活。在朝圣的路上，他遇到了一个修士。他认为遇到的这个修士是他在虔诚的捐赠方面的敌人。这个修士讲述了一个关于腐败的法院传票送达员的故事。这令他愤怒万分。于是，他编了一个虚伪的修士的故事，来反讽对方。这个修士贩卖教皇的赦罪符，据称这可以拯救购买者于世俗，或者涤清他们的罪恶。乔叟说道，作为一个推销员，这个修士的能力无人可比。在这篇前言中，他宣称使用了圣物，当然这是他假造的——一个枕套被吹成了圣母的面纱，一块木板被吹成来自圣彼得的渔船，一块骨头据称拥有治愈动物的狂暴和丈夫的忌妒的神奇疗效——以欺骗老实人给钱。他说：他感兴趣的是他们口袋里的钱，而不是他们的忏悔；他们死后，他关心的也是他们可以魂飞天外，再也不要回来。贪爱（*cupiditas*）是他布道的主题，当然也是乔叟这个故事的主题。他对贪爱的透彻理解以及熟练掌握使得他所做的针对贪爱的布道总能一举两得。[8]

虽然乔叟和其他作家嘲弄出售赎罪券的做法，但是教皇还是继续把它当作筹资的手段，一直到1562年方才罢休。1517年，多明我会僧侣约翰·台彻尔（Jonhann Tetzel）发起了一场出售赎罪券的活动，以此为在罗马重建圣彼得教堂筹措资金。这导致马丁·路德与罗马天主教会的最终决裂。在路德列举的谴责赎罪券的几大理由中，有一条是其与慈善事业的效果相违。"人们向穷人捐赠或借贷，是在做一件善事，这比购买赎罪券要好……人们看到穷人却熟视无睹，而把钱用来买赎罪券，他们所买到的并不是教皇的赎罪券，而是上帝的愤怒。"[9]

路德（1483～1546年）坚信对上帝的信已经足以使人获救，而不需要采取其他的善举，包括施舍与朝圣。他要求德国的贵族削减托钵僧的数量，包括他所在的奥古斯丁教团，并打击行乞的行为。后一种禁令不仅适用于普通乞丐，还适用于宗教信徒，比如，护灵人、朝圣者等。"没有什么其他的生意会和乞讨一样，满是欺诈和流氓行径。"他宣称："每座城市都应该救济本地的穷人，且不允许外来的穷人以任何名义乞讨，无论是朝圣者或托钵僧。"[10]

路德发出禁止乞讨的号召后5年，布鲁日的地方长官胡安·路易斯·维夫斯（1492～1540年），一个西班牙人道主义者，提出了一份计划，准备对穷人开展登记和管理，并大力约束城市里的行乞行为。作为这份计划最重要的部分，维夫斯提出要对慈善和救助事务开展系统性的管理，包括供应物资和强制其中有能力者从事劳动。他所关注的具体对

象是城市里为数众多的由捐款来维持运营的收容所（hosptials）① 和贫民
所；他怀疑，在有些情况下，这些机构的创始人的原意是要庇护穷人和
残疾人，但在他们被有特权的人控制之后，由于这些人很懒惰，又很奢
靡，所以，它们就不再能发挥原有功能了。他理想的机构是"井然有序
的家庭"，在那里，孩子、老人、残疾人，他们每个人都接到指派，干一
些活。比如，盲人不能就那样懒散地躺着或漫无目的的游荡；在那个机
构里，大家都有很多活可以干，比如，教书、做盒子或篮子、演奏乐器
等。如果有人是因为生活放荡而堕入贫困的，则其会被指派干更繁重的
活，并得到更少的食物。"他们绝不能死于饥饿"，他说，但他们必须承
受饥饿之痛。[11]

维夫斯在写《论帮助穷人》一书时，他正住在英国。他的作品对英
国济贫法的改革起到了一些影响。而当时布鲁日的经济已经开始崩溃了，
所以，也没有什么工作可以分配给穷人来干。一个世纪后，布鲁日成为
《乞丐丛林》这出戏的故事发生地。这出戏的作者是约翰·弗莱彻（John
Fletcher）和菲利普·马辛格（Philip Massinger）。这出戏描述了一群乞
丐、罪犯和小偷在城市郊区的生活。[12]

1535～1540年间，亨利八世及其首席国务大臣托马斯·克伦威尔，
解散了英国所有的修道院，包括路德曾提及的那些托钵僧团。由于这些
宗教僧团都已经不复存在，所以，其中的僧侣也就四散了，而他们所占
有的建筑和土地也经由售卖或王室赏赐而归属私人。那些没有选择成为
世俗教士的僧侣收到了一笔赡养金，但这很快被证明根本不够用；修女
们，除了修道院院长以外，没有得到赡养金，而是被送回各自的家庭。
无论好与坏，随着修道院的关张，那原本蓬勃茂盛的慈善事业也就走到
了终点；城市里的政府承担起相应的职责，负责运营那些还算有用的收
容所和学校。[13]

罗伯特·克伦威尔（1518？～1588年）是一名宗教和社会改革家。
他很遗憾修道院的财富都流入私人的口袋，而不是宗教和教育事业。在
修道院解散后没多久，他写了一首诗，名为《修道院》。在这首诗中，

---

① 在拉丁语中，"hospitale"原义为客房，被用于救济老弱病残，故有收容所之意，后演
变为"hospital"，即医院。——译者注

他感慨道：

> 踽踽独行，忧思满怀，
> 吾生之年，吾王之行，
> 强施法令，散尽僧团，
> 念我僧院，回首不见。
> 仰望我主，今且安在，
> 孰可慧我，孰可助贫？
> 土地丰沃，珍宝满仓，
> 若得圣者，可堪大用，
> 贫者得福，饥者得食，
> 今人所为，悖逆此道。[14]

在《济贫所》一诗中，克伦威尔提到了一家腐败的慈善机构，也就是那些曾经困扰了维夫斯和后来的改革者们的机构。一个商人，结束多年的海外生活，路过一个地方。他突然想起来这之前是他的家，即"斯皮特尔家"。现在那里是一所收容所，建筑华丽。

> 万能之主啊！（这个商人说道）
> 吾国丰沃，竟至如此，
> 将此济贫之所，
> 修得如此恢宏？
> 随后，在路边
> 他偶然见到
> 一个穷人，向其索求
> 慈善救助，
> 何者？（这个商人说道）
> 此何意也？
> 尔乞之于道，
> 而那济贫之所又有何用？为吾王之居所乎？
> 呜呼！君所不知（那个穷人说道）

我等尽被逐出，

卧于街角，将死而已。

巨富之人，

买我居所，

我等乞求，

其尽漠然。[15]

托马斯·富勒（1608～1661 年）在 1655 年写了《英格兰教会史》一书。和克伦威尔一样，他在书中抱怨王室解散教会，将用于善事的财产分给了私人。作为一个历史学家，他对解散和破坏修道院这件事，感到十分悲伤。他感慨于人类的损失以及修道院解散所带来的不幸，因此写道：

因为修道院解散，10000 人要自谋生路。其中有些人还有家庭或朋友可以接济，而另一些人则无处投靠。在遣散时，他们都收到 20 个先令和一件长袍。我们也不知道这件长袍是不是够结实，能不能撑到他们买得起下一件的时候。但是，其中多数人都只能四处流浪……而且很多年轻的修女还成了老乞丐。我并不同情那些有手有脚、身体健康还去做乞丐的人，但是，说真的，其中那些头发花白、身体孱弱的人还真是值得同情。[16]

富勒也承认，相比济贫，修道院的慈善事业在制造乞丐方面倒更有成效。"是的，这些修道院活生生的养了一群穷人"，他写道。但在这之后，他又心有不甘地加了一句：

我们还要承认：正是因为修道院的善行，很多诚实又饥饿的灵魂才能吃饱饭，要不然他们就会饿死街头；而且，我们宁肯喂饱两个懒汉，也不愿意饿死一个勤劳的人。我们窥见天堂之恢宏，也应将其雨露博撒于泥潭与润泽，哪怕它们并不想要此等恩泽（是的，它们是较劣等的土地）。我们要这么做，是因为它们跟好的土地连成了片，难以区分。所以，我们只能不分别好坏，一并施水。否则，一旦我们将坏地晾在那里，那么好地也会被晒干。[17]

16 世纪，各国政府都开始不定期的出台一些严厉的法律以规制行乞行为，特别是针对"有能力却不工作"的情况——即流民，并试图针对其中没有能力工作的人或破产的人（因为战争、火灾、海难或自然灾害等）推行注册制并加以管理。在一个穷困蔓生、社会失序的时代，公共救济又少得可怜，乞讨就是某些人的生路，无论是在信奉天主教的西班牙，还是在信奉新教的英格兰。有一本名为《托美思河的小拉撒路》①的小说。这部小说作者不详，在 1564 年出版于西班牙。书中有一个名为小赖子的小孩，回忆他当年跟各色主人流浪，遇到的各种幸和不幸的经历。在他跟过的人当中，有一个是瞎眼的乞丐，"他有数不清的手段可以从人们手里搞到钱"，通常是通过帮对方祈福，或者提供些治疗牙痛、晕厥和孕妇害喜的小秘方等方式弄钱。虽然他能搞到不少钱，但他还是很小气，也不愿给小赖子足够的东西吃。小赖子为了"回报"这个瞎子，索性就自己翻起了瞎子的包裹，并从里面拿了自己想要的东西。小赖子跟过的另一个主人是一名绅士，很高傲，所以不愿工作，但还是免不了要吃小赖子通过要饭要回来的面包。小赖子跟过的最好的一个主人是一个狡猾的卖赎罪券的人，他本可以跟这个主人学乔叟所称的"卖赎罪券骗钱的伎俩"，但最终还是离开了这个主人。[18]

在英国，几乎是在同一时期，罗伯特·克伦威尔写到了两个乞丐的对话。这两个乞丐坐在篱笆旁，讨论各自的处境：

> 两人双腿溃烂，不忍直视；
> 红肿高大，脓流至膝；
> "吾之双腿"，一人曰，"当谢吾主之公正"。
> "吾亦谢吾主"，另一人曰，于那凛冽寒风之中，
> "望之红肿，猩红如血，
> "然请以世间一切之良善，保我腿之不愈，
> "如其得愈，生存堪忧，
> "吾身体强壮，只得如此，
> "人非怜我，乃怜我腿，

---

① 也译作《小癞子》。——译者注

　　"如其得愈，乞之无望。

　　"吾将重回苦工，汗流浃背，

　　"鞭抽我身，痛苦难当。"

　　"善"（另一个曰）"我等小心，

　　"勿使之得愈，令溃烂持续。"

另有一个乞丐，数着今天的收成，最后发现自己今天挣了 16 个便士，却花了 18 个便士。但是，他还是向天施令，要求将他的瓦罐装满：

　　巧舌如簧，善谈巧辩，

　　可令上帝，吐出铜钱。

在文章的最后两行中，克伦威尔建议他的读者：

　　如非谨慎，万勿施舍，

　　丐皆多诈，不值善心。[19]

还有一首英文儿歌也经常为人们所引用。这首儿歌展示的是 16 世纪上层社会对到处游荡的乞丐团伙的不满。这首儿歌如下：

　　汪！汪！狗儿叫，

　　叫花子来了城中荡，

　　一个穿着破衣裳，一个还有癞头疮，

　　还有一个穿着丝绸大长袍。

　　有人给他们白面包，

　　有人给他们烤蛋糕，

　　还有人用马鞭子将他们扇，

　　开开心心送他们出了城。[20]

但是，也有权威人士宣称，该儿歌中所称的乞丐是英国内战中（1642～1648 年）跟随鲁珀特亲王（Prince Rupert）来到英国的皇家军的士兵，或者是 1688 年跟随威廉三世来到英国的荷兰人。[21]但原文中"用马鞭子将他们扇"这句话，更偏向于原来的解释，即他们是乞丐，而非士兵。不过，这句话也可以被解释为：他们就是之后出现的流寇。

本章注释

[1] Quoted from the Rule of 1221 in M. D. Lambert, *Franciscan Poverty* (London: Society for Promoting Christian Knowledge, 1961) 31.

[2] *The Little Flowers of Saint Francis, The Acts of Saint Francis and His Companions*, translated by E. M. Blaiklock and A. C. Keys (Ann Arbor, Mich.: Servant Books, 1985), 35, 151.

[3] "The Life of Brother Juniper," in *The Little Flowers of Saint Francis of Assisi*, in the first English translation revised and amended by Dom Roger Huddleston (New York: Heritage Press, The George Macy Companies, Inc., 1965), 191.

[4] Geoffrey Chaucer, *The Canterbury Tales*, rendered into modern English by J. U. Nicolson (Garden City, N. Y.: Garden City Publishing Company, 1934), 7 – 9 ("Prologue," lines 206 – 257)。《坎特伯雷的故事》一书编写于 1378 年，但因为乔叟先生的去世而未能完成。

[5] 牧区教士见于前言的第 477 – 528 行，同上，15 – 17。他跟他的兄弟是一样的。他兄弟是一个农夫，一个"辛勤劳作的人"，支付税金，照看邻人。

[6] "The Parson's Tale," ibid., 621.

[7] 同注 6，601。这个教区牧师相信的是"投入良善事业"上的持久威力。关于这一点，萧伯纳则引用了这么一句："我省下了什么，我就失去了什么；我花了什么，我就曾拥有什么；我给出什么，我就能拥有什么。" "Socialism for Millionaires," *The Contemporary Review*, 69 (1896): 208。

[8] Chaucer, "Prologue" and "Prologue to The Pardoner's Tale," ibid., 21 – 22, 293 – 296.

[9] Martin Luther, "The Ninety-Five Theses" (1517), in Kurt Aland, ed., *Martin Luther's 95 Theses* (St. Louis: Concordia Publishing House, 1967), 54.

[10] Martin Luther, "An Open Letter to the Christian Nobility of the German Nation Concerning the Reform of the Christian Estate," in *Three Treatises by Martin Luther* (Philadelphia: Muhlenberg Press, 1943), 61, 81 – 82。这封公开信写于 1520 年。护灵人（Stationers）是一种乞丐，宣称自己是圣灵的守护者，能够对抗疾病或灾祸，并以此骗取捐赠人的善款；朝圣者（Palmers）是一种以朝圣为职业的人，并通过沿路行乞谋生。

[11] Juan Luis Vives, "On Assistance to the Poor," translated by Sister Alice Tobriner in

Tobriner, *A Sixteenth Century Urban Report* （Chicago：School of Social Service Administration, University of Chicago, 1977）, 37 – 42。维夫斯认为医院是这样一个地方："病人得到救治和抚养，一定数量的穷人得到救助，儿童得到教育，孤儿得到抚养，精神病人受到拘束，盲人可以度过时光。"（pp. 37 – 38）

[12] 维夫斯的影响力，见于 "The Relief of the Poor," in W. J. Ashley, *An Introduction to English Economic History and Theory* （NewYork：Putnam, 1898）, 2：343 – 346。《乞丐丛林》（The Begger's Bush）写于 1622 年，出版于 1647 年。参见 Clarence L. Barnhart, ed., *The New Century Handbook of English Literature* （New York：Appleton, Century, Croft, 1956）, 111, 这部戏是塞缪尔·泰勒·柯尔律治最喜欢的一部。他说他每晚都要读这个剧本。

[13] G. M. Trevelyan, *English Social History* （London：Longmans, Green and Company, 1942）, 105 – 113, discusses the causes and consequences of dissolution; Joyce Youings, *Sixteenth Century England* （London：Allen Lane, 1984）, 202, 提及了关于解散修道院和僧团的事情；关于医院，参见 Ashley, *Introduction to English Economic History and Theory*, 2：323。

[14] "Of Abbayes," in *The Selected Works of Robert Crowley*, edited by J. M. Cowper （London：Published for the Early English Text Society by N. Trubner and Co., 1872）, 7.

[15] Ibid., 11 – 12.

[16] Thomas Fuller, *Church History of England* （Oxford：Oxford University Press, 1845） 3：374. First Published in 1655.

[17] Ibid., 339.

[18] Micheal Alpert, ed. And trans., *Two Spanish Picaresque Novels Lazarillo de Tormes* （anon.）; *The Swindler （Francisco de Quevado）* （Harmandsworth, England：Penguin Books, 1969）, 28 – 29, 49 – 68, 73 – 75.

[19] "Of Beggars," in *The Selected Works of Robert Crowley*, 14 – 16.

[20] 下述文献都引用了这首儿歌：Tobriner, *A Sixteenth Century Urban Report*, 62 n. 8. Ashley, *An Introduction to English Economic History and Theory* 2：352, and Trevelyan, *English Social History*。上述文献引用这首儿歌是为了证明当时人们对乞丐的敌意。

[21] Katherine Elwes Thomas, *The Real Personages of Mother Goose* （Boston：Lothrop, Lee and Shepard Co., 1930）; Iona and Peter Opie, eds., *The Oxford Dictionary of Nursery Rhymes* （Oxford：Oxford University Press, 1952）, 152 – 153.

第四章　捐赠人和对慈善的看法

　　理查德·惠廷顿（1354～1423年）和威廉·塞文欧克斯（William Sevenoaks）（1378？～1433年？）都是穷小孩出身——后者还是弃婴——最后都成为伦敦巨贾，富甲一方，赢得万千荣耀。他们后来都当上了伦敦市的市长，并不断为慈善事业做出大额捐赠。惠廷顿捐建了一座饮水喷泉、一座公共厕所、一所未婚母亲庇护院，以及一所济贫院。在他的遗嘱中，并未将济贫院交给教会或其他宗教团体，而是交给了伦敦布商公会负责管理。[1]塞文欧克斯成功地获得伦敦百货商公会的成员资格。他原来是一个孤儿，据称是人们在一棵中空的树里面发现他的。结果，他就在他被找到的地方，即肯特郡的塞文欧克斯地区捐建了一所文法学校和一家收容所，他也因为这一善举而获得很多赞扬。1432年7月4日，在遗嘱中，塞文欧克斯将他的财产指定用于支持这两家机构的运营，并规定，文法学校的教师必须是"一名男老师，人要老实，老练，精通文法，以及一名艺术学士。这些人都不得加入僧团"。[2]塞文欧克斯文法学校是第一家由伦敦商人捐建的学校。它一直到现在还存在着。

　　诗人李察·约翰逊（1573？～1659年）在他的诗作"伦敦的9件有纪念意义的事"（1592年）和"理查德·惠廷顿先生的故事"（1612年）中提到了塞文欧克斯的经历。其中，后一篇可能是根据一篇早先的流行民谣创作的。在他的诗作中，李察充分利用了自身作为诗人的优势，以文学化的方式创作，略带想象，甚至部分的编造了塞文欧克斯的一些经历。但是，他的结尾却十分朴素：

　　　　以我之遗愿，在肯特郡建一座小镇，

以我之名，命之为塞文欧克斯；
免费之学校，愉悦之学习，广传之美名，
为此美名，我已事先准备，
购入土地，安置居民，
在我故去，重归尘土之前。[3]

根据李察的说法，惠廷顿之所以能从一个贱民变成一个"商界王子"，是因为当时有个国王，他的土地正在闹鼠灾，于是，惠廷顿就把自己那"灵敏的小猫"卖给了国王，换取了"成堆的金子"。①

其之伟大，非资财也，
而其日夜心系者，
乃穷人得食肉，
慈善得实现。
其恻隐囚犯，
关爱鳏寡，
广博美名，
绕梁不息。
捐建惠廷顿学院，
是其之壮举，
其青史留名，
万世永流传。
其修建新屋，
囚犯得新居；
其修缮教堂，
教友心感怀。

---

① 最早在1605年就有人记载这个故事，即当时惠廷顿的猫被摩尔人国王大价钱买走，因为这位统治者的北非领地正在闹鼠灾，急需大量的猫灭鼠。靠这笔钱，理查德·惠廷顿走上了致富路，最终担任了三任伦敦市长。但是，现在普遍认为，惠廷顿时代还有英国人说法语，他们说惠廷顿发家靠的是"achat"，即"买卖"。但法语中的"猫"是"chat"，所以有人就误以为他发家靠的是"a chat"，或者说"a cat"。以讹传讹，后来人们就附会出这样一段轶事。——译者注

> 惠廷顿善举，
>
> 众人尽欢颜；
>
> 其爱心播撒，
>
> 众生皆得享。[4]

此后多年，奥斯伯特·西特韦尔再次讲到这个故事：惠廷顿太太几番努力，想要扔掉这只猫，但它还是幸免于难。为了纪念这只猫，于是博爱家（Philanthropist）惠廷顿将所有的财产都捐了出来，建立了"惠廷顿猫咪护理和疗养中心"。[5]

艾萨克·沃尔顿（1593～1683 年）是《垂钓大全》（*The Compleat Angler*，1653 年）的作者。在文中，他写了朋友们的经历，即诗人约翰·邓恩（John Donne）和乔治·赫伯特（George Herbert）。这两个人的生活都充满了慷慨之义，也有感恩之心。沃尔顿的书是慈善思想界的典范，他们给 17 世纪前半叶的英国宗教慈善界投入一道光芒，使之在思想和方法上都得到提升。

邓恩（1572～1631 年）有过一个充满冒险经历，又光明灿烂的青年时代。然后，他就对法院和教会的公职都失去了兴趣。此后多年，他和妻子、儿女依赖朋友们和赞助人的接济度日。赫伯特的母亲就是他其中的一个朋友。1621 年，邓恩成为圣保罗大教堂的主任牧师，因此也就有了足够的收入，可以随意布施了，特别是赞助欠债被囚者或者穷学者们。沃尔顿告诉我们，在邓恩成为主任牧师后，每年年初，他都会做出一笔预算，专门用于向穷人布施，或者用于其他虔诚的用途，剩下的才给自己和家人花销。在讲完邓恩的慷慨义举后，沃尔顿评论说：

> 他不仅在死后将遗产捐作慈善，在平时，也十分慷慨。经常有一些沮丧或者困苦的朋友来找他，他都能让他们满意而归。有囚犯来求助，他也仔细询问，并帮助很多欠下小额债务的人赎了身。他不断接济穷学者，无论对方是否是本国人。除了亲自捐赠以外，在每年的节庆日里，特别是耶稣诞辰或复活日，他也经常派自己的仆人或谨慎、可靠的朋友去伦敦各大监狱里做慈善。他一次性给了一个老友 100 镑。他知道这个朋友生活富裕，但是因为内心的过度自

由以及马虎大意，所以家道中落。但是，钱送过去后，却又被退了回来。这个朋友说："我什么都不想要。"——读者们，他们的精神是多么伟大啊，所以才能隐藏和忍受痛苦的贫困，羞于提起自己的困境；世上有这么一类人，他们的内心良善，举止尔雅，同情他人的不幸，并大力施以援手——我之所以提到这个，是因为面对这个朋友，邓恩是这么回复的："我知道你不想要，因为它有违你的本心。我也并不想如此。但是，你在富裕的日子里帮助过很多困难的朋友，现在我也希望能够帮助你，把它作为一件为你自己的热心加油的小礼物。"听了这两句话后，这个朋友便收下了邓恩的钱。[6]

乔治·赫伯特（1593～1633年）是邓恩的朋友，并且，跟邓恩一样，也是一个牧师。此外他还让自己的妻子做了救济品分发员。他将把自己通过什一税收到的钱和粮食的1/10给了妻子，并让她换成毯子和鞋子，分发给教区里的穷人们。而他妻子则会"经常把自己作为管事的工资账单递给赫伯特，还不时要求扩大救助的范围，因为她很喜欢这份工作"。赫伯特自费修缮了所在教区的教堂和牧师宅邸，并募集资金修葺了临近镇的残破的教堂。有个朋友提醒赫伯特说，他的慷慨行为会让他的家庭陷入贫困。对此，赫伯特回复说：他为妻子留够了钱，而且他的什一税和缴税收入都是上帝的委托给他的"重任"（deodates），因此，他也应该通过慈善事业，还给有权利拥有它的人。[7]

我们之前提到过《英格兰教会史》这本书。它的作者是托马斯·富勒。富勒最出名的事情是写了《英格兰名人传》（1662年）这本有趣的、百科全书式的书。这本书一个郡接一个郡地列举了中世纪和近代英格兰名人们的事迹。富勒的这本书展示一种审慎但气势恢宏的趋向，并揭示其对慈善事业热切的喜爱。在描述这本书的大纲时，富勒将名人们的慈善事迹分为这么几类：修建或修葺教堂，赞助免费的学校和学院，建立济贫院，架桥或其他公共利益的事业。关于其中最后一种，他说道：

桥者，过水之通路，或逾沼泽之堤道也。此修桥者，惠公共利益良多。此等善举，惠诸多人以便利，省其时间，舒其筋骨，甚或延长其时日，缩短其旅程。

　　亨利一世的女儿莫德王后（Queen Maud），有一次涉水过斯特拉特福德的莱奥河（river Leo），差点被淹死，所以她就在这里建造了一座美丽的小桥。可能更多的人是跟着莫德王后的例子学的吧。"我绝不会"，富勒接着说：

> 　　祈祷他人患病，凭谁也不愿自己手指疼痛，或头发脱落。然我愿所有贪婪吝啬者，因其不愿布施慈善，在渡水时遭遇虚惊——我所言者，乃使人惊吓，而非受伤——如此则人人受益；吝啬者遭到告诫，便会出钱修建桥梁，实现公共安全与便利。[8]

　　富勒相信，"我们正处在一个没有慈善的时代"，而贪婪之人又"垂涎于穷人仅剩的那一丁点给养"。基于这一认识，他围绕那些支持或反对建立和维持济贫院的人的观点展开了讨论。济贫院现在可能已经过时了，但是富勒在文中所引的那些支持和反对它的观点到今天还是有价值的，可以适用于很多其他的慈善事业。在很多反对济贫院的观点中，有一类是针对济贫院的建立者们，说他们"活脱脱像一群狼，在褥子上翻动羊羔的尸体，扯下毛来扔给想要的人"。他们以慈善的名义给出的东西相比他们所惹起的人间悲剧，根本就不成正比。对于这种观点，富勒回应说，并不是所有的济贫院建立者都犯有倾轧穷人之罪的；而对于那些遭遇了不公与不幸的人来说，"在那里，天使欣喜，罪人悔改，此类证据良多，公开可见，而这些都是那些偏狭且只顾喋喋不休的人所罔顾的，我们应该让他们闭嘴"。

　　还有一种观点，认为"收容所都是软骨头，那些头头脑脑都攀附权贵巨贾，而把穷人晾在一边"。对于这种指摘，富勒回应说："我们肯定有办法可以治好那些软骨头的，这要比宰了他们好多了。治疗办法就是清除病灶，去除病根。"他承认说，济贫院里有很多问题等待矫正，但他也提出，哪怕他们再怎么乱来，济贫院还是有必要保留下来的。假如哪天有人看到耶稣光着身子走出来，却没有人给他衣服穿，富勒说："又或者有人看到耶稣穿了衣服，就赶上前去，把他从穷人堆里拎出来，扒下他身上的衣服，抢过别人施舍给他的那一丁点的食物，那该是一种多么无以复加的悲凉啊！"[9]

41

玛丽·达勒（Mary Dale, ? ~ 1596 年）与托马斯·萨顿（Thomas Sutton, 1532 ~ 1611 年）是富勒名人录里提到的向小学和学院捐款的众多捐款人中的两位。达勒是布里斯托商人的女儿，与托马斯·拉姆齐爵士（Sir. Thomas Ramsey）结婚。拉姆齐爵士是一个杂货商，也是伦敦市的市长。在他死后，留给了达勒大宗的遗产。后来，达勒在彼得豪斯学院（Peterhouse College）捐资成立两个奖学金。紧接着，她又拿出一大笔钱，准备捐给这所学院，只要它肯将学校的名字改为彼得和玛丽学院。这所学院的院长拒绝这份捐赠，说道："彼得已经过了很长时间的单身生活，现在已经太老了，没法有女朋友了。"有的人"遇到想做而不能做的事，就会放弃不做"。玛丽·达勒与他们不同。她继续慈善事业，将那些钱通过其他渠道散了出去。[10]萨顿开始是一名军人，然后又做了军队的出纳，"很多钱从他手头流过，其中有些钱就合法的黏在了他的手指上，成为他未来发家的根底"。他通过投资杜罕（Durham）的煤矿得到丰厚的回报，成为英格兰最富的平民。在他的晚年，他捐建一所收容所，位于伦敦卡尔特修道院（Charterhouse）的原址之上。这家修道院解散于1535 年。此后，萨顿又把他的遗产捐给一家小教堂、一所 80 人的济贫院，以及一所有 40 名男生的小学。约瑟夫·艾迪生（Joseph Addison）、理查德·斯梯尔（Richard Steele）、约翰·卫斯理（John Wesley），以及威廉·梅克比斯（William Makepeace）等这些名人，原来都是卡尔特的这所学校的学生。[11]

关于那些爱出风头的捐赠人，富勒写道：

> 我看到有的人在教堂门口投入 6 便士的银币时，故意搞出很大的动静来。他把钱扔进去，钱从铜盘的底上弹起来，又撞到盘子的两边，闹出很大的声响。这样一来，他扔出去的每一个钱币就是他的施舍，也是他拉风的吹鼓手。而旁边的其他人则默默地放下 5 先令的钱，不发出任何的声音。[12]

他相信，人们的慈善思想应该是自由的，即可以自由选择做慈善的"内容、时间、地点、方式、对象和金额"。但他也建议，人们可以考虑如下几项慈善义举：（1）为在外国被俘虏的英国水手或其他英国人赎身；（2）帮助那些因为克伦威尔摄政，而失去生活来源的年老且贫困的教士；（3）帮助那些合同到期，没有收入的佣人。他同时还建议说，最好在人有生之年里捐赠，而不是遗赠。因为如他所说："人把自己用不了的东西捐出去，是不够慈善的；此外，这些捐款也容易被滥用。"[13]

威廉·配第爵士（Sir William Petty，1623～1687 年）的例子就能说明这种推迟捐赠，一直到去世才做出的做法存在多大的隐患。配第是一名内科医生、发明家、制图师、统计学家，并且，以 J. M. 凯恩斯的话来说，还是"现代经济学之父"。约翰·奥布里（John Aubrey）称他为"天赋异禀的伟大的大师"。[14]在富裕起来以后，配第就考虑要把自己的财产留给拉姆西镇，用于"虔诚的用途"，以及给发现有价值的知识或做出有价值的发明的人发奖金。到 1685 年他写完遗嘱的时候，"外部环境的变化，以及时代的重压"令其不得不放弃这些计划。根据他的遗嘱，他并没有做出什么有价值的遗赠，除留下一份有趣的、有借鉴意义（特别在向穷人捐赠这个问题上）的文件以外。这份文件说道：

> 对于那些自愿做乞丐，并把要饭当作职业的人，我是不会给他们一分钱的；对于那些因为身体原因只能行乞的人，我们大家都应该给予接济；对于那些既没有工作，又有没有产业人，我们应把他们交给他们的亲戚；对于那些没有能力找到工作的人，地方官应想办法让他们找到工作，可以在爱尔兰划出未开垦的土地来给他们，每人 15 英亩。

他接着说道，就让有善心的人们救助值得一救的受苦者们吧，以这种方式，人们可以聊以自慰，"以上帝之名，请救助上述几类人，如果确有符合条件的对象的话"。配第对自己之前所做的一些事情很满意，比如，帮助穷亲戚，参加公共事务，做出有价值的发明等。通过这些事，他践履了对社会的责任。基于此，他敬告他的继承人们，不要等到死的时候才把自己的财产捐出来用于慈善事业。"然而"，他总结说，"考虑到当地风俗，且为了采用一种可靠的方式，我在我去世的地方，即法国巴黎，给了当地最需要钱的人 20 个路易"。[15]

17 世纪的作家们认为，与慈善相关联的品质包括宽容、坚忍、仁爱和谦逊等。[16]塞万提斯（1547～1616年）借助他笔下的英雄堂吉诃德的嘴说道，美德和慈善是贵族的标记。在名为"本书最重要的一章"的章节里，堂吉诃德告诉他的外甥和守门人说，财富之乐非在于持有，而在于花销，且花得有价值：

> 贫穷的骑士则只能靠自己的品德，靠他的和蔼可亲、举止高贵、谦恭有礼、勤奋备至、不高傲自大、不鼠肚鸡肠，尤其是仁慈敦厚来显示自己是个真正的骑士。他心甘情愿地给穷人两文钱，也和敲锣打鼓地施舍一样属于慷慨大方。如果他具有上述品德，别人即使不认识他，也一定会以为他出身高贵，要不这样认为才怪呢。[17]

弗朗西斯·培根（1561～1626年）一直在詹姆士一世王朝担任要职，直到1621年去职为止。他写了一篇颇有见识的文章，探讨爱人类（Philanthropic）与厌恶人类（misanthropic）这两种倾向。"向善"乃深植于人的本性，他断言说，如非施于他人，必施于动物。因此，土耳其人，也即被培根称为"残忍的人"的那群人，给小猫小狗喂食，却向一个淘气的小基督徒扔石头。据一个旅行者记述说，这个小基督徒十分淘气地把一只家禽的嘴巴给捆住了。培根大力鼓励"合理所为"的慈善，而警告"只图方便或柔情"，无所甄别的滥情行为。和西塞罗一样，他对过度的慷慨持保留态度，因为这样做是"涸泽而渔，焚林而猎"。[18]多数人有向善之本性，而与他们一样，其他一些人则"天生邪恶"，即表现为脾气暴躁，"易于对抗"，忌妒和爱捉弄人。厌恶人类之人，也即憎恨人类之人，通常喜欢利用他人的不幸来做恶，且时时准备如此为之。"此类倾向"，培根说，"乃人类本性之大弊；而这其实也是成就优秀政治的原材料；这就像肋板一样，被用来造船，却以自己那腐烂、被弃之命运成就了他人；但是，我们不能用这些肋板来造房子，因为房子必须要坚固不倒。"[19]

在培根晚年，哲学家托马斯·霍布斯（1588～1679年）有时会帮助培根做点事，包括做速记，或者将他的一些文章译成拉丁文。培根相信慈善倾向是人类的一种本性。与培根相反，霍布斯则认为自私和自我保护是决定人类行为的主要动机。霍布斯在他的《利维坦》（1651年）一书中描述了一个全能的政府，以建立和保护和平，包括推动不同"口味"的人们共同做慈善。霍布斯将慈善描述为："对助益他人之'欲求''善心''善意'对所有人之'善'，以及'善之本性'。"[20] 无论其关于慷慨的定义如何，霍布斯不能理解这么一种情况，即有人不图回报地做慈善，除非这种行为能帮助他在共同体内赢得美名或"荣耀"，或者有助其安全，增益其权力。

托马斯·布朗尼爵士（Sir Thomas Browne，1605～1662 年）是英格兰诺里奇的一名内科医生。他在编辑诗集《医生的宗教》一书时，引用了"仁爱始于家"（Charity Begins at home）① 这句话。布朗尼在引用这句话的时候，认为它是一种流行的表达，并且是在主张利他而非自利。他认为这是"对慈善的冒犯"，是以恶名在诽谤整个人类或信仰，宛如欺骗、欺诈或懦弱等，虽然我们也正好遇到个别人有这样一些不好的特征。当然，他写道，我们也不能随意责难或谴责其他人，就因为他们的兴趣、才能和信仰与我们不同。"现在，甚或以前，人们纷纷抱怨，慈善变'冷'了；但就我所见，这恰恰证明了慈善热情之火在熊熊燃烧。"做慈善，就布朗看来，需要具备冷静的头脑和柔情的人性。布朗大胆地提出，人们应把自己列于慈善与宽容的受益对象之列，因为：

> 如果我们对自己都不慈善，又如何希图会对他人慈善？"仁爱始于家"，是天国之神谕；但这恰恰是人类之大敌，也是人类自己的刽子手。

所以，在布朗尼看来，不慈善意味着对自身幸福的不管不顾、漠不关心，这反过来则会带来个人自身之毁灭。[21]

本章注释

[1] 关于这一信托的历史，参见 Jean Imray，*The Charity of Richard Whittington: A History of the Trust Administered by the Mercers' Company，1424 - 1966*（London: Athlone Press，1968）。

---

① 一句宗教谚语，意为真正的慈善始于家庭。人们应先照顾好自己的家人和亲友，才能照顾他人。——译者注

[2] A. F. Leach, *The Schools of Medieval England* (New York: Benjamin Blom, 1968; first published in 1912), 244; W. K. Jordan, *Social Institutions in Kent, 1480 – 1660, A Study in Changing Patterns of Social Aspirations*, volume 75 of *Archaeological Cantiana* (1961): 68 – 69.

[3] Richard Johnson, "Sir William Seauenoake," in *The Nine Worthies of London* (1592) in *The Harleian Miscellany* (London, 1811), 12: 176 – 178.

[4] Richard Johnson, "A Song of Sir Richard Whittington," in Henry B. Wheatley, ed., *The History of Sir Richard Whittington* by T. H. (London: Villon Society, 1885), ix – xiii.

[5] Osbert Sitwell, *The True Story of Dick Whittington, A Christmas Society for Cat Lovers* (London: Home and Van Thal, Ltd., 1945).

[6] Izaak Walton, "The Life of Dr. John Donne" (1640), in *Izaak Walton's Lives* (London: Thomas Nelson and Sons Ltd., n. d. [1927], 58 – 62。邓恩的养子爱德华·阿莱恩（Edward Alleyn, 1566~1626 年，演员、达利奇学院创始人）没有继承邓恩的慈善事业。他跟邓恩吵了一架，因为邓恩拒绝借钱给他。

[7] Walton, "The Life of Mr. George Herbert" (1670), ibid., 273 –274。赫伯特和他的妻子詹妮·丹弗斯（Jane Danvers）没有子嗣。在赫伯特死后，丹弗斯改嫁他人，并一直活到 1656 年。

[8] Thomas Fuller, *The Worthies of England* (London: Thomas Tegg, 1840) 1: 45 – 46, 1601 年《英国慈善用益法》（The English statue of Charitable Uses of 1601, 43 Eliz. 4）对慈善目的的定义是"修缮桥梁、港口、码头、堤道、教堂、堤坝和大道"，以及"救济年老、无能力且贫困者"，开展教育，救助孤儿，帮助生病且伤残的士兵和水手等。

[9] 同上，1: 46 –48。安东尼·特罗洛普（Anthony Trollope）的小说《巴彻斯特养老院》（*The Warden*, 1855 年）提到了海勒姆的收容院（Hiram's Hospital），以及所谓的其管理中存在的虐待行为。参见本书第四部分第九章。

[10] Thomas Fuller, *The Worthies of England*, edited by John Freeman (London: George Allen Unwin Limited, 1952), 508 – 509.

[11] Ibid., 338 – 339.

[12] Ibid., 508.

[13] Fuller, *The Worthies of England*, 1: 48; Augustus Jessopp, D. D., comp., *Wise Words and Quaint Sayings of Thomas Fuller* (Oxford, 1895), 84 – 85.

[14] Geoffrey Keynes, *A Bibliography of Sir William Petty*, F. R. S. (Oxford: Clarendon Press, 1971), vii; *Aubrey's Brief Lives* edited by Oliver Lawson Dick (London: Clarendon Press, 1950), 115. Samuel Pepys's diary for March 22, 1664/1665, 记录了一段配第关于其遗嘱的谈话。Henry B. Wheatley, ed., *The Diary of Samuel Pepys* (New York: Random House, n. d.), 1, 1063。

[15] 关于配第的遗嘱，参见 Edmond Fitzmaurice, *The Life of Sir William Petty* (Lon-

don: J. Murray, 1985）, 314。

[16] William Shakespeare, *The Merchant of Venice* （1600） act 4, sc. 1 （宽容）; Johann Arnett in William Neil, ed. , *Concise Dictionary of Religious Quotations* （Grand Rapids, Mich. : Eerdmans, 1974）, 14 （坚忍与仁爱）; Henry Moore, "Hymn to Charity and Humility" in Lord David Cecil, ed. , *The Oxford Book of Christian Verse* （Oxford: Oxford University Press, 1965）, 215 – 216 （谦逊）。

[17] Miguel de Cervantes, *The History of Don Quixote de la Mancha*, translated by John Ormsby, Pt. 2 （1615）, ch. 6 in Hutchins, editor in Chief, *Great Books of the Western World*, 29: 222.

[18] Francis Bacon, "Of Goodness and Goodness of Nature,' in *Essays or Counsels Civil and Moral* （1625）, in *The Harvard Classics* （New York: F. P. Collier and Son, 1909 – 1910）, 3: 32 – 34.

[19] 同上。

[20] Thomas Hobbes, *The Leviathan* pt. 1, ch. 6, ibid. , 34: 354.

[21] Sir Thomas Browne, *Religio Medici*, sect. 4, ibid. , 3: 315 – 317.

第五章　上帝与邻人

17 世纪，宗教改革和反宗教改革煽起了"熊熊燃烧的热情之火"。可能是受到这股热情之火的影响，天主教徒和新教徒们都采取救助他人的方式，以试图再次唤起人们对上帝的崇拜。在法国，圣·文森特·德·保罗（Saint Vincent de Paul，1581~1660 年）通过组建慈善组织的方式，复兴了天主教教义。1623 年，他组建了遣使团（Congregation of the Missions）。这是一个世俗僧侣的教团（拉匝禄会，Lazarites），文森特组建这个教团的目的是为了向农村的穷人布道。通过在农村和城市的教会里组建慈善团的方式，他给教会的教众们，尤其是妇人，捐赠和参与救助穷人的机会。1633 年，他与圣·路易斯·德·马瑞拉克（Saint Louise de Marillac，1591~1660 年）联手组建了女子慈善团（Daughters of Charity）。这是一个非隐修式的僧团，僧团里的修女们会到宅邸、收容所、孤儿院、育婴堂等地，走访、救济和照护穷人。伏尔泰把圣·文森特·德·保罗称为"我的圣人"，并说他比法国的君王们留下了更多的"丰碑"。[1]

文森特出生卑微，但因为获得了法国路易十三王室和贵族的支持而实现了其慈善目的。他并不攻击财富，谴责富人，或呼吁构建更为公正的社会秩序。"一方面"，他的一个学生评论说，"他很关注受苦受难的人们；另一方面，他也喜欢有人能够出手救助不幸的人。他采用的这些呼吁手段……在当时的情况下，看起来是最有效的"。[2] 不过，文森特的吁请虽然是面向富人做出的，但这并不是说他相信富人在爱邻人，及展示对上帝之爱方面比穷人担负了更重的责任。

17 世纪的文学作品偶然会提及当时遭受苦难的人们的状况，以及人道主义者们救济遭受苦难的人的事情。比如，在《失乐园》中，约翰·

弥尔顿（1608～1674年）让大天使米迦勒向亚当揭示对穷人友好将能得到多么高的荣光：

> 忽然在他眼前出现了一个悲惨、恶臭、阴暗的地方，看起来像一所麻风医院，其中横七竖八躺着各种病症的患者，如垂死的痉挛、严刑拷打、心绞痛、各种热病、惊厥、癫痫病、烈性发炎、肠结石、溃疡疝气、着魔的疯狂、愁肠百结的忧郁病、神经错乱、虚弱、虚脱、四处横行的瘟疫、水肿、哮喘、关节炎疼痛等。有的辗转反侧，痛苦呻吟。"绝望"伺候着病人，忙碌地奔跑于从这张床到那张床。"死亡"洋洋得意，在病床上挥舞着标枪；但他迟迟不下手，他们求生不能，求死不得，他们以死为至善，为最后的希望。如此丑陋的情景，铁石心肠也要软化而痛苦流泪？亚当也禁不住流下了泪水，虽然他不是女人所生；怜悯困住男子汉的心，一时淹没于泪水中。最后，坚强的思想禁止他过分伤心。[3]

1671年，在伦敦举行了一场著名的"医院布道"活动。在这场活动上，伊萨克·巴罗宣布慈善是"宗教的要旨"，而怜悯与恩惠则是"慈善的主要内容"。[4]巴罗（1630～1677年）是剑桥大学的第一位数学教授——后来他把这个位置留给了他的学生，伊萨克·牛顿；同时，他还是剑桥大学三一学院的院长，主持兴修了学院图书馆。该图书馆由其好友克里斯托弗·雷恩爵士（Sir Christopher Wren）负责设计。巴罗曾经还是查理二世国王的宫廷牧师，查理二世很尊重他的学识，但说他是一个"太狠心（unfair）"的布道者，因为他把所有的题目都谈完谈透了，没给后来者留下任何的空间"。他所做的医院布道，即"对穷人施恩的义务与回馈"，取自圣经赞美诗第112篇（"他施舍钱财，周济贫穷"）。在这篇布道中，他说："虽然不能尽散家财，也要用3.5个小时来施舍钱财。"此篇布道乃长篇大论，故而也广为流传，常为18世纪和19世纪的自由主义者们所引述。[5]

有很多人参加过巴罗的布道，托马斯·弗明（1632～1697年）就是其中一个。弗明是一个富有的伦敦纺织厂主。他在1670年以后就开始将慈善作为他的主业。根据他的生平介绍，弗明是"一个大都市里的社会工作者，管得范围很宽。他记录了他走访过的所有穷人，向别人推荐这些个案，并让人招穷人的孩子做学徒"。[6]弗明向他人劝募资金，并得到大笔捐款，用于救济在波兰遭受宗教迫害的受害者，从法国逃难来的胡格诺派教徒，以及1688~1689年从爱尔兰逃出来的新教徒。而他自己，则会去探访监狱，帮助欠债的人，以及控告那些虐待犯人的狱卒。他并不直接施舍，而是在圣巴塞洛缪医院附近搞了一个工场，尽自己所能安排穷人工作，并向他们付工资。在这个工场里，他招募1700余名纺纱工和负责做亚麻布的普工。然后，他再将成品按照成本价卖出去，并按照市场上的劳动力价格（非常低）支付工资。工场本身是亏本的；所以，弗明只能自掏腰包，有时也有朋友接济，来填补亏损，并以向工人们分发一些煤的方式来抵作工资。在1681年出版的一本小册子中，他描述了他做的这些事情，并自得地宣扬了自己的成功。在这本小册子中，他很自豪地提出自己通过在工场里雇佣孩子而取得了不少成果：

> 现在，我雇了很多穷孩子，负责纺亚麻，大约不超过五六岁，他们每天能挣2个便士；余者略大几岁，他们每天能挣3~4个便士；这些穷孩子挣的钱已经远远够养活自己。当然，我也不会仅仅把这些"学校"的教育内容仅限定为纺纱，而是让孩子们自由的选择他能干的活，比如，编长袜、纺丝绸、做蕾丝或平缝，或者类似的工作。做这些事对于你所雇佣的这些穷孩子来说并不是太大的难事，同时雇佣他们做一些活，又能防止他们整天无所事事，过上懒散的生活，而一旦他们真的有了懒惰的习惯，以后就很难改掉。相反，如果你能带着这个孩子走上正道，那在他成年后，就不再会偏离这条道路。[7]

弗明还与人共同出资兴建基督徒收容院（这座学校的原址是一所麻风病收容所），并担任收容院的院长。弗明参加这所收容院每周日的社会服务活动，给孩子们分发尺寸大小正好的布丁派。这些事总是能让他感到很满足。他还是礼仪改革协会（Society for the Reformation of Manners，1691年）的创始成员。美国清教徒克顿·马瑟（Cotton Mather）曾对这个协会做了极高的评价。

约翰·班扬（1628～1688年）是一个浸礼会教徒，曾因传播新教而在1600～1672年以及1676～1677年两度被捕入狱。他在宗教上的做法跟巴罗正好相反，而在社会活动方面，他的角色又与弗明相反。在他的一生中，受尽了贫苦、迫害与监狱之祸。这也使得他和他的家人成为慈善救济的对象，而非慈善的捐赠人。1678年，在出版了《天路历程》一书之后，班扬成了一位有名的布道者，被浸礼会教徒尊称为"班扬大主教"；他走访乡间，募集资金，散布善款，同时还负责调停追随者之间的争执。

莫妮卡·弗朗历数《天路历程》的主角"基督徒"遇到和听到的90个人物的情况。他认为，其中只有17个人是好的，"余者，虽十分有趣且性格鲜明，但都是坏的"。[8]在那17个人中，有一个人名叫慈善。他并不十分有趣，和其他3个女人在一起住在名为"漂亮之屋"的地方。这3个女人分别叫作：审慎、虔诚和慎重。他们对作为主角的基督徒很友好，在基督徒到达谦逊之谷时，给他面包和葡萄干吃，还给他酒喝。不过，在班扬的一生里，基本没有展示出审慎和慎重的品质，而且他的虔诚也非传统意义上的虔诚。他和他家人所得到的众多且时刻都有的善行帮助，在书里则体现为如下人物：一个名为帮助的人，他伸出援手将主角从绝望之沼里拉了出来；一个名为善意的人，他指出了一条窄窄的、直直的通向天空之城的小路；以及一个名叫忠实的人，他是主角的快乐的伙伴，最后在浮生集市的火刑柱上被烧死了。

1688年光荣革命之后，威廉·佩恩（1644～1718年）因其与废王詹姆斯二世的交情，而暂时丢掉了在宾夕法尼亚殖民地的官职。他的作品《孤独的果实》写于他背负叛国罪嫌疑之时。在这本书中，他对人们横加指责的做法，以及在公共或私人事务中对慈善与容忍的敌视态度进行了批判。哪怕是受迫害的教团的成员，在与人交往时，还是会假装圣洁，时时自省，且不说别人的坏话。因此，我们认为，佩恩在大力谴责所谓的"横加指责"的情况时，他是在泛指所有人，而不是针对贵格会成员。在他的评论里，使用了"我们"这个词，以使所论之事适用于更广泛的情况：

41. 我们老是喜欢指责他人，却听不进别人对我们的意见。我们老是盯着别人的错误看，这充分显示出来我们的孱弱，而我们对自己的蠢笨却无所知。

……

43. 所有这一切皆源于人之三性，以及无节制的价值观：因为我们不喜欢在家静思，而喜欢到处闲游；不愿忘却与治愈不快，而偏好为此牢骚谩骂。

44. 在这种情况下，有的人展示的是他们对不幸的怨恨与嘲讽；有的人展示的则是他们的正义，他们能表现自己的沉稳与安和；但是只有极少数人，甚或没有人能够展示他们的慈善之心；特别是在涉及金钱之事时。

45. 你可以看到，一个老守财奴满脸严肃，十分严厉地对待不幸者，然后找个理由，说"富者天然就掌握正义"，就把自己的钱包收起来。而只要说出这个理由，无论他做什么，便都是没有问题的。他说，你所受之不幸，是挥霍的恶果（穷人们啊，莫非贪婪就一点错都没有？），或者是你自己的选择，在花了一大笔钱后又来到处索要；我本也可以跟你一样到处乞求，但是我没有勇气将手头那么多的钱从那牢牢抓着的手中随意地花出去，而这样一来，我便掌握了自主权，可以自由地决定一切。但是，谚语还是对的，邪恶必不能矫正罪恶。

46. 别人助人，而他们则"有权"横加指责；余者皆是残忍之徒，毫无正义之心。[9]

论及节俭或慷慨，佩恩说道：

50. 如果能与慷慨相结合的话，那么节俭就是一种好的品质。其中，节俭使人有丰沛的资财，而慷慨则使人将多余的资财交给需要的人。节俭而不慷慨，是为贪婪；慷慨而不节俭，是为铺张；只有两者相结合，才能算是一种好的品行。此乃幸福之源泉。

51. 有两种极端的品性很常见，我们应该谨慎待之：欲望和吝啬。前者为后者推波助澜，最终都奔向吝啬的彼岸。而这决定了你在尘世幸福的程度。

52. 现在有那么多穷人，又有那么多奢靡浪费的行为，此实为教会与政府之耻。

53. 如果一个国家崇尚过剩（Superfluities）之风，且常年课征税负，或要求捐赠，则会有超过穷人所需的济贫院；有超过学者所需的学院，并给政府留下太多的备用之物。

54. 如果你捐赠的对象是穷人的话，那你的好客便是好的，否则就有点偏向于"过剩"了。[10]

对佩恩来说，慈善，就其最低级或最基础的含义而言，指的是"同情穷人，以及他人之不幸"，并"伸出援手，予以救助"。我们向穷人施舍，这其实不过是将上帝委托给我们的资财交还给应得之人罢了。而从另一个更高的层面上来看，"慈善能使事情和人都变得最好……它消除人性的弱点，减少人们的错误，使万事都变得最好；它救赎众人之罪，令人们服务于上帝，充满信仰"。"从其他的和更高级的意义上来看"（如《哥林多前书》，13：3 所示），慈善是"一件必需之物，是一种神圣的美德"。而一旦做慈善的人"并非是真诚信仰基督之人"，则其会将"爱与同情"换做对遭受苦难之人的谴责与迫害。[11]

关于侍奉上帝的细节性、具体化的建议，也即如何关注邻人的物质和精神幸福，则要到美国人克顿·马瑟那里去看了。马瑟宣称，一个正直的人并不会比他的邻人更好，除非他努力变成一个更好的邻人。"人们应该成为更好的邻人，并以最好的方式对待自己的邻人，这样他们才能比自己的邻人更好。"[12]

马瑟是两个出色的清教徒家庭的子嗣。他是波士顿的牧师，博学广识，兴趣广泛。他对德国教士奥古斯特·赫尔曼·富朗开（August Hermann Francke）在哈雷（Halle）建立的教育和慈善机构十分关注，且赞叹不已。马瑟写了大量的关于神学、历史、传记、哲学、科学，以及医学的专著和小册子。在其众多的作品中，《善行书》（*Bonafacius, or Essays to Do Good*，1710 年）是其中最值得一读的，也是最容易找到的那本。本杰明·富兰克林，在他年轻的时候，老是对马瑟一家在波士顿所为之事做出批评，但在他年长一些后，则表示，这个关注现实的牧师在《善行书》里所阐释的内容令其惠益良多。

马瑟要求，一个好的邻人不仅要关心和同情住在他隔壁的寡妇或孤儿，"痛苦的贫困者"，承受丧亲之痛者，或者为恶人所困者，而且要出手相助。要拜访他们，以言辞安慰，解决他们迫切需要，并"真诚且有爱心地"劝告那些误入歧途的人。"如果你发现那里有懒惰的人"，他建议说："就帮他们改掉懒惰的习惯。不要助长他们懒惰的习惯，使他们一直懒惰下去，而是要帮他们找个工作。给他们找工作，让他们去工作，使他们一直做工作。然后你才能随你意愿的表示你的慷慨。"[13]

本章注释

[1] Voltaire to Charles Michel, 4 January 1766, in Theodore Besterman, ed., *The Complete Works of Voltaire* 114：16 (Toronto：University of Toronto Press, 1973)。文森特的详细传记出版于其 300 年诞辰之际，参见 Leonard Von Matt and Louis Cognet, *St. Vincent de Paul*, (Chicago：Henry Regnery Company, 1960)。他的文章由皮埃尔 (Pierre Coste) 编辑，并以《圣·文森特·德·保罗书信、谈话和文件汇编》(*Saint Vincent de Paul Correspondences, Entretiens, Documents*) (Paris：J. Gabalda, 1920 – 1925)。

[2] Cyprian William Emanuel, *The Charities of St. Vincent de Paul* (Washington, D. C.：Catholic University of America, 1923), 85 – 86.

[3] John Milton, *Paradise Lost*, Book 11.

[4] Isaac Barrow, "Sermon XXXI：The Duty and Reward of Bounty to the Poor," in *The Works of Dr. Isaac Barrow* (London：A. J. Valpy, 1830 – 1831), 2：329 – 330。"医院布道"是复活节后的星期一和星期二在伦敦的圣玛丽医院开展的布道活动，伦敦市长和主要官员都会出席该活动。

[5] 引文来自对巴罗的生平描述，by Robert Edward Anderson in *Dictionary of National Biography*, 1：1221。

[6] 关于弗明生平，请参见 Alexander Gordon in *Dictionary of National Biography*, 7：46 – 49。

[7] Thomas Firmin, "Some Proposals for the Employment of the Poor, and for the Prevention of Idleness, Etc." (London, 1681), 2 – 3.

[8] Monica Furlong, *Puritan's Progress* (New York：Coward, McCann and Geoghegan, 1975), 106 – 107.

[9] William Penn, *Some Fruits of Solitude* (1693) in *The Harvard Classics* (New York：F. P. Collier and Son, 1909 – 1910), 1：326 – 327.

[10] Ibid., 1：328.

〔11〕 *More Fruits of Solitude* （pt. 2 of *Some Fruits of Solitude*），in *The Harvard Classics*，1：396 – 397 （paragraphs 282 – 299）.

〔12〕 Cotton Mather，"Bonafacius" （1710），in Perry Miller, ed. , *The American Puritans*，*Their Prose and Poetry* （Garden City，N. Y. ：Doubleday，1950），216 – 217.

〔13〕 Ibid. ，218.

第三部分

18 世纪

引子 "人人皆同"

约翰·盖伊（1685~1732 年）在自己死前 12 年写下了这段墓志铭：

> 生命就是一场玩笑，事事皆印证之；
> 我曾想到这点，但直到现在才深刻领悟。

这个玩笑，在盖伊的《乞丐歌剧》中，表现为身份高低不同的人，其行为皆类同。在这出戏中，盖伊将这个乞丐写成了一个发言人的角色。他说："我们很难分辨是上流的绅士在模仿流浪汉，还是流浪汉在模仿上流的绅士。"麦希思（Macheath）是一个强盗。但与他的对手，警方线人皮卓姆（Peachum）和监狱看守洛克伊特（Lockit）两人相比，他却是个更值得人们尊重的角色。"人人皆同"，当麦希思听到自己被同伙出卖的消息后，如此感叹道："哪怕是对自己的同伙，我们也不能比相信外人那样多信一丁点儿。"根据作者的介绍，他原本想把这出戏的结局写成麦希思被执行死刑的，这样便能展示出"下等人的罪恶程度和上等人是一样的，而只有下等人受到了处罚"。但是，考虑"人们的口味"，他还是把结局写成麦希思从绞刑架上被解放，是一个快乐的结局。[1]

本章注释

[1] John Gay, "My Own Epitaph" (1720), in Roger Lonsdale, comp, *The New Oxford Book of Eighteenth Century Verse* (Oxford：Oxford University Press, 1984) 129.

"The Beggar's Opera"（1728）, in John Gay, *Dramatic Works*, edited by John Fuller（Oxford：Clarendon Press, 1983）2：3, 62 – 65（Introduction, act 2, Sc. 14, 15, 16）。威廉·霍加斯（William Hogarth）的画"乞丐歌剧"（1729 年）通过描绘该戏演员和观众的形象，也强调身份高低不同的人之间的相似性。

第六章　仁善时代

1704 年，丹尼尔·笛福（1660～1731 年）曾写道："在世界上，我们英国人是最懒惰，也是最勤奋的一个民族。"笛福承认英国的贸易和工业生产为英国博得勤奋的美名。"但是"，他也批评说，"我们对穷人的怠惰却是一个重大污点"。

> 再也没有比这更常见的了，英国人努力工作，挣了一口袋的钱，然后出门闲逛，或者喝得酩酊大醉，直到花完了钱，甚至背上债务；你与他对饮，并问他，你到底想做啥，他会诚实地告诉你，他会一直喝酒，直到把钱花完，然后再去工作。

笛福的小册子《施舍不是慈善》对传统施舍行为做了抨击，并建议为没有工作的人建立公共工场。在这本小册子里，他依旧认为，现有的教区救济对因为"事故"（比如，疾病、残疾，或没有工作能力）而造成贫困是合适的，并反对公共救济因为"奢侈、懒惰和自傲"等犯罪行为而导致的贫困。[1]

在写完《鲁滨孙漂流记》（1719 年）和《凤舞红尘》（1722 年）后没多久，笛福开始环英格兰旅行，并十分关注所到之地的经济、慈善机构和慈善活动。在温彻斯特，他走访了圣十字收容所。圣十字收容所成立于 1136 年，是英格兰最老的一家济贫院。在那里，路过的旅行者都可以要到一杯啤酒，以及一份白面包。这是个很有钱的机构，但它却只按照自身能力的一半收容穷人，反倒是它的主管生活十分奢靡。[2]在康沃尔郡的索尔塔什，笛福听说有一条做善事的狗，叼着一些别人给的残羹剩菜，送往镇边的灌木，养活住在那里的一头盲獒。在周日或者节假日，这条狗还会带着这头盲獒来城里讨要施舍，然后又把它带回去。在牛津和剑桥，笛福，这个非国教派人士，认为宗教改革后200年内所培养出的学者、所储藏的书、所修建的上好建筑要比罗马教皇统治的800年多。为此，笛福感到十分自豪。相比天主教徒对学者所做的捐赠，笛福说道，新教徒的捐赠才是"真正地对整个世界的慈善之举，是真正的慷慨之举，是真的出于对学习和有学问的人的尊重，且不会因为自己的灵魂和其父的灵魂得到被救助者的祈祷，得以脱离炼狱，准备进入天堂而手舞足蹈"。[3]

当时，有一个慈善之举，其之宏大令笛福和他的同时代人深为叹服。那就是托马斯·盖（Thomas Guy，1644~1724年）出资在伦敦建立一所医院，收治无法治愈的病人的行为。笛福将之提到了与兴建卡尔特修道院同样的高度，认为这是"个人慈善行为中最伟大的行为，无论是私人的还是公共的，哪怕是国王也不例外"。这位捐赠人是一个圣经出版商，并未因担任公职而获得人们的一丝利润和尊奉，但他却没有把巨额财富留给自己的子孙，而是把钱拿出来做公共慈善。这点让笛福很感兴趣。后来，他发现托马斯虽然活了超过80岁，但终身未娶，所存的钱却不断增加。对此，笛福总结说："我们应该说，他是一个勤奋、节俭的人，对所涉之事皆是如此。上帝在知道他为此类善事不断积攒的成果后，也会大量地赐福于他的。"[4]

伯纳德·德·曼德维尔（1670~1733年）是一个荷兰籍内科医生，于17世纪90年代移居伦敦。他认为慈善不能容纳哪怕一丁点儿的自我表现（self-regard）。这个严格的定义，加上对人性的悲观看法，使得曼德维尔不太能相信人世间有什么利他或慈善之举。而大概在同一时期，笛福则在极力宣扬托马斯·盖的慷慨。于是，曼德维尔便宣称说："受自我表现与虚荣驱动而兴建的医院要远多于受各种美德驱动而兴建的医院。"[5]

曼德维尔的言论与其在《蜜蜂的寓言》（1714年）中的论点是一致的。在这本书中，他提出，各种人性之恶，如贪婪、炫耀，甚至放纵，都是有利于公共利益的增长，因为它们增进了对劳力和商贸的需求，而各类美德，如节俭、节制和审慎，则相反，不会给社会带来实质性的利益。曼德维尔这套离经叛道的歪论让酒厂老板很高兴，他的作品证明了酗酒能给社会带来利益，因此，他们给了他一笔赏金。[6]

曼德维尔的读者包括年轻的塞缪尔·约翰逊（Samuel Johnson，1709～1784 年）。1778 年，他告诉詹姆斯·鲍斯韦尔（James Boswell）和其他的朋友说，他在四五十年前曾读过曼德维尔的书，这本书"让我真正地认识到了真实的世界"。而关于这本书的讹谬，约翰逊说，曼德维尔错误地定义了人性之恶与社会之利；酗酒之恶对酒鬼和他的家人造成了巨大的损害，而正是因为这个，才使得酒馆主、酒厂老板以及农民得到了好处。但是，在另一个层面，约翰逊还是同意曼德维尔的观点。1778 年，约翰逊说道："你不能随意挥霍钱财，而不对穷人行善；但是，奢侈消费要比简单的捐赠好，因为你把钱花掉，是在帮助工业生产发展，而将它们捐出去，则会让人变成懒汉。"约翰逊勉强承认：把钱捐做慈善比奢侈挥霍更符合美德，"但是"，他又加了一句，以回应曼德维尔，"人们的慈善之举里面可能有自我表现的元素"。[7]

1712 年，理查德·斯蒂尔（1672～1729 年），《观察者》（The Spectator）的联合创始人，盛赞慈善学校是"代表这个时代公共精神的最伟大的个案"。这场建立慈善学校的运动是由基督知识促进协会［Society for the Promotion of Christian Knowledge（SPCK）］于 1698 年发起的。它大力推动教区教堂组织学校，教给穷人家的孩子如何阅读圣经和教义问答，并向孩子们提供关于信仰和道德的建议。这些学校是将股份制公司形式用于慈善事业的典型，它们从书商、工匠、其他小捐赠人，以及富人那里募集资金。到 1715 年，在伦敦以及英格兰其他地区，共有 25000 名儿童注册入学。在校读书期间，他们都身穿统一制服；到时机成熟之时，他们还会被传授一门手艺。此类学校的倡导者，包括斯蒂尔在内，指出：兴办此类学校，对捐赠人的益处在于培养了"一批优良且能干的仆人"。[8]伯纳德·德·曼德维尔则称此运动为"现世的蠢事"；他之所以反对此类学校，部分是因为他不相信发起人的动机，而更主要的是因为他认为教育穷人家的孩子不利于公共利益；而要想保证穷人"辛苦地劳作"，就必须要让他们一无所知。[9]

亨利·菲尔丁（1707～1754 年）也不相信某些看似尊贵的人的动机，但他对世界的看法又与曼德维尔有较大区别。同查尔斯·狄更斯

（他让自己的一个儿子跟了菲尔丁的姓）一样，他也很尊崇慈善、善行和仁善，并在某份职业过程中牢牢地信仰这些东西，虽然该职业使其不得不经常接触"真实生活"的阴暗面。菲尔丁来自一个高贵但并不富裕的家庭，并在伊顿公学以及莱顿大学接受教育。他依次从事过戏剧作家、记者、小说作家、伦敦两个区的治安法官等工作。在政治上，他反对罗伯特·沃波尔（Robert Walpole）政府；在担任治安法官时，他坚定地同腐败与犯罪作斗争；在宗教信仰方面，他拥护伊萨克·巴罗和约翰·蒂洛森（John Tillotson）的宗教自由主义观念。其中，后者的教义经常见于菲尔丁的小说之中。该教义强调道德以及善行的宗教价值，特别是慈善，而反对对手教义中所谓的仅通过信仰即可获救的观念。该教义不仅在英国教会中广为流传，还由传教士乔治·怀特腓德（George White-field）带到了美洲。慈善还帮助菲尔丁渡过了生命中的一些难关：当他生活窘迫时，他的朋友乔治·利特尔顿勋爵（Lord George Littelton），一个辉格党派政客，以及博爱家拉尔夫·艾伦（Ralph Allen，1694～1764年）向他伸出援手。艾伦还在菲尔丁死后向他的孩子提供经济支持，以及帮助他教育他的孩子。

因为菲尔丁真诚地尊崇慈善，所以他嘲弄所有顶着慈善名头的伪君子。在《约瑟夫·安德鲁传》（1742年）一书中，英雄的父亲没法将约瑟夫送进慈善学校，其原因在于，如菲尔丁解释，"他父亲的地主的堂兄弟在投票选举自治市镇的教区委员时，没有投给正确的候选人"。[10]这本书里提到了很多例子，都是关于人们找理由不愿意帮助或施舍穷人的。在这本书的开头部分，约瑟夫，一个帅气、有德行的18岁左右的年轻人，因为断然拒绝女主人的勾引而丢掉了男仆的工作。在他回乡下的路上，一群盗贼打劫了他，把他揍了一顿，并夺走了他的钱和衣服，把他扔在大路上等死。马车的车夫和乘客听到他的呻吟声，并发现了他。但他们像好撒玛利亚人寓言故事里的祭司和利未人那样，想"从他身边走了过去"。仅仅是因为担心如果约瑟夫真的死了，可能会被起诉合谋谋杀，他们才很不情愿地伸出援手。车夫不同意把他抬进马车来，除非有人愿意替他付车费；一个女乘客反对将这个裸体的男人搬进车里；没有人，包括车夫和乘客，愿意给约瑟夫一件衣服，因为害怕他的血滴在上面。只有左车夫，一个年轻人，同情约瑟夫，给了他一件自己的外套。

但是，这个年轻人在之后不久就因为抢劫一个鸡舍而被流放了。[11]

在约瑟夫的身体恢复并重新开始旅程以后，他讲了一段他对慈善的看法。这段话是特地讲给他的教区牧师兼同伴帕森·亚当姆斯（Parson Adams）听的。约瑟夫或多或少吸收霍布斯或者曼德维尔的观点。他断言：人们之所以要建造好房子，买好画、好家具和好衣服，主要原因是希望"得到比别人更多的敬仰"。但是，在我们敬仰他的房子、画、家具和衣服的时候，我们所敬仰的其实并非是花钱买这些东西的人，而是造房子的建筑师，画画的画家，做家具的木匠和做衣服的裁缝。而救济遭受困苦困扰的家庭，帮助债务缠身的人脱身，是一种高尚的行为，这难道不应比积累财富得到更多的赞誉吗？不仅是受益人，哪怕是仅仅听闻此事的人，都会"万分地敬仰他，而且这种敬仰要比对财主的敬仰高得多了"。[12]

帕森·亚当姆斯并没有听到这番讲话，因为在约瑟夫讲这番话的时候，他已经睡着了。亚当姆斯是一个仁善、不世俗的人物，他详细地解释菲尔丁的宗教观念，随着故事情节的发展，该角色的重要性日渐提升。后来，他向一个牧师求助，而对方正好是一个善于找出各种高尚理由而不施援手的专家。于是，两人便为"信仰与善行，以何为准"之事激烈地争吵起来。亚当姆斯重申《圣经》的圣谕，以总结其观点："我所命令的，没有什么比令你做慈善更清楚的了，你所承担之义务，也没有什么比做慈善更经常的了。如有人对慈善之事置若罔闻，我将毫不犹豫地宣布他不是基督徒。"[13]在另一个场合，亚当姆斯指责乔治·怀特腓德所持的加尔文宗的观点，提出他自己的信念是："相比一个邪恶的基督徒而言，一个有德行的、有善心的土耳其人或者野蛮人更能得到造物主的承认，哪怕该基督徒跟圣保罗一样信奉的是正统观念。"[14]

在《弃儿汤姆·琼斯的历史》（1749年）一书中，作者的宗教事务方面的代言人是斯夸尔·奥尔沃西（Squire Allworthy）。这个人物是菲尔丁根据帮助自己的博爱家拉尔夫·艾伦的形象设计出来的。布利非上尉（Captain Blifil）相信救赎靠的是信仰和神的恩泽，而非善行，因此他跟奥尔沃西就慈善的定义吵了起来。布利非提出，至少自己就确信，在圣经中没有一处，"慈善"这两字指称的是捐赠或慷慨。布施钱财，哪怕耗尽资财，也只能帮助少数人；而慈善就其真正含义而言"是惠及全人类的——它能提升基督徒，提升人的思想的高度，净化人的灵魂，使人达到天使般完美的高度，而这只有通过神的恩泽才能达到、表达出来以及感觉到"。[15]

奥尔沃西回应说，在他的观念里，慈善包含行为，比如施舍；而在最高层次，慈善意味着将我们自身所需、所求之物给别人，以减轻其之苦难。奥尔沃西呼吁人们：将我们多余之财用于慈善，而不是拿去购买画作，或者其他奢侈品，以证明我们是"仁爱的生物"。他的这番话好像是在回应约瑟夫·安德鲁的那番话，也就是帕森·亚当姆斯没有听到的那段。布利非曾警告人们说，人们应该小心，不要向那些不值得救助的人伸出援手。对此，奥尔沃西说："我不认为，个别的，或者较多的忘恩负义的事情可以成为一个合理的理由，使人们可以心安理得地心如钢铁，不对遭受苦难的同伴们伸出援手；我也不相信这种情况会对真正的仁善之心产生什么影响。"[16]

菲尔丁对《弃儿汤姆·琼斯的历史》一书的原定名为《弃儿》（The Foundling）。后来，他把这个词融合到了书名里，称为《弃儿汤姆·琼斯的历史》。这个名字搞得很多评论家感觉不舒服，包括《帕梅拉》（Pamela，1740年）①的作者塞缪尔·理查森（Samuel Richardson）。他们评论这个名字是"粗鄙的"。[17]但事实情况是这样子的：如果不是好心的奥尔沃西先生发现蜷缩在床上的汤姆的话，或许汤姆的寿数会大大减少。就算是这样，如果奥尔沃西同意的话，被召来照看孩子的仆人也全可以把这个婴儿扔进篮子里，然后放到教堂的大门口。在那里，汤姆或许可以挺过那个夜晚，或许会就此夭折。[18]

菲尔丁的同时代人，托马斯·科拉姆（Thomas Coram，1668－1751年）看到伦敦东区有一些弃婴被扔在那里，垂死挣扎或者已经死去。他看到后心有不忍，于是发起了一场运动，准备成立一个收容所，专门接收和照顾弃婴。为了给这个项目寻找支持，科拉姆，一个退休的船长，不得不忍受人们对于私生子的种种偏见，以及建立收容所会鼓励乱交的成见。在经历了17年的努力奋斗之后，他终于得到了关于建立该收容所的王室许可，该收容所于1745年正式开业。而在这17年中，他投入了

———————————
① 又名《贞洁得报》。——译者注

大量的金钱，费了诸多口舌。科拉姆将该项目的成功归功于"女士们"的支持。[19]

在担任治安法官期间，菲尔丁天天与犯罪和贫困作斗争。对于这两类问题，他认为其内在是相连的。菲尔丁谴责那个恶劣的时代（18 世纪60 年代）为"奢靡的洪流"，吞没了整个国家，腐化了各个阶层，无论高低贵贱。富人们在道德上的表现是可鄙的；而在社会、经济和道德层面，穷人们的境况又是灾难性的。他们只能眼睁睁地看着别人拿着高额报酬，欢天喜地，而自己则根本没有机会达到这样的水平，于是，很多人只能放弃挣扎，不再为此目标而奋斗。"有多少单纯且贫困的人陷于饥饿与乞讨的境地"，菲尔丁在报告中提到，"就有多少人铤而走险，干上盗窃、行骗或抢劫的勾当"。[20]

菲尔丁写了一本小册子，名为《关于向穷人提供有效救济的建议，以矫正社会道德，使其成为对社会有用的成员》（1753 年）。在这本小册子的序言中，菲尔丁表达了他对穷人所受的苦难的同情。菲尔丁说，如果我们走到伦敦郊区：

> 看一看那里的贫民聚集区，我们会为那里的人所遭受的悲惨景象所震撼，而我们那作为人类的同情心也将随之触动。在那些家庭里，我们肯定会看到这样的景象：缺衣少食，为饥饿、寒冷、赤裸、污秽、疾病所困扰，以及遭受由此所带来的各种恶果；我说，这就是我们看到的景象。看到这样的景象后，难道我们只是倒吸寒气，然后扭头就走吗？

不幸的是，整个社会更熟悉的是穷人的恶行，而非他们所遭受的苦难。"他们遭受饥饿、寒冷与溃烂，但他们也乞讨、盗窃和抢劫好人。"对此，菲尔丁也提到：

> 威斯敏斯特的每个教区每年都会为穷人募集数千英镑的资金，但街上还是整天都挤满了乞丐，整晚都是小偷。只要你在任何一家店门口停下马车，无论店家接客的反应多么迅速，乞丐都会抢在前面；如果你不是直接面向店家的大门，那么老板就要别过头来跟你

> 讲话，而乞丐或小偷就可能光顾那家店！[21]

菲尔丁对穷人的态度是同情但不放纵。他是一个重商主义者，所以他相信（在这方面，他很像曼德维尔）劳工阶层对国家的唯一价值是劳动。除了"没能力和残疾的人"以外——这些人是慈善的、合适的受益人——穷人都有义务去工作。而与之相对应，社会则负有向他们提供工作，以及强迫他们去工作的双重义务。[22]

菲尔丁指出，英国的济贫法（也是现在的《社会福利法》）有很多疏漏、滥用和缺陷之处，这导致国家没法卸下其所背负的救济穷人的重担。与笛福不同的是，他倡导将教区所承担的救济贫民的责任移交给更高级别的行政区划，比如郡，因为这些教区的规模太小，本身也不富裕，没有能力开展"有效的救济"。他在米德尔塞克斯郡担任治安法官。那里的贫困和犯罪问题十分尖锐。针对该郡的此种状况，他推动建立了一个大规模的郡级工场，能够分别容纳 3000 名男性和 2000 名女性入驻和工作。而且在他临近处有一个郡矫正院，能够容纳 600 名囚犯。工场的承包商负责训练和雇佣入驻的贫民，让他们生产各种不同的产品，并培养他们工作技能，使他们能自立谋生。因为该项目的目的不仅是让他们工作，而且还要改造他们的道德观念，所以，该项目原本计划要每天早上固定时间开展祷告活动（如菲尔丁所预知的那样，这从未开展过）。关于这一点，菲尔丁引用其最喜欢的神学家约翰·蒂洛森（17 世纪末坎特伯雷大主教）的话来说，就是"信仰会对人产生很好的影响，令人们遵从政府，平和待人"，不仅是出于恐惧，"而且还是出于良心，而这是一条坚定、稳固和持久的原则，哪怕其他的道德义务都被消解了，只要这条原则依旧在，人就不会动摇"。[23]

在思考对绝望的穷人——乞讨或犯罪者——的出路问题时，菲尔丁没有注意到在他们之中已经开始搅动起波澜的那场自助运动。这是一种循道会的教义，最初由约翰·卫斯理（John Wesley，1703 ~ 1791 年）在一次布道中提出，然后在卫斯理的领导和组织下进入实践。卫斯理给自己定的目标是"向穷人讲授福音"。这个福音就是任何人都能被拯救，无论其多么可怜或罪恶，只要能忏悔自身的罪，改邪归正，他都能毫无保留的为救世主耶稣所接受。卫斯理并不对"上层人士"，即他自身所在阶层的成员感兴趣。他的所有注意力和爱心都给了穷人，无论是名声好的，或者是名声不好的；后者是他特别关注的对象，因为对他们的救赎是特别有挑战性的，也是特别有价值的。那些他挑选出来，并被他吸引来参加户外或临时小教堂聚会的人们，是那些现有教会已经放弃希望的人，或者是因为贫困或不感兴趣而停止参加或从未参加教会活动的人。[24]

卫斯理将他救赎的对象编成"班"，每个班5～12名成员，并由他或者他的助手挑选一人来当班长。这个班长的义务就是监视本班级里所有的成员都遵守循道会的教义，引导他们过一种正直向上、容忍和慈善的生活。所有的"班"共同组成"会"和"团"，这是一个规模更大但亲密的大家庭。在这个大家庭里，班长扮演的是父亲的角色，而班里的成员则互称且互视为"姐妹"和"兄弟"。[25]

与宗教自由主义观念不同的是，卫斯理将这作为循道会的教义，即得救（救赎）只能靠信仰，而不能靠善行。而其所反对的宗教自由主义观念正是为蒂洛森所大力讲授的，也是为菲尔丁及其笔下的人物所高度赞誉的。但是，卫斯理也认为慈善十分重要。他自己的主张是在不伤害别人的情况下，得到所能得到的一切——就他而言，就是尽情地写作；节制且节俭的生活，节省下一切能够节省的东西；将所能给出的一切都捐出去——对卫斯理而言，这是除了他的书以外的其他东西。值得一提的是，关于他的这些主张，他都迫使他的追随者全盘接受了。[26]

卫斯理对慈善的态度，折射出他对财富的恐惧，以及他对自我放纵的敌意。向穷人做出的，或者以良善为目的而做出的慷慨的捐赠——比如，建造小教堂、孤儿院和收容所——则是阻止财富积累，矫正世俗之欲的办法。终其一生，卫斯理都认为财富是循道宗的大敌，是"内心信仰"的大敌。他曾预见，而且由于他的寿数很长，也确实亲眼验证了，节俭与勤奋将使某些循道宗教徒们发家致富。但是，只有真的按照耶稣曾建议富裕的年轻人的那样，散尽家财，循道宗教徒们才能保持他们真正的信仰。[27]

卫斯理迫使他的追随者们不仅要保持自身身体的健康，还要保持自身精神的健康。虽然反对着锦穿罗，衣着光鲜，但他还是相信"整齐干净重要性是仅次于信仰的"。他是《原始医学》（*Primitive Physic*,

1747 年）的作者。医学史专家们称其为"记载那个世纪医学领域中最流行的自助理念的文献"。[28]在《亚当·比德》（1859 年）中，乔治·艾略特写了一个生活在 18 世纪 90 年代的"老派循道宗教徒"的故事。在这本书里，一个妇女将自家空荡荡的橱子里仅剩的生培根送给了邻居家的孩子，"以阻止自己那按捺不住的冲动"。且不论卫斯理将如何看待这一矫正措施，但他应会赞扬在这一故事中，邻人所展示出来的关心与善意。[29]

汉弗莱·克林克（Humphrey Clinker）是同名小说《汉弗莱·克林克历险记》（1771 年）中的人物，他也是第一个虚构出来的杰出且富有同情心的循道宗教徒。该书的作者多比亚斯·斯摩莱特（1721 ~ 1771 年）是一个内科医生，也是一个作家。他在《英格兰史》（1764年）中对循道宗大加批判；他将克林克视作是稍带喜剧色彩的人物，但也算是真诚、老实、正直。克林克大约是约瑟夫·安德鲁的年纪，而且在书里第一次出现时，也跟约瑟夫差不多，基本是全身赤裸。只不过，约瑟夫是遭遇歹徒抢劫，被丢在路边等死，然后被路过的马车夫发现。克林克是因为连续生了 6 个月的病，丢掉了马夫的工作，被赶了出来。他的衣服也被拿去典当了。他没有穿衬衣，而裤子也很薄，所以当他被迫在斯夸尔·马修·布兰布尔（Squire Matthew Bramble）的马车上当左车夫的时候，他的裤子就裂开了。斯夸尔的妹妹看到他裸露的背，感到十分的害羞，而她的女仆则很细致地观察他的皮肤，并评论说"像石膏一样白皙"。当斯夸尔听到克林克的事情后，他对克林克说："你的罪行简直罄竹难书——你犯下了疾病、饥饿、悲惨和贫困等罪行。"[30]

克林克从斯夸尔那里得到一笔钱来赎回衣物，而且还做了斯夸尔·马修·布兰布尔的脚夫，跟着布兰布尔的商队一起穿越英格兰和苏格兰。此后，一直让布兰布尔恼怒不已的是，克林克不断地表达他对宗教狂热以及改造他人的热情。他曾被错误地逮捕入狱。在那里，他开始了他改造犯人的事业，也就是当时的循道宗教徒们经常做的事情。在伦敦，他又在自己参加的一场循道宗聚会上布道。这场聚会的参加者包括斯夸尔的妹妹、女仆和外甥。愤怒的斯夸尔先生发现了这件事情。后来，当斯夸尔先生发现克林克极力劝说一队脚夫和搬运工人的事情后，他终于按捺不住，立刻指控他在兜售"毒品"。克林克回应说，他没有贩卖什么东西，他不过是向他的听众自由地提供一些建议，以劝说他们放弃对神不敬的咒骂。斯夸尔反驳说，如果克林克能让俗人不说他们那粗鄙的言语，那么"就没有什么能将他们的话与上等人的谈吐区别开了"。就和之前的对话一样，斯摩莱特让克林克给这场对话做了收尾："但是，大人，你之后便会知道，他们的对话将不再冒犯上帝；而且，在末日审判之时，人与人之间便不会有什么差别了。"[31]

汉娜·摩尔的文章《时髦世界的宗教》发表于1791年。在这篇文章中，她将18世纪称为"仁善时代"（"*the age of benevolence*"）。摩尔（1745~1833年）是"蓝袜圈"的一员。"蓝袜圈"由伦敦的一群聪明、博学的女性发起成立，并吸收同等人数的男性和女性会员（包括约翰逊和鲍斯韦尔）。这个组织讨论的都是当时流行的话题，但不涉及政治和丑闻。不过，在那里，支持或反对慈善总是能博得人们的关注。"自由从千万条管道中汩汩而出。"摩尔说道。每天都有人为"最有益的宗旨"而找到"有钱的人们"。然后，他们就能得到向收容所和其他慈善机构的捐出的大笔善款。"各种高贵的和不计其数的济贫设施，是我们这座大都市的荣光与装饰。它们彰显着其他时代所未曾有的慷慨。"但是，摩尔继续说道："有个勉强算是悖论的事情是，如果没有那么多慷慨之举的话，或许就不会有这么多的悲惨之事。"[32]

摩尔之所以说出上述那番"慷慨与悲惨相辅相成"的言论，是因为这个仁善的时代同时也是一个放荡与腐化的时代。慷慨的慈善捐助，既体现人们的携手相助，也展现奢靡与放荡：前者之良善为后者之邪恶所遮掩。[33]

到18世纪90年代（摩尔的文章以及其他作品对这一时代的评价参见第七节），英国失去了对仁善的兴趣。随着法国大革命的到来，在上层社会以及他们的文学人物的思想中，责难已然代替了仁善。"什么是仁善？"摩尔小册子中的一个演讲者问道。摩尔的这本小册子名为《乡村政治》（1793年）。他的同伴回答说："为什么在新流行的语言中，它的意思是对宗教之藐视，对公正之背离，对法律之践踏，溺爱全人类，而憎恨单个的人。"[34]

本章注释

[1] Daniel Defoe, "Giving Alms No Charity" (1704), in *Defoe's Writings* (Boston and New York：Houghton Mifflin Company, 1927), 13：186.

[2] Daniel Defoe, *A Tour Through England and Wales* (London：J. M. Dent and Son, 1948),！：187：188 (first published 1724 – 1726)。笛福书中提到的圣十字收容所的乱象，部分的被丹东尼·特罗洛普 (Anthony Trollope) 的小说《巴彻斯特养老院》一书借鉴作为故事背景 (参见第四卷，第九章)。

[3] Ibid., 1：231 – 232 (Saltash) and 2：27 (Oxford and Cambridge).

[4] Ibid., 2：370 – 371.

[5] 曼德维尔关于慈善之定义，参见 "An Essay on Charity and Charity Schools" (1723), in Bernard de Mandeville, *The Fable of the Bees, or Private Vices, Public Benefits* (Oxford：Oxford University Press, 1924), 1：253 – 254；他对于医院的评论，同上，264。"Essay" 一文最初见于第二版的 *The Fable of the Bees* (1714)。

[6] John Malcolm Mitchell, "Bernard de Mandeville," in *The Encyclopedia Brittanica*, 11th ed., (London, 1911), 17：559 – 560.

[7] 所有的引文来自 James Boswell, *Life of Samuel Johnson* (1791) edited by R. W. Chapman, revised by J. D. Fleeman (Oxford：Oxford University Press, 1980), 947 – 948 (April 15, 1778)。约翰逊关于善行之傲慢内涵的类似论述，参见 PP. 775 – 776 (May 1776)。

[8] Richard Steele, *The Spectator* 4：294 (February 6, 1712)。琼斯 (M. G. Jones) 的《慈善学校运动》(*The Charity School Movement*) (Cambridge：Cambridge University Press, 1938) 是一本不错的书，详细地记述了该运动的兴起、发展和重要意义。

[9] Bernard de Mandeville, "An Essay on Charity and Charity Schools", in *the Fable of the Bees*, 277 – 280, 286 – 288.

[10] Henry Fielding, *Joseph Andrews and Shamela*, edited with and introduction and notes by Martin C. Battestin (Boston：Houghton Mifflin Company, 1961), 18 (bk. 1, ch. 3).

[11] Ibid., 42 – 44 (bk. 1, ch. 12).

[12] Ibid., 197 – 199 (bk. 3, ch. 6).

[13] Ibid., 139 – 142 (bk. 2, ch. 14).

[14] Ibid., 68 (bk. 1, ch. 17).

[15] Henry Fielding, Tom Jones, *An Authoritative Text* edited by Sheridan Baker (New York：W. W. Norton, 1973), 71 (bk. 2, ch. 5).

[16] Ibid., 72.

［17］ Ibid. , 775。菲尔丁在《约瑟夫·安德鲁传》中大大地嘲弄了一番《帕梅拉》。

［18］ Ibid. , 31（bk. 1, ch. 3）.

［19］ John Brocklesby, "Memoir" of Coram in John Brownlow, *History and Objects of the Foundling Hospital*（London: The Foundling Hospital, 1865）, 114 – 117, 120 – 121; R. H. Nichols and F. A. Wray, *History of the Foundling Hospital*（London: Oxford University Press, 1935）.

［20］ Henry Fielding, *An Enquiry into the Causes of the Late Increase of Robbers and Related Writings*, edited by Malvin R. Zirker（Middletown, Conn. : Wesleyan University Press, 1988）, 77.

［21］ Ibid. , 230 – 231.

［22］ Ibid. , 228.

［23］ Tillotson is quoted, 同上, 269; Fielding's "Proposal" is discussed in Martin C. Battestin with Ruthe R. Battestin, *Henry Fielding*, *A Life*（London and New York: Routledge, 1989）, 565 – 570。

［24］ Robert Southey, *The Life of Wesley and the Rise and Progress of Methodism*, edited by M. H. Fitzgerald（London: Oxford University Press, 1925）, 1: 349 – 350; Gertrude Himmelfarb, *The Idea of Poverty*（New York: Alfred A. Knopf, 1984）, 33。索锡的卫斯理传记第一版出版于 1820 年。

［25］ Himmelfarb, *The Idea of Poverty*, 34.

［26］ "Sermon XLIV, The Use of Money," in *John Wesley's Fifty-three Sermons*, edited by Edward H. Sugden（Nashville, Tenn. : Abingdon Press, 1983）, 633。卫斯理的规则如下：

行汝可为之善事，

以可行之法，

采可行之道，

于可行之地，

在可行之时，

对可行之人，

唯汝之可行。

Justin Kaplan, General Editor, *Bartlett's Familiar Quotations*, 16th Edition（Boston: Little, Brown and Company, 1992）, 309: 2。

［27］ Southey, *Life of Wesley*, 2: 305 – 306。关于耶稣给富裕的年轻人的建议，请参见第二章的内容。卫斯理对财富的态度，也回应了弗朗西斯·培根的箴言，"财富是一个好的女佣，但却是一个坏的女主人"，以及"钱财就像是粪便，除了撒到地里以外，别无他用"。Kaplan, ed. , *Bartlett's Familiar Quotations*, 158: 19 and 159: 17。

［28］ Roy and Dorothy Porter, *In Sickness and Health*, *The British Experience*, *1650 – 1850*（London: Fourth Estate Limited, 1988）, 26, 36.

［29］ George Eliot, *Adam Bede*, edited by Stephen Gill (New York: Viking Penguin, 1980), 82 (ch. 3)。艾略特（玛丽·安/玛丽安·埃文斯）（1919～1980 年）将 18 世纪的"老派循道宗教徒"与她所在时代的更为世俗化的循道宗教徒做了对比。

［30］ Tobias Smollett, *The Expedition of Humphrey Clinker* (Athens: University of Georgia Press, 1990), 1: 78 - 80 (Letter of Jeffrey Melford to Sir Watkins Philips, May 24, 17—).

［31］ Ibid. , 1: 97 - 98. (Letter of Melford to Philips, June 2, 17—).

［32］ Hannah More, "Estimate of the Religion of the Fashionable World," in *Works of Hannah More* (London: Henry G. Bohn, 1853), 2: 302 - 303.

［33］ Ibid. , 303。摩尔关于奢靡的社会结果的观点与菲尔丁的观点很像，但与塞缪尔·约翰逊的不同。

［34］ Hannah More, "Village Politics" (1793), in *Works of More*, 2: 233 - 234。这段不友好的对话是在两个劳工之间展开的，一个是泥瓦匠，一个是铁匠。这段对话有点像是"蓝袜圈"成员之间的谈话。

第七章　诗人和博爱家

对亚历山大·蒲柏（1688～1744年）来说，慈善是"社会之爱"或关心他人的具体体现。这在宗教神学体系中，与人们的"自我之爱"或对自我福利的关切相平衡。他在《论人》（1733年）的第三篇书信体诗作中，提及了自己对慈善的观点，即慈善在人类事务中占据中心位置：

> 论政府之形式，愚者常论争，
> 吾人自有论，善治必善政；
> 论信仰之形式，莽者又相争，
> 生活当正直，此便无谬论；
> 若论信与望，世界各有声，
> 若论慈悲心，人人皆向往；
> 挫折成终点，此乃荒诞言，
> 上帝之赐福，宽恕人之过；
> 人似蔓生藤，砥砺而前奔，
> 人给之拥抱，力量之源泉。
> 地球当自转，人亦有自我，
> 地球又公转，人亦有他我；
> 灵魂有二我，二我常相争；
> 一我为自我，一我为他我。
> 上帝与本性，是人之本初，
> 故令自爱与社会，两者相合成。[1]

蒲柏将《论道德》的第三篇书信体诗作递给他长寿的老友艾伦·阿普斯利（Allen Apsley）。阿普斯利是巴瑟斯勋爵。他虽然比蒲柏年长几岁，却要比蒲柏多活了 30 年。"他自在地混迹于社会，直到 90 岁高龄。他与蒲柏曾共同种下几棵树苗，待到大树参天之时，又与蒲柏共同走到树荫之下。"[2] 这篇诗作的名字是《论财富之用度》。蒲柏首先说道：

> 重视财富之心，
> 欣享财富之道，
> 散布财富之德。

并让阿普斯利区分"疯狂的善良本性"和"吝啬的自我之爱"。阿普斯利回复说（当然，是依蒲柏之描述）：

> 对重要之价值或贫困之人，当慷慨施舍，
> 消减或尽力满足上帝之关切，
> （他的标准远超人之所能为）
> 矫正财富之错误，彰显上帝之恩泽。
> 财富本无生机，生命却非如此；
> 适度之给予，可治财富之毒：
> 财富成堆，便如龙涎香，臭味难当，
> 散布于世，则能通向天国。[3]

爱德华·哈利（Edward Harley，1689~1741 年）是第二任牛津伯爵，也是蒲柏的文学创作的赞助人。蒲柏曾列举阿普斯利和爱德华两人，作为仁善贵族的代表。但是，他将最高的赞誉给了约翰·克尔（John Kyrle，1637~1724 年）。克尔是一个地主，生活简朴，但每年会从其收入中拿出不超过 600 镑的钱，用于改善社区，即瓦伊河畔的罗斯镇（Ross on Wye）的环境。"全体起立，集体沉思！"蒲柏命令道，然后咏唱罗斯的伟人：

> 是谁在那彼山丰腴的山脊上，穿梭于茂密的丛林？

是谁令那溪水，从干涸的岩石中喷涌而出？

这不是无用的向天抛撒，

也不是骄傲的巨大虚掷，

而是向大地无私且纯洁的散播，

令病者健康，令愁者展颜。

是谁的堤坝将溪流与街市隔开？

是谁的收容院令旅者安睡？

是谁让那指向天堂的方尖塔不断拔升？

罗斯的伟人，连喃喃呐呐的婴儿都如此盛赞。

罗斯的伟人，看到满街游荡的穷人，

每周都去散发面包！

看到那里的济贫院，干净整洁，但一无用处，

老人和穷人坐在那里冲门苦笑，

他分配女佣，教习孤儿，

使年轻人有活干，使老人有所养。

有人患病？罗斯的伟人前去救济，

看病症，开药方，炼药物，给服药。

谁家有不和？只要踏进他的家门，

耐心的调解，定纷而止争。[4]

　　诚如塞缪尔·约翰逊（Samuel Johnson）指出的那样，蒲柏可能夸大了克尔的善行，因为克尔的收入并不太高，不可能完成上述所有善举。威廉·沃伯顿（William Warburton），蒲柏的遗嘱保管人，曾提到蒲柏所列的克尔的善举，不仅包括克尔自己的善行，还包括他拉着他的邻居一起捐款做的事情。克尔在罗斯镇旁的小山上兴建了一座公园。站在这座公园里可以俯瞰瓦伊河。他还在公园里种了很多树。并将整个公园捐给了小镇。这个公园至今还在，人们可以进去游玩。对于克尔的记忆，除了能在蒲柏的诗作中找到以外，还能在克尔社团中找到。克尔社团成立于 1877 年，由米兰达（Miranda）和奥克塔维亚·希尔（Octavia Hill）创办，主要宗旨是美化城市里废弃的死角。[5]

　　和菲尔丁一样，蒲柏很敬仰拉尔夫·艾伦，认为他虽然出生卑微，

却通过改造农村的邮政服务以及巴斯周边的采石作业而挣了很大一笔钱。艾伦的收入远超于克尔，并喜欢一个人低调的捐赠——"默默地布施"，诚如蒲柏指出的那样——而不喜欢和别人一起大张旗鼓地做善事，而这恰是克尔常干的事情。他慷慨地支持建筑与文学研究，向巴斯的教会提供赞助，还特别喜欢帮助穷人。蒲柏心悦诚服地赞叹克尔和艾伦是"高贵的"，因为他们对帮助需要的人很有责任心，而且很乐意帮助他们，无论是出于私人之情或者公共之心。蒲柏曾这样写艾伦："神使此人富有，以使贵族们羞愧；使此人智慧，以使学者们相形见绌。"[6]

如果说克尔的收入确实不高的话，那么牧师亨利·歌德史密斯（Rev. Henry Goldsmith）的收入又如何呢？亨利是奥利弗·歌德史密斯（Oliver Goldsmith）的兄长。奥利弗曾在诗中（1730？～1774年）称他的哥哥是"旅行者"（"The Traveller"）。奥利弗在他的书中做了一段题词。这段题词告诉我们，他的兄长是这样一个人："他轻视名与利……早早退休，生活幸福，默默无闻，年收入40镑。"但是就算是如此微薄的收入，也足以使一个幸福好客的家庭体会到"行善的乐趣"：

> 在那被赐福的陋室，贫困者与伤痛者可得救济，
> 陌生人可找到一把舒适的座椅。
> 那被赐福的聚餐，简单的富足如此至高，
> 风趣的家人团团围坐，
> 开着各种玩笑，弄着各种恶搞，开怀大笑，
> 或者分享悲伤的故事，感慨轻叹，
> 或者给羞赧的陌生人奉上美食，殷勤切切，
> 从中领会行善的乐趣。[7]

奥利弗还曾写过两篇悼诗，一篇是纪念一个当铺老板的，另一篇是纪念一条疯狗的。在写这两篇悼诗时，他大力讥讽了之后流行的一种诗歌体。使用这种诗歌体的诗人都会不吝溢美之词地赞扬别人，粉饰过失。在18世纪50年代末，奥利弗在伦敦做内科医生，以及替人写稿的文员，勉强度日。那时，他跟很多当铺老板们打交道，比如，"性感迷人的玛丽·布莱兹太太"（1759年）。

穷人难得走过她的门前，
却总能领略她善良心田；
对穷人她慷慨出钱借贷，
却索来一份典当作为保险。
她努力赢得邻人欢喜，
举止高雅，风度翩翩，
她没有坏心，不故意使坏，
但难免主动行恶，心生邪念。
在教堂里，她着锦穿罗，
珠光宝气，争奇斗艳；
她总是认真听讲，从不瞌睡连连，
但总不免呼噜阵阵，神游天边。
她的爱已被勾走，我能作证，
被二十来个纨绔子弟迷住了眼；
连国王也屈尊跟随其后，
因为是她走在了他的前面。[8]

"纪念疯狗之死"（1766 年）最早见于奥利弗的小说《威克菲尔德的牧师》（*The Vicar of Wakefield*，1766 年）。在那本小说里，这首诗是由牧师最小的儿子唱出来的。

伊斯灵顿一善人，
口碑在外有名声：
讲堂祷告表虔诚，
俨然上帝好仆人。
温柔和善见宽仁，
劝慰不将敌友分。
遮体避寒显恩慈，
衣冠楚楚勤助人。

后来，这个虔诚之人被一条疯狗咬了一口，他的邻居肯定地说，他会因之死掉。

> 然有奇事忽显现，
> 戳破谎言假嘴脸。
> 仁翁犬口来脱险，
> 重获新生乐颠颠。
> 疯狗黄泉把命捐，
> 空留玄机在人间。[9]

奥利弗的长诗《荒村》中有这么两句（第 51～52 行）：

> 沉疴遍地，病魔肆虐。
> 财富聚集，众生危亡。

奥利弗的父亲、叔叔和兄长都是乡村牧师；《杰弗逊·安德鲁》里的帕森·亚当姆斯，以及《威克菲尔德的牧师》普利米洛斯博士（Dr. Primrose）都是下等的——位阶不高的——牧师。他们收入不高，但慷慨大度，且依旧对工作认真负责。奥利弗笔下的牧师跟乔叟在《坎特伯雷的故事》中塑造的教区牧师的形象很像。

> 灌木林附近，曾有个含笑的小园，
> 丛花仍在那儿开落，却无人照管；
> 从裂开的篱墙看得见其中的景象，
> 那里坐落着乡村牧师的简朴住房。
> 有位男子，乡里人个个感到亲切，
> 他靠四十镑年薪过得富裕满足，
> 远离城镇，他到乡下求得圣职位，
> 从未改变，也不希望改变居留地；
> 不习惯于阿谀奉承，或追求权势，
> 用时髦的教义迎合多变的时局；
> 他的心灵珍视名利之外的目标，

善于扶贫济困，拙于攀缘自高。
所有的流浪者都熟悉他的房子，
他斥责其游荡，却解除其痛苦；
乞丐是他的贵宾，走后他久久念叨，
他下垂的长须在衰老的胸前飘拂；
这破落的挥霍者如今不再自尊，
要求当地的亲属供养，已获应允；
这个伤残的士兵被好言相慰留下来；
坐在炉火边，谈话打发漫漫长夜，
为他的创伤和痛心的故事而泣饮，
肩扛拐杖，比画着过去打赢的战事，
与客人逗趣，这老好人学会开心，
忘记了他们的不幸之中掩藏着恶行，
粗略地瞥一眼他们的功德与罪愆，
在博爱降临之前，他给予了哀恋。
那拯救自身不幸的正是他的自尊，
就算是失败的往事也能令美德添彩；
但有人召唤，他定然立即动身前往，
他默默流泪，为他人的不幸祈祷与伤感。[10]

　　早在威廉·柯珀的诗作《慈善》（1782 年）中，诗人向研读该科目的学生提出这样的观点：

谁人来知汝，并使汝知之。
对他人之心，其中亦有汝。[11]

　　柯珀（1731～1800 年）曾有过很长一段时间的绝望经历。他是约翰·桑顿（John Thornton，1720～1790 年）善举的受益人。桑顿曾大力支持宗教传教事务，自费印刷和散发大量的圣经和其他宗教典籍。根据柯珀的说法，桑顿是上帝令其富裕，以增进人类之福利的典型。

> 有的人让自己的收成变成一座喷泉，
> 从那里汩汩而出的是自由与英雄的事迹；
> 他们的慈悲之心，并不曾受到
> 思维那朦胧边界的桎梏，
> 越过堤岸，淘尽那金色的河沙，
> 将丰富的源泉，浇灌那无边的沃土；
> 他们时时等待，聆听天父的召唤，
> 准备献出自己的财富，救济他人，
> 那是上帝的礼物，他们听到上帝的赞赏，愉悦万分，
> 桑顿常常欣享这样的愉悦。[12]

另一种不同的捐赠人是像斯夸尔那样的人物。他向一个募捐团体捐款，这个募捐团体是帮助遭灾的无家可归者们的。但是，他总是要花时间亲自去确认人们是否真的拿到了自己捐出的金币。柯珀是这样评价该救灾行动的：

> 奢靡与贪婪是捐款的成果，
> 名声与自满是收获的赃款。

而对于斯夸尔的捐款，他是这么评价的：

> 就其初衷，虽非上佳，
> 却是恰合时宜的济困举动，
> 比真爱之捐赠效果亦不差，
> 除了——救灾团体对此举避而不谈。[13]

虽然柯珀坚信"所有对和睦和慈善改革的热情，都是冒犯之举，都是卑劣的借口"（第533～534行），但他的诗作却又大力赞扬慈善改革者们。约翰·霍华德（John Howard，1726～1790年）在1773年开始了他作为监狱改革家的生涯。那时，他正在担任英格兰贝德福德郡的治安法官。他实施了一项新措施，即狱卒的工资全由郡基金支付。而在此之前，狱卒都是

自己通过向囚犯收钱谋生的，所以，除非犯人支付了监狱押解费，否则他们是拒绝释放任何一个人——哪怕是那些没有被起诉的或者被证明是无辜的人。1774 年后，霍华德以普通市民的身份调查了大不列颠和欧洲大陆的监狱，并出版了由其撰写的调查报告《英格兰和威尔士的监狱状况》（1777 年）。在 18 世纪 80 年代，霍华德走访了多家疫病和隔离医院，采集他们的信息，并自愿接受威尼斯的传染病院的隔离，以获取关于该院状况的第一手信息。后来，在走访一家俄国军旅医院时，他死于热病感染。为了纪念霍华德，在他尚且在世时，柯珀写下了这样的文字：

> 那被鄙视之人的保护神，
> 请接收一个旁人的赞颂；
> 我用诗文散播你的声名，
> 这是你高贵行为的赏金；
> 我当提醒人们时时铭记，
> 但又担心自己可能忘记，
> （我将"慈善"选作诗文的主题和我的目标）
> 忘记你霍德华赫赫威名。
> 上帝赐福，你捐出财富，
> 割舍那短暂的美好心情，
> 不再沉溺田园中的温馨，
> 找寻苦厄中的高贵行径，
> 你横渡汪洋，游历诸国，
> 并未探寻那古代的碑林，
> 反而带回地牢里的隐情，
> 慈悲如你才能如此泰然，
> 将那与世间隔绝的悲伤，
> 化作升华与飞跃的引擎，
> 大声说出你的壮烈雄心，
> 还有那骄傲的爱国热情。
> 那熙攘的人群与争吵声，
> 为社会安定大声地援请，

都因你的壮举纷纷安静，

神也为你的爱心动真情。[14]

在霍华德去世前 10 年，埃德蒙·伯克曾做出如此评价：他对监狱和疫病医院的调查是一场"慈善巡查"，"测量不幸、哀伤与被蔑视的人们的情况，回忆被遗忘者，走访被忽视者，探访被遗弃者，比较和核对各国人们的各种不幸"。[15]

霍华德放弃过一种相对舒适和简单的生活，而是选择一条艰难和危险的道路，即为囚犯和令人恐惧的疾病的受害者们奔走呼号。因此，在有生之年，他就赢得盛名，而且这个盛名在他死后经久不息，漂洋过海，传到大西洋的彼岸。在美国，他被称为"博爱家霍华德"，而且有很多救济团体以其姓氏为名。在他开始这项事业后百年，美国卫生协会的主席亨利·W. 贝罗斯牧师，宣布"霍华德的名字就是慈善的同义词。它代表了对服务他人的博大的仁爱之心，无限的同情之心，以及绝对的神圣之心"。[16]

自 1704 年起，慈善学校的儿童，每年都会身穿制服，参加教会举办的各类服务活动，以庆祝学校的周年庆。儿童们整齐地游行、歌唱和祈祷。这幅场景，这番热闹，使为学校捐款的人感到骄傲和满足，并推动他们再次捐赠。1782 年之后，在伦敦，每场这样的活动都有数百名儿童参加，而且举办的地点都在圣保罗大教堂。威廉·布莱克（William Blake）写了两首以《耶稣升天节》为名的诗，就是关于该项活动的。第一首诗发表于 1789 年，收录于他的诗集《纯正之歌》中。它以一种欢快的笔触写道：

在升天节里孩子们洗干净了天真的脸蛋，

他们一对对穿着红的蓝的绿的衣衫；

白发的教区助理拿着雪白的拐杖向前行，

像泰晤士河的水流进了圣保罗的圆屋顶。

啊！这儿一大群人他们像是伦敦的鲜花，

他们并坐在一起各个的面容都神采焕发。

这一大堆嗡嗡之声不过是一群群小羊羔，

千万个男孩和女孩把天真的手举得高高。

这时像一阵大风骤起他们歌声飞上天空，
又像是和谐的雷声使天庭的众交椅震动，
坐在下方的长者是穷苦人的贤明保护人，
那么施以怜悯吧，免得你把天使逐出大门。[17]

第二首以《耶稣升天节》（1794 年）为名的诗，则展示了另一种不同的视角：

这难道是件神圣的事情，
在一个富饶的地方，
婴儿干瘦得十分凄惨，
竟让那冰冷的放债的手来喂养？

那颤抖的叫声可算是首歌？
它难道能是一曲欢乐的歌唱？
还有那么多穷苦孩子？

那原来是个穷瘠的地方！
他们的太阳永远不会发光。
他们的田野是光秃秃的一片荒原。
他们的道路是永无止境的冬天。

因为只要哪里有阳光照耀，
只要哪里会降下甘霖：
婴儿就不会在那里挨饿，
贫穷也不会威吓心灵。[18]

和很多人一样，布莱克在不同的时候，在不同的心情下，对人性，以及对善良与无私中所蕴含的对抗残忍与自私的力量的感受是不一样的。

在《神之肖像》（1789 年）中，他表达了一种满怀希望的态度：

> 向着仁慈、悲悯、和平与爱，
> 众人在苦恼中献上祈祷；
> 同样的，对这些带来喜悦的美德
> 人们报之以感谢。
>
> 因为仁慈、悲悯、和平与爱，
> 便是天主，我们亲爱的父，
> 同时仁慈、悲悯、和平与爱，
> 也是人，他的孩子，他所关心的。
>
> 因仁慈有一颗血肉的心，
> 悲悯有人的面貌，
> 爱，是取了人形的圣灵，
> 和平穿着人的衣裳。
>
> 于是，来自四面八方的每个人，
> 在它的困苦中祈祷时，
> 便是向取了人形的圣灵——
> 仁慈、悲悯、和平与爱祈求。
>
> 而众人均爱有形之人，
> 即便在外邦，犹太或土耳其；
> 凡有仁慈、悲悯、和平与爱居住之处，
> 天主也居住在那里。[19]

而《人性的要义》（1794 年）则表达另一种观点。在这篇诗中，作者描绘一幅黑暗的景象：

> 但若不制造贫穷，

则同情也将一无所用；
但若人人皆一般幸福，
则仁慈亦无处发声；
相互畏惧带来和平，
直到自私的爱逐日添增。
紧随的是残忍织成的一张网，
伪善的关怀是网上的香饵。

他坐在那里带着圣洁的恐慌，
泪滴成河浇灌脚下的黄土；
接着谦逊退让拔地而起，
从他脚下向上爬升。

然后那神秘的阴影，
在他头上不断蔓生；
还有那毛虫和飞蝇，
舔食这神秘的植物；

它产生了欺诈了毒果，
红润可爱，甘甜可口，
乌鸦也来筑建巢穴，
在那浓浓的阴影之中。

大地和汪洋的众神，
踏遍河山找寻这颗神树。
但他们终于一无所获：
因为它只在人们心里滋生。[20]

在回应法国大革命方面，诗人丝毫不比学者们和政治家们差。他们拥抱有生气的激进主义或消极的保守主义，同情或厌恶普通人。罗伯特·骚塞（Robert Southey）写了一篇悲伤的诗文，即《寡妇》（1797

年）。诗中写了一个贫穷的妇人，死在街头，却未能引起马车夫和车中乘客的注意。这篇诗文一经发表，立刻引起两个托利派政治家的嘲笑，即乔治·坎宁（George Canning，1770～1827年）和约翰·胡卡姆·弗里尔（John Hookhan Frere，1769～1846年）。他们的诗作《人类的朋友和磨刀工》（1797年）表达了一种反慈善的偏见，颇有些19～20世纪文学的味道。人类的朋友认识世间的悲剧是由有权有钱人的压迫所造成的。所以，当他看到衣衫褴褛的磨刀工由衷地承认自己那副可怜的样子全是他自己造成的时候，因为自己老是酗酒和打架，他恨铁不成钢，气恼万分。后来，磨刀工向人类的朋友借钱买酒喝，人类的朋友抬脚踢了他一顿，掀翻他的磨刀砂轮，然后扬长而去，"丢下共和热情和博爱的慈悲心"。[21]

在《新道德》（1798年）一诗中，坎宁和弗里尔区分了英式慈善（British Charity）和"法式公益"（"French Philanthropy"）。他们将英式慈善称为"擦干孤儿的眼泪，抹净寡妇的眼角"，而认为"法式慈善"的"有害的统治"，颠覆了人们的爱国心，侵蚀了人们的道德观念。作者宣称，教授孔多塞和托马斯·潘恩的思想使人：

成为这个世界坚定的"爱国者"，
各国的友人——除了自己祖国。

卢梭的"美妙的情感"（"Sweet Sensibility"）吸引着他的追随者们为被踩碎的甲虫、孤独的鸽子、凋谢的花朵以及死掉的笨驴哭泣，却对法国大革命中的滔天暴行无动于衷——"邪恶的罪行……败坏了自由的美名"。[22]

珀西·比希·雪莱（Percy Bysshe Shelley，1792～1822年）是法国大革命期间出生的一名孤儿，因此他将"共和热情和博爱的慈悲心"的精神带进了19世纪。在《解放普罗米修斯》（1820年）一书的前言中，他承认他有着改造世界的热情。和埃斯库罗斯（Aeschylus）一样，他将普罗米修斯视为人类的战士，而将宙斯视为残暴的压迫者。"普罗米修斯"，他写道，"拥有最完美的道德和智慧，并受到最纯真和最真挚想法的触动，为最善和最高贵的事业而奋斗"。普罗米修斯是一个激进者，他时刻准备：

忍受那希望以为是无穷的灾祸，

宽恕比死和黑夜更阴暗的罪过；

藐视那貌似无所不能的权力；

要爱、忍耐；希望，只要希望，

希望自会在艰难中实现梦想，

不变心、不灰心，也不懊丧，

这就是你，泰坦，所应有的荣光，

善良、正直、无畏、美好而坦荡，

这才是真正的胜利和至高无上，生命，还有欢畅！[23]

    关于雪莱对慈善的热情，以及坎宁和他的朋友对慈善的疑虑，人们都可以在 19 世纪的文学作品中找到相同的表述。其中有些作家对某些博爱家大加批评，但他们自己却是人类事业最坚定的朋友。

本章注释

［1］ *The Complete Poetical Works of Alexander Pope*，edited by Henry W. Boynton（Boston：Houghton Mifflin Company, 1903），150，lines 303－318.

［2］ *The Poetical Works of Alexander Pope*，edited by Adolphus William Ward（New York：St. Martin's Press, 1964），244 nt. 2.

［3］ *The Complete Poetical Works of Alexander Pope*，edited by Henry W. Boynton，168，lines 218－236。沃尔特·劳申布什（Walter Rauschenbusch, 1861～1918 年）是美国社会福音运动的领导人之一。他使用类似的比喻来倡导平均分配财富：财富就像是粪便，如果储藏成堆，则弊大于利；因此，财富就应与粪便一样，散播于大地。

［4］ Ibid. , 168.

［5］ *The Poetical Works of Alexander Pope*，edited by Adolphus William Ward，252，nt. 3. On Kylre see Howard Erskine-Hill, *The Social Milieu of Alexander Pope*（New Haven：Yale University Press, 1975），8，15－41.

［6］ Erskine-Hill, *Social Milieu of Alexander Pope*，232，quoting letter from Pope to William Fortescue, 23 January 1739/1740。蒲柏关于艾伦的诗句是：

那卑微的蒲柏，胆怯小心，

默默地布施，羞于出名。

参见 "Epilogue to the Satires," *The Complete Poetical Works of Alexander Pope*，edited by Henry W. Boynton, 209, lines 135 – 136。

[7] Oliver Goldsmith, "The Traveller" (1764 – 1765), in Austin Dobson, ed. , *The Poetical Works of Oliver Goldsmith* (London: Oxford University Press, 1939), 3 – 6, lines 15 – 22.

[8] "An Elegy on That Glory of Her Sew, Mrs. Mary Blaize," ibid. , 47, line 5 – 20.

[9] "An Elegy on the Death of a Mad Dog," ibid. , 65 – 66, lines 5 – 12, 29 – 32.

[10] "The Deserted Village," ibid. , 27 – 28, lines 137 – 166.

[11] "Charity," in *The Complete Poetical Works of William Cowper*, edited by H. S. Milford (London: Oxford University Press, 1913), 76, lines 9 – 10.

[12] Ibid. , 81。桑顿是小说家福洛斯特（E. M. Forster）的玄祖父。Forster, *Commonplace Book*, edited by Philip Gardner (Stanford: Stanford University Press, 1985), 115。

[13] "Charity," in *Complete Poetical Works of William Cowper*, 86.

[14] Ibid. , 82 – 83, lines 290 – 312.

[15] "Speech at Bristol, Previous to the Election, 1780" in *The Works and Correspondence of Edmund Burke* (London: Francis and John Rivington, 1852), 3: 422.

[16] Henry W. Bellows, "John Howard: His Life, Character and Services," in Edwin Pears, ed. , *Prisons and Reformatories at Home and Abroad* (London: International Penal and Prison Conference, 1872), 739。关于托马斯·卡莱尔（Thomas Carlyle）相对比较温和的评价，参见本书第四部分第十一章。

[17] "Holy Thursday" (1789) in Roger Lonsdale, comp. , *New Oxford Book of Eighteenth Century Verse* (Oxford: Oxford University Press, 1984), 690.

[18] "Holy Thursday" (1794), ibid. , 696 – 697.

[19] "The Divine Image" (1789), ibid. , 692. Quoted Permission of Oxford University Press.

[20] "The Human Abstract" (1794), ibid. , 695.

[21] "The Friend of Humanity and the Knife – grinder," ibid. , 824 – 825。坎宁后来当了大不列颠的外交大臣和首相。

[22] "New Morality," ibid. , 827 – 830, lines 21 – 27, 45 – 46, 69, 74 – 79.

[23] Shelley, "Prometheus Unbound" (1820), in Newell B. Ford, ed. , *The Poetical Works of Shelley* (Boston: Houghton Mifflin, 1974), 206. (act 4, lines 570 – 578).

第八章　纠缠不清与长久铭记的乞丐

　　艾迪生和斯蒂尔在《观察者》（1711～1712 年）杂志中以安德鲁·弗里波特爵士（Sir Andrew Freeport）为发言人发表了自己关于重商主义的观点。他们宣称向乞丐施舍是有害于商业的，特别是那些商人们的施舍，因为这就等于是将用来买卖货物以谋生的资本花掉了。为了赚取利润，他们需要足够的资本以雇佣劳工。而把钱给乞丐，则要比扔掉更糟；因为这就像是花钱雇乞丐享清福。"那些乞丐拿到的钱"，弗里波特说道，"是我们付给他们的懒惰的报酬"。但是，后来有乞丐缠着他的马车，死死抓住，让他没法前行。他便背离了自己的观点，拿出钱来给他们，还自我欺骗说，这是给他们所谓的生病的女人和将饿死的孩子们。[1]

　　伯纳德·德·曼德维尔（Bernard de Mandeville）拒绝承认向乞丐施舍是慈善之举。是同情，而不是爱心，刺激我们施舍，而我们施舍则正是因为要减少内心的这种不适，即看到他们的苦难，听到他们悲伤的故事，并想象自己身处同样境地所产生的内心感受。同时，在这场"交易"中，骄傲和贪婪也充斥其间：乞丐的乞求使我们自我膨胀，在推动我们拿出钱来的同时，使我们还期待收获关于我们慷慨的赞誉。但是，当人们越来越多地面对这种状况，感到同情以及恐惧时，他们也就越少被打动了。过多地接触悲惨的事情，让他们对乞丐感到麻木。在这种情况下，曼德维尔认为，勤奋的乞丐能做的唯一事情是紧紧跟上，不停地搞出噪音，以挑逗和纠缠路人，迫使对方拿钱来买下片刻的安宁。因此，有很多人都是出于同样的目的而向乞丐捐钱的，因为他们想让乞丐离远点，让他们自己能安安静静地走路。[2]

　　在塞缪尔·约翰逊（Samuel Johnson）和朋友的对话中，乞讨经常是一个重要的话题。他对此有一段十分著名的评论，即认为："一个人每年给那些在路上纠缠于他的乞丐的钱可能要高达 500 镑，而且这还没有任何好处。"但是，根据詹姆斯·博斯韦尔的说法，约翰逊的言行不一：

> 他经常往返于自己的住宅和饭店之间，在这段路上，但凡有穷人盯着他看，他就会把口袋里所有的银币都扔给他们。他经常在街上走，并且说从来没有人抢他，因为大家都知道他没什么钱，而且也不是那种看起来像很有钱的样子。[3]

虽然约翰逊向乞丐施舍没有任何好处，但他还是这么做了。他所秉持一个理由是，他发现需要帮助的人比帮助他们的人要多。有一次，他估算伦敦每周至少有 20 个人被饿死——这比之前 1000 年的情况变糟了不少——"未必是直接死于饥饿，而是因为虚弱以及其他一些疾病，而这些情况的诱因又在于饥饿"。人们通常所认为的有人通过行乞挣了很多钱的看法是错误的："这行"，他告诉博斯韦尔说，"已经严重饱和了"。

> 你也可以这么想（他继续说道），有很多人没法找到工作。每当有一种行业凋敝时，那些之前靠这行谋生的人，通常会因此失业一段时间。你看到一个人行乞，就指责他懒惰，他会告诉你："我想要工作。但你能给我工作吗？""对不起，我不行。""那你如何可以指责我懒惰呢？"[4]

詹姆斯·普赖尔是较早的一位撰写奥利弗·歌德史密斯传记的作者。根据他的说法，在爱尔兰的农村地区，由于没有针对穷人的公共救济，乞丐就成了一个有特权的阶层，他们有一种"特定的资格，类似于权利，即获得中下阶层的同情"。奥利弗的《荒村》一诗中提到的"长久铭记的乞丐"就属于这样一个阶层，即年复一年地"走过同一个乡村，在没有大门和门房的普通宅子前停下，讨一口饭吃，甚至有时还能要到一个地方过夜，或者暂避风雨，比如可敬的农户家的炉角"。[5]

1773 年，托马斯·利兰写了一段文字，谈到在爱尔兰，好客被认为是一种义务，也是一种美德。游荡的乞丐走进士绅或农户的家中，"颇为悠然自得，仿佛回到自己家一样"。利兰将这种习俗归因于基督徒的仁善精神。"'天国里最神圣的人'爱尔兰律法如此规定,'是以好客著称的,福音书令我们要接纳寄居者,招待他们,并接济其之所需。'"[6]在实践中,这通常意味着某些穷困的家庭,本身家里就只有一张床,有时还不得不和流浪小贩、裁缝或乞丐挤这一张床。[7]

有的乞丐,因为定期到某一家去做客,就跟那家的主人熟悉了起来,与对方产生情感,甚至得到对方的尊重。1798年,威廉·华兹华斯写了一篇名为《坎伯兰的老乞丐》的诗作。他在这篇诗中描写了一个他童年时期见到的老人,"他对我的心灵产生了巨大的正面影响"。华兹华斯说,此后,在他一生中,像这个老人一样的乞丐几乎就没有了。他们都很穷,而且"年迈且身体残疾,他们将自己的活动范围限定在周边一定区域内,定期到不同的人家走访,要到一些救济,有时是钱,但多数情况是饭食"。但华兹华斯(1700~1850年)之所以记得这个老人,不仅是因为他的残疾和孤独,还是因为对他的和善与体谅:

> 童年时代我便见过他;那时他
> 已十分苍老,所以现在也并不
> 显得更老;他形单影只地漂泊,
> 看来老弱不堪,骑马消闲的人
> 给他施舍也不随手扔在地上,
> 而是停下马来,为的是让钱币
> 稳稳当当地落在老汉的帽子里;
> 离开他时,人家也不随随便便
> 即便催动了坐骑,还是要侧过
> 身子,回头朝着这上年纪的乞丐
> 仔细地看看。夏天里,管着路卡
> 收通行费的妇女在卡子旁边
> 摇着纺车时,只要看见老乞丐
> 在路上走来,就会放下手中的
> 活儿,拉开门上的闩让他经过
> 在树木茂密的小路上,当驿车
> 辚辚的轮子将要超越老乞丐,

> 那驾车的驿差会在后面叫他，
> 要是叫后他的路线还不改变，
> 驿差会使车轮悄然贴近路边，
> 让驿车在他的身旁轻轻驶过，
> 嘴中既不骂，心里也全无怒气。[8]

华兹华斯的《几个乞丐》（1802 年）并不是基于他自己的经历，而是根据他妹妹的经历写成的。他妹妹遇到一个女人，伸手跟她要救济。他的妹妹给了她一些钱。此后，她又遇到这个女人的两个小男孩。这两小男孩打断了他妹妹的游玩闲情，向他们讨钱，并告诉他们，自己的妈妈死了。如华兹华斯在诗中所述，乞丐是美好风景中的一个组成部分，这位母亲是"一颗伟大的野草"，而这两个小男孩则是"快乐的流浪汉"。1817 年，他接着这篇诗续写了一篇，重写了那天的情景，并问道："他们现在在哪儿呢，这些嬉闹的小男孩?"[9]

华兹华斯的长篇自传诗《序曲》写于 1798～1805 年，但在他在世时并未发表。在这篇诗作中，有一段谈到了他在热闹的论断街头看到人群中有一个盲眼的乞丐，这个乞丐身上的气息让他在朦胧间想到自己。他深深地受到眼前这幅景象的影响：

> 在前行的露天巡演中，不经意间，
> 我被眼前看到的景象深深震撼（这幅景象并不少见），
> 一个盲眼的乞丐，脸上写满了诚实，
> 他靠墙站立，扬起面庞，胸前那张
> 纸上写出他的身世：他从
> 哪来，他是何人。这景象抓住
> 我的内心，似乎逆动的洪波
> 扭转心灵的顺流。这一纸标签
> 恰似典型的象征，预示了我们
> 所能知道的一切，无论涉及
> 自身，还是整个宇宙。凝视着
> 这默立的人形，那坚毅的面颊和失明的

眼睛，我似在接受别世的训诫。[10]

18 世纪的战争引发了一系列的问题，其中一项就是不计其数的伤残士兵，比如，在《荒村》中，就有一个这样的伤兵受到乡村牧师的照顾。有些机构，比如，巴黎的荣军院（成立于 1670 年）和英格兰切尔西的皇家医院（成立于 1690 年），收容了少量士兵，而多数幸存者则要自谋生路，哪怕他们曾受了严重的身体和心理上的伤害。有的人发现靠自己的劳作很难谋生，或令人厌烦，由此便走上了乞讨的道路。[11]

1786 年，在一家苏格兰的小旅馆里，罗伯特·伯恩斯（1759 – 1796 年）亲眼看见，也可能是亲自参与了一场由一群快乐的乞丐，得到贫困的旅者和流浪汉的施舍，而办的一场欢宴。伯恩斯在《爱与自由——一场大合唱》中写道："在火堆旁的那个人，穿着一条老旧的红色破衣服。"他只有一条腿和一只手，是一个退伍老兵，参加过魁北克（1759 年）、古巴圣地亚哥（1762 年）和直布罗陀（1782 年）等战役。他跟他的娼妇躺在一起（乞丐的女人）。那个女人"噘着那贪婪的嘴，就像是一个施舍盘"，来接受他的香吻，并饮下一杯威士忌。"摇摇晃晃的"，这个老兵站了起来，唱着一个小调，吹嘘自己的战功，最后以对自己当前生活的满足与骄傲作为收尾：

> 虽然我现在靠乞讨度日，支着一条木头假腿，戴着一条木头臂膀，
> 条条碎絮在我屁股上不停飘荡，
> 但是，鼓鼓的钱包、满满的酒瓶和轻松的索求令我心情舒畅，
> 就像我的既往，穿着猩红的战袍，跟着隆隆的战鼓，奔向前方。
>
> 虽然现在，我满头白发，站在冬日的寒风中瑟瑟摇晃，
> 将那树荫和岩石做成了我栖息的地方，
> 但是当我卖掉那个口袋，喝掉那瓶佳酿，
> 我就能看到地狱的军队，跟着隆隆的战鼓，奔向前方。[12]

接下来轮到老兵的女人唱了。她回忆自己"掌管着一个丈夫"的欢乐时光：

但是这份死寂令我在绝望中哀号，
直到我在坎宁汉市场见到我那年长的老汉，
他身上的军装已经破烂不堪，在身上神气地飘散，
我的心已然被这魅惑的男子羁绊。

现在我已经复活——不知过去多久，
我依旧能欢乐地歌唱，快乐地酒酣；
但是，只要我双手紧握，依旧能保那杯中美酒平安来，
敬你，我的英雄，那魅惑了我心的老汉。[13]

　　沃尔特·司各特爵士（Sir Walter Scott，1771~1832 年）注意伯恩斯对乞丐的亲密态度，曾说道：他"带着那悲观的坚定，似乎向往有朝一日，能成为这个复合社团中的一员"。伯恩斯以一种激昂的韵律结束了整首诗，即在结尾处，乞丐欣享于自己那自由且无所羁绊的欢乐生活，并宣布："让他们斥责所谓端庄，只有他们还有所谓品格。"[14]

　　礼仪和尊严是司各特的小说《古董商》（1816 年）中的人物伊迪·奥彻勒斯瑞（Edie Ochletree）的基本品性。他是一个乞丐，但他在司各特设定的小说背景中，即 18 世纪末的苏格兰，扮演一个重要角色。伊迪是一个御用乞丐，接受苏格兰国王的救济，并为他和他国家的福利祈祷。由此，伊迪便站在乞丐这行的最顶端。他穿着一件蓝色长袍或斗篷，戴着一枚锡制的别针，以证明自己得到国王的授权，可以在国内随处乞讨，哪怕是当地明文禁止行乞的地方。他沿路乞讨，但也将消息和轶事从一个农庄带到下一个农庄，还帮着人们修理提琴、茶壶和铜盘，协助诊治病牛和病马，还会唱数百首歌，讲数百篇故事。"我不能放下我的事业"，他告诉一个少女，"那将是公共的损失"。[15]

　　当然，伊迪是一个虚构的人物；他的原型是安德鲁·吉姆梅尔斯（Andrew Gemells）。吉姆梅尔斯是司各特年轻时代认识的一个老乞丐（mendicant）①。司各特是这么回忆他的：

————————————

　　①　此处的 Mendicant，有巧采乞丐的含义，类似于中国靠卖艺为生的乞丐。——译者注

安德鲁·吉姆梅尔斯对自己的职业总是一本正经；他想要的是食物和容身之所，或者少量的铜板儿，他老是向别人乞求这些东西，而且也总能要到这些东西，一切都是理所当然。他唱得一嗓子好曲，讲得一口精彩的故事，并像莎士比亚笔下的弄臣一样能讲出大段的爆笑段子……正是因为人们害怕安德鲁的讽刺，又喜爱仁善或慈善的感觉，他才能到哪儿都能有好收成。事实上，安德鲁·吉姆梅尔斯的段子，特别是在某些大人物花钱要安德鲁来讲过之后，就会传遍他常去的那些地方，就像是一个充满睿智的人的妙语传遍这个时髦的世界。

有一次，一个富有的乡绅告诉安德鲁自己没法支付 6 个便士，因为他囊中没有零钱。"'我能给你找零钱，莱德尔'，安德鲁回答说。"[16]

此后——大约为 1800 年——安德鲁开始抱怨乞讨的收成大不如前；他估算自己现在的收成比刚入这行时，每年少了 40 英镑。他将乞丐这行的没落归因于近年来"极为劣等的乞丐"大量涌入这行。[17]另一些人，比如华兹华斯，则没有将矛头对准乞丐，而是对准政治经济学家们残酷的信条，因为他们大力苛责乞讨和施舍的行为。[18]

在查尔斯·兰姆（1775～1834 年）的《伊利亚随笔》（1823 年）中，有一篇文章为乞丐说了句公道话，并公开指责政治经济学家及慈善改革家。他强烈反对伦敦当局定期将乞丐从街上赶跑的做法，并为乞丐欢呼，为他们闯破政治社会的关注与藩篱，赢得自由而欢呼。他号召大家关注他们的困境：

这些老迈的瞎眼托彼特①们啊，之前总能在林肯旅馆花园的外墙外安坐。而现在，治安官们总是不停地驱逐他们。他们满眼充血，将最后一丝怜悯撕碎，抹尽所有的光辉。还有那忠诚的狗在指引着

---

① 托彼特（Tobit），《圣经·旧约》"托彼特传"中的人物。托彼特原为犹太富商。后散乃黑黎布为亚述王后，大肆屠杀以色列人。托彼特偷偷将其所杀害的以色列人收尸埋葬，结果惹祸上身，被没收财物，而自己和妻子分散，流离失所。直到厄撒哈东继位，任命托彼特的兄弟阿纳尔的儿子阿希加为财务总管，因为阿希加的求情，才得以回到尼尼微和家人重聚，没收的财物被归还。但是，他又被鸟粪掉落眼中，因而失明。这造成他的婚姻产生裂缝，以致他向神祈祷收去他的生命。其子为多俾亚（Tobias），故该篇经文也被称为"多俾亚传"。——译者注

他们的步伐——将那些乞丐，赶离干净的空气，温暖的阳光。但他们都是些瞎眼的乞丐，他们还能逃向哪里？或者，钻进哪个角落？他们又将在哪里被困入四壁，在哪间凋敝的济贫所里，忍受更深重的黑暗的惩罚？在那里，半便士跌落的声响如何能慰藉他们那凄凉的哀伤，又如何能唤起他们对欢乐和满怀希望的过往的畅想？哪里挂着他们那没用的木杖？又有谁在喂养他们的导盲犬？——是要听从圣·L（St. L）教士的监工的命令，将他们全部击杀？还是要遵从温柔的教区长 B 教士的建议，将他们统统装进麻袋，扔进泰晤士河？[19]

兰姆同时还为这个乞丐说话：这个乞丐在 1780 年的"戈登暴乱"中失去了自己的下半身，只能坐在一个木头机器上，用手和臂膀转动轮子，在城里游荡。他干这一行已经 42 年了。他的头发已经灰白，但他的良好品性却未因进入矫正院而受到玷污。他之所以被送入矫正院，是因为他拒绝入住济贫院。兰姆认为，他坚持追求"他选择的这种生活方式，无害于他人，或许还能对他人有所启迪"。每天看到他这幅景象，的确令人不舒服，但"其对于一座伟大的城市的路人来说，却是一个有益且触动人心的对象"。这个人，是"半个赫拉克勒斯"，也是"半人马中人身的那一部分"，是伦敦街头的一道风景；通常，乞丐出现在剧场、博物馆，以及各种奇特的地方，使城市充满趣味。"此外"，兰姆还问道，"除了这些景象的堆叠外——无尽的景象——还能有什么其他的东西使这座城市如此伟大；还有什么东西使人如此神往"？[20]

本章注释

[1] *The Spectator* III, No. 232 （November 26, 1711）.

[2] Mandeville, "An Essay on Charity and Charity Schools," in *The Fable of the Bees* （Oxford: Oxford University Press, 1924）, 257 - 259。18 世纪，有一位法国游客来到爱尔兰的都柏林，发现那座城市里成群且无礼的乞丐令自己心肠变硬了，并使他很反感向乞丐施舍。Chevalier de La Tocnaye, *A Frenchman's Walk Through Ireland*, 1796 - 1797, translated by John Stevenson （Belfast, Ireland: Blackstaff Press, 1984）, 17。

［3］ James Boswell, *Life of Samuel Johnson*, edited by R. W. Chapman, revised by J. D. Fleeman (Oxford: Oxford University press, 1980), 1067 - 1068 (1780).

［4］ Ibid., 1031 (October 10, 1779).

［5］ James Prior, *Life of Oliver Goldsmith* (London: J. Murray, 1837), 2: 268 - 269.

［6］ Thomas Leland, *The History of Ireland from the Invasion of Henry II* (London: J. Nourse, T. Longman, 1773), xxxiv - xxxv.

［7］ Edward MacLysaght, *Irish Life in the Seventeenth Century*, *After Cromwell* (Cork, Ireland: Cork University Press, 1950), 66 - 67.

［8］ William Wordsworth, "The Old Cumberland Beggar," in *The Complete Poetical Works of Wordsworth*, edited by A. J. George (Boston: Houghton Mifflin Company, 1904), 93 - 96 (lines 22 - 43).

［9］ Ibid., 275 - 276, 563 - 564.

［10］ Wordsworth, "The Prelude," bk. 7, lines 636 - 649, Ibid., 177。这篇诗作有多个版本,本段引自1850年版。

［11］ 当局对残疾退伍士兵很不友好和漠不关心,使得他们不得不行乞。这遭到约翰·沃尔科特 (John Wolcot) 的指责。参见 "George III and the Sailor" (1795), Roger Lonsdale, comp., *New Oxford Book of Eighteenth Century Verse* (Oxford: Oxford University Press, 1984), 745 - 747。

［12］ Robert Burns, "Love and Liberty—A Cantata" ["The Jolly Beggars"], ibid., 713。该诗写于1786年,首次发表于1799年。

［13］ Ibid., 714.

［14］ Ibid., 715。司各特讨论了伯恩斯对乞丐的亲近,以及他认为自己可能成为其中一员等事情,参见 "Advertisement," in *The Antiquary* (New York: Harper and Brothers, 1901), 1: 12 - 16。

［15］ Scott, *The Antiquary*, 1: 196 (ch. 12).

［16］ Ibid., 1: 18 - 22.

［17］ Ibid., 1: 12.

［18］ Note to "The Old Cumberland Beggar," in *The Complete Poetical Works of William Wordsworth*, 93.

［19］ Charles Lamb, "A Complaint of the Decay of Beggars in the Metropolis," in *The Essays of Elia* (London: G. Bell and Sons, 1913), 149 - 155。首次发表于1823年。

［20］ Ibid.

第四部分

19 世纪

引子　若人人皆一般幸福

　　1776 年的某一天，塞缪尔·约翰逊和詹姆斯·鲍斯韦尔正准备离开教堂，突然看到街上的几个乞丐。于是，鲍斯韦尔便大声质疑，在这世上还有没有哪个国家是保护下等阶层免受悲惨之祸的。"我相信，鲍斯韦尔先生，的确没有"，约翰逊回答说，"但是，某些人过得不幸福总比所有人都过得不幸福来得好。而要想实现所谓的平均状态，就可能使所有人都过得不幸福"。[1]

　　我在第七章中引用过威廉·布莱克的《人性的要义》（1794 年）之中的诗句，以一种绝望和嘲弄的口吻说道，在人性之中存在一种故意践踏别人的癖好：

> 但若不制造贫穷，
> 则同情也将一无所用；
> 但若人人皆一般幸福，
> 则仁慈亦无处发声。[2]

　　查尔斯·狄更斯的《马丁·翟述伟》（1843～1844 年）中有两个人物，从不同角度对不平等持不同的看法，其中一个从下层的角度来看待不平等，而另一个则从上层来看待不平等。查威·斯莱姆（Chevy Slyme）是翟述伟的远房亲戚，而且个人的名声不太好。在他眼里，社会是一个下等而弱小的东西；而就他估计，他自己要远远凌驾于他人之上。"他讨厌两类人：帮过他的人，和比他优秀的人；在这两种情况下，他们的地位对一个自诩具有重要价值人来说都是一种侮辱。"[3]另外，建筑师佩克斯列夫

(Pecksniff) 则是因为不平等的精神和物质优越性而对不平等表示支持。当佩克斯列夫和他的女儿在一辆驿站马车上安顿下来，关上车窗，把脚伸进草垛，将身体裹进斗篷后，他们觉得十分舒服。而且，当他们想起不是每个人都能跟他们一样体会这种温暖的感觉的时候，他们就觉得更加舒服了。命运的安排是多么的美妙，佩克斯列夫这么想着，因为："'如果人人都能饱食、暖衣的话，那么，我们就不再能敬仰某些忍饥、耐寒的人的坚毅品行了。而且，如果我们不比任何人过得好的话，那么，我们又该应何而心存感激呢；这正是我们本性中最神圣的感情之一。'他这么说着，一边挥着拳头，向着一个试图爬上马车后背的乞丐打去，一边任眼泪如喷泉一般的流淌。"[4]

朱利安·韦斯特（Julian West）曾解读爱德华·贝拉米的幻想小说《回溯过去：1887~2000年》（1888年）。在解读时，他用马车打了一个比方，以使读者可以理解生活在1887年的人们的生活方式，以及当时穷人与富人之间的关系。这辆马车的马车夫都很饥饿，那些穷人要在下面拉着马车走过颠簸的道路，有时甚至还会失去立锥之地和性命，哪怕是拼命拉着马车前行。有的人，因为竭尽全力地奋斗或者撞上大运，赢得了马车上的一席之地，就像佩克斯列夫一样，能够相对轻松快意的驱车前行。当马车陷于泥地，难以前行，他们并不屈身下车帮忙，反而大声吆喝让拉车的队伍使劲，还在一旁筹措资金，买香膏涂抹身体。

如果不是担心马车可能翻车，车上的乘客是不会考虑拉车的人的。那些乘客们认为他们是与众不同的，比那些拉车的人要高出一等，而且他们把这视为是理所当然的。每个人都承认那些拉车的活得很苦，但是只有这样，才能让马车向前飞驰，才能让社会的进步成为可能。任何试图干预这一过程的努力都会让马车倾覆，而所有人都会陷于混乱之中。马车上的座位的确很舒服，却又风险丛生。马车每颠簸一下，就会有一些乘客被摔落地上，并被逼着抓起缰绳，加入拉车队伍之中。因此，在那些幸运乘客的座位之上裹挟的，有幸福的感觉，更有不安稳的感觉。[5]

本章注释

[1] James Boswell, *Life of Samuel Johnson* (1791), edited by R. W. Chapman, revised by

J. D. Fleeman（Oxford：Oxford University Press，1980），736（April 10，1776）.

［2］ William Blake，"The Human Abstract," *Songs of Experience*（1794），in Roger Lons-dale，comp. ，*The New Oxford Book of Eighteenth Century Verse*（Oxford：Oxford Uni-versity Press，1984），695.

［3］ Charles Dickens，*Martin Chuzzlewit*（New York：Grosset and Dunlap，1935），112（ch. 7）.

［4］ Ibid. ，199（ch. 8）.

［5］ Edward Bellamy，*Looking Backward，2000 – 1887*（New York：Randon House，1960），3 – 6（ch. 1）.

第九章 济贫

在沃尔特·司各特（1771~1832年）还在世的时候，苏格兰就已经开始征收济贫税了，以代替教堂门口的善款募集。在司各特的小说《古董商》里，乔纳森·欧德巴克（Jonathan Oldbuck）（就是那个古董商），为伊迪·奥彻勒斯瑞的傲慢和随意所激怒，说道："我一直反对开征济贫税和兴办济贫院——而现在，我想我会投赞成票，因为我想让这个恶棍消停下去。"[1]司各特偏向的济贫方式是人际慈善。对此，他说"施者与受者皆得赐福"，并能使施者与受者心中都燃起仁爱的感情。但是，司各特也相信，在社会的现有状况下，"通过开征济贫税的方式，来开展系统性的强制慈善"（即由税收支持的济贫）是"完全必要的"。他认可这种强制开征济贫税的做法，但也对此感到遗憾，并预见到这一体系将会引起纳税者与受救济者之间的仇恨，因为纳税者是被"敲诈的"（司各特语）。前者希望的是"消灭"受苦者，而非解救之；而后者，"在收到微薄的救济款时，也将感受到其中的憎恶"[2]，因此，他们将会宣称接受救济是一种权利，而不是他人的一种恩惠，并"以无耻和大声喧闹的方式"寻求报复。

在英格兰，自都铎王朝开始，教区便已经课征济贫税，而且这笔税金有时（18世纪末期和19世纪早期）还被用于补贴低收入的农业劳动者。1834年济贫法的改革要求各教区采用这种方式管理济贫事务，如司各特所预见的那样，即刻意羞辱那些正巧能蹭上救济款的人。主持该次改革的改革者提议拒绝给予身体健康的人及其家庭以救助，以消灭乞讨行为，但他们可以待在"运营规范的济贫院"里。在那里，他们可以得到一份工作，并能有房住，有饭吃，有衣穿，还能得到一切勉强能维持基本生活的补给。在这一体系下——它已经在某些教区实行了——改革者们自信地认为，教区（公共）救济将会成为贫困者们最末位的，而非第一位的求助对象；另外，由于济贫院也能提供某种形式的救济，乞丐和无业游民们都将失去他们最趁手的兵器，即"为无时不在的饥饿而哀求"。[3]

《济贫法报告》重申了《1834 年济贫法》的原则，强调要把身体健康的人剔除在救济名单之外。而无工作能力者——即无法工作的人——则可以继续享受教区救济，而身体健康的小孩子应被交给济贫院，直到能够当学徒时才予以释放。埃德温·查德威克（Edwin Chadwick，1800～1890 年）和纳骚·威·西尼尔（Nassau W. Senior，1790～1864 年）是该报告的主笔。他们承认济贫院标准（Workhouse test）可能给某些穷人带来苦难，但他们也认为"这种苦难是为这个社会好，故而是申请救济者所必须忍受的"。对于真正苦难的救济方式，则是人际慈善，"这是一种德行，任何强制性的济贫体系都是无法，也不可加以替代的"。[4]

威廉·华兹华斯是经济学家和功利主义者的敌人，因此，也对"新济贫法"不满。在该法通过后没多久，他就攻击其条文是在设置严苛与侮辱性的救济发放标准，以刻意推诿济贫申请。据华兹华斯的理解，这些条款违背了《济贫法报告》中提及的主张，即"所有找不到工作的人，或收入不足以维持身体之健康的人，根据该法，都有权维持生存"。正如国家有权强迫国民为其抵抗外侵并为之献身一样，国民也有权在"因各种原因"而无法谋生时，要求国家提供公共救济。而接受救济，也不应成为使受救济者身份降低之事，而应保护他们免受苦难，使他们不再求助于慈善、诉诸暴力或违反法律，以加强他们的力量。[5]

托马斯·查默斯（1780～1847 年）是沃尔特·司各特爵士的同乡和同时代人。早在《济贫法报告》公布之前，他便已证明志愿型慈善可以成为和济贫税制度一样的系统性和有效的解决贫困问题的措施。19 世纪20 年代，查默斯，作为格拉斯哥最大且最穷的教区的牧师，获得了管理该教区所有济贫款项的权力。他将该教区分为数个区，每个单位都由数名"具有基督品性的普通信徒"负责管理。这些基督徒负责建立主日学校，探访和劝导穷人，调查救济申请，并决定是否发放救济。根据查默斯的记述，这些基督徒对申请者品行和状况的严格调查起到"预防性作用——这些人都不再申请救济了"。在大约 4 年里，查默斯将该教区的济贫开支减少了 75%。他虽然没有能力阻止苏格兰采用济贫税体系，但他的作品强调了他的实验在金融、道德和社会方面具有相当的优势（比如，令穷人养成"一种相当温和且具有可控性的安静的习惯"），且其提到的这些优点在英格兰和美国都广为所知。[6]

《济贫法报告》的作者虽然提出要依靠人际慈善来消解新济贫法引起的"真正的苦难"，但他们其实并不喜欢之前数个世纪中的慈善模式。当时的慈善模式是：在英格兰，有少量的救济院、收容所和基金会，定期或不定期向穷人发放一些救济款、面包和啤酒。在 1819 年后的 15 年里，英国议会共成立 4 个委员会，负责调查英格兰和威尔士的慈善组织。这些委员会报告说，多数慈善信托得到良善的管理，纵然其中很多机构的宗旨和模式并不符合济贫法改革者所主张的"消灭乞丐"这一严格标准。这些报告还提出，有相当多的慈善组织并未根据捐赠人的意图使用善款，而是予以滥用，甚至浪费掉了。结果，在 1835~1853 年，议会成立一个永久性的慈善委员会，并尝试了大量举措，以矫正这些滥用行为，大力加强对接受捐赠的慈善组织的监督。[7]

保守派十分厌恶 19 世纪 20~30 年代的改革精神，质疑对那些著名的、历史悠久的机构和慈善活动所开展的调查活动的必要性。托马斯·拉夫·皮科克是一名散文作家、诗人和小说家。在《科罗切特岛》（1831 年）中，他写了一段故事，讲的是上述委员会的委员走访一个镇，调查当地每年支付一英镑用于捐赠给救济院及修缮救济院的事情。该镇的教区牧师和教会委员纷纷表示不知道当地有这么一家救济院和向它提供资金的事情，但一名上了年纪的教区书记员却证明说：

> 我确实记得，先生，曾经接到过通知，说在镇的远郊有一栋破败的村舍，那里曾经是一座救济院。每年我们要向其拨付维持其运营的款项，为 1.5 个马克，或者 1 个英镑。这笔钱从数世纪前开始便由奥博伊的农庄负责支付；但是这种济贫方式，随着时代的推移，已经越来越不合时宜，因此这个救济院也就只能随之破败下去。

这个书记员想起很多年以前，经由教区统一投票，将钱交给牧师的情景；农民斯德林（Seedling）代表奥博伊的农场主们，将每年要给的钱和他的什一税堆在一起。"真是一种扭曲的慈善捐赠啊"，其中一个委员如此感慨道。然后，他们温和地责备当地的教区官员几句，说他们程序不合规，然后就迅速离开，而原来的一切什么都没有改变。[8]

自 1849 年开始，伦敦的《泰晤士报》开始揭露罗切斯特教堂学校和位于温彻斯特的圣十字医院滥用捐款所得收益的事情。这两家慈善机构都由英格兰教会负责管理。安东尼·特罗洛普（1815～1882 年）回忆起当年他遭受的不幸，因为教会将用于慈善目的的善款挪用于发放教会工作人员的工资，以及当时的报纸猛烈地攻击领取这些工资的人。"当一个人干了一份工作"，特罗洛普在他的《自传》（1883 年）中如此写道，"很自然的，他应领取相应的报酬而无须更多思虑。他很少能第一个发现他领取的报酬过高了"。[9]

《巴彻斯特养老院》（1855 年）中的主角，牧师塞普蒂默斯·哈丁（Septimus Harding）担任巴彻斯特教会的教师（唱诗班的指挥）；他同时还担任海勒姆收容院的院长。该收容院成立于 1434 年，原为 12 名被收容的乞丐而成立。哈丁担任收容院的院长。这是一份挺好的差事，能给他提供一个舒适的住所，以及一份丰厚的报酬。同时，这份工作还只有一些名义上的职责。哈丁是当地主教的老朋友，也是副主教的岳父。特罗洛普将哈丁描绘成为一个正直且仁慈的人，比收容院里的老人们自己任命的捍卫者更为关心他们，并认为应将院长的工资分配给收容院里的人们。同时，他还是一个随和的，不谙世事的人。结果，他发现他自己卷入一场法律官司，并成为报纸轮番轰炸的对象。于是，他只能辞去这份工作。后来，起诉他的原告撤回起诉，并在此后不久与哈丁的小女儿结婚。哈丁则继续担任教会的教师职务，而主教又给他找一份"差事"，即在巴彻斯特的一个小教堂里做事。

同时代的评论家批评特罗洛普，说他的结尾并未解决教会改革中的正与误的问题。[10]无人得到嘉奖，也无人受到惩罚，而收容院里的人的生存状况比该书开篇时更糟（主教拒绝任命哈丁的继任者或者新院长），且大家都更为不满。在这本小说的开篇有个非常重要的场景：年轻的外科医生约翰·博尔德（John Bold）煽动公众，号召人们针对收容院的账目提起诉讼。于是，哈丁对博尔德说："我根本就不认可你的基本动机，因为你的理念与我相违，又与我的兴趣相悖。"[11]特罗洛普重点提到博尔德的动机的纯洁性的问题。关于这一点我们还会在第十一章"公益与改革"中再次提到。特罗洛普并未将他的理念强加给读者，或者要求他们改变自己的信念。但他鼓励他们在做判断时，少点草率，多点善心。

在威廉·梅克皮斯·萨克雷（1811～1863年）的《纽卡姆一家，一个最值得尊重的家庭的回忆录》（1853～1855年）中，有一家更好的救济院，专门收容老绅士类的人物。纽卡姆中校是一位退休军官，因为生意失败而陷入赤贫。他的朋友，查特豪斯收容院的院长，让他进了该收容院，成为该收容院所收容的80名穷弟兄中的一员。萨克雷是查特豪斯学校的校友。而查特豪斯学校也是查特豪斯基金会的下属机构。所以，萨克雷颇有感情地描写这家收容院：那里有一个小教堂，以及托马斯·萨顿华丽的坟墓，萨顿是该机构的创始人；"老式的楼梯，老式的走廊，老式的房间，以及房间里很多老式的塑像，走在其中，你仿佛身处于17世纪早期"。每年到该机构创始人的忌日时，穷人们、学者、管理者和校友都会前来聚会，演讲、布道和祈祷，以及举办宴会。萨克雷描写了在点着烛火的小教堂里所举办的一场纪念仪式，"这是一幅绘满了年老与年轻的场景，满满的是对早先的记忆，以及对死者的颂扬"。[12]

作为美国在利物浦的领事（1853～1857年），纳撒尼尔·霍桑（1804～1864年）对那些成立于数个世纪以前，但到19世纪中叶依旧还在发挥功能的基金会颇为着迷。"对于一个美国人而言，这些慈善机构中有些东西是颇为陌生的"，他在参观了考文垂（Coventry）的数家机构后如此写道："那就是它们竟然保存下来了很多过去的模式和受其影响而形成的惯例；而且在并非刻意为之的情况下，这些机构的创始人在他们死后很多年里，依旧能使这些模式保留下来，并一直传到我们的时代，而且没有人可以说出它还能传多久。"[13]

在考文垂的福特收容所里，霍桑瞥见了一些小房间，每个房间里都有一个火炉、一张床，以及一两把椅子，以供一名老妇生活使用。

> 她们都是一些穷苦的老寡妇，住在这里——这是一间小房间，她们在那里煮饭、睡觉、安家——每周会给她们发放三五个便士，用于购买食物和衣服；还给她们发了一件斗篷作为衣服。每当有一

名老姐妹过世时，每个老妇就会出两个便士，用于举办葬礼；所以，
她们忍受饥饿，慢慢地消瘦下去，生命也随之凋零，并轮换着接受
其他人捐出的两个便士。[14]

莱彻斯特（或罗彻里斯特）收容所成立于伊丽莎白女王时期。相比
那些老妇，这家收容所里的 12 名老兵就更幸运一些：他们每个人都有自
己的客厅和卧室；如果是已婚的话，则他们还能跟他们的妻子住在一起。
霍桑说，这家收容所就像是"一间公寓，饱受战争伤害的老兵浸润在幸
运之中，在这里度过余生，并尽享与其他地方一样的快乐"。他对这一
"旧时代的遗痕，顽强地进入了新时代"颇感兴趣，并两次走访这家机
构。[15]霍桑回美国以后，写了《我们的老宅》（1863 年）一书。在这本
书中，他是这样评价莱彻斯特收容所的，"对于一个美国人来说，这是一
个颇为愉快的梦：他找到一条前进的道路，看到一片 16 世纪的碎片落入
我们这个乏味的时代，然后他转身离开，想起那拱形的门道，宛如被施
了咒语的通路，他显然是没法走过去的"。[16]

无论是霍桑，还是后来的到访者，都注意到该机构创始人赞颂自己
和他家庭的决心，即将莱彻斯特徽章十分醒目地展示出来。他让人将这
一徽章雕刻和绘画在建筑的内外各处，并缝在居住于收容所内的人们的
衣服上。霍桑善意地评论说："这并不标志着他个人的虚荣，而是属于这
个时代的习俗和感情。"1857 年，有人告诉霍桑关于利物浦银行家威
廉·布朗（William Brown，1784～1864 年）引起轰动的事情。当时布朗
向利物浦赠送了一家图书馆和一家博物馆。在奠基当日，霍桑也到场了，
并在典礼上发表一番讲话。"采用这种方式，以及根据当时的风俗"，他
总结说，莱彻斯特伯爵和布朗先生希望得到人们的认可。"两者都希望做
一件好事，并希望得到其中的荣誉。"[17]

作家们，比如特罗洛普，发现很难使传统慈善和道德变得有趣起来。
《巴彻斯特养老院》中的哈丁先生的确很有趣，因为他并不像很多人所
认为的那样，作了院长就必然是自私和腐败的。在该书将近结尾的部分，
特罗洛普承认他对副主教格伦雷（Grantly）是不公正的，即过于强调他
的缺点而没有太多提及他的德行。的确，格伦雷有点专横，喜欢按照自
己的方式做决策，褊狭于自己的宗教观点，并对权力和金钱比较渴求。

但他是一名绅士，在履行自己的职责时十分认真严谨，颇为胜任该份工作。而且，他"对待穷人很慷慨，对待富人很友好"。[18]特罗洛普在对待《巴彻斯特塔》（1857 年）里的索恩女士（Miss Thorne）时就基本没有这种不安。在费了颇多笔墨描写索恩女士的各种古怪行为之后，他写道，她将自己的一大笔收入分给了她几个年轻的亲戚，为她做帽子的裁缝，以及穷人，而后者拿到了其中最大的一份。"她所有愚蠢的行为……都已经讲完了"，特罗洛普写道，"她的美德实在是太多了，乃至于无法尽述，而且也并非样样都如此有趣，值得拿来讲一讲"。[19]

在霍桑早期的记载里曾简短地提及在一个新英格兰小镇里的慈善活动。霍桑说，这并不是一个太繁荣的镇子，既没有监狱，也没有酒厂，但是，这里有家庭手工业和阅读社团，"而且妇女们为解放希腊人筹集了10.52 美元"。当地慈善的典型是牧师（这个小镇好像只有一个教堂）。这个牧师和乔叟与歌德史密斯提到的教区牧师一样，从他中等的收入中挤出一小部分"余款"，用于救济穷人。[20]在这方面，他很像特罗洛普《你能原谅她吗？》（1864 ~ 1865 年）中的老牧师，而不像那个年轻的教区牧师。该书中老牧师因其慈善行为，以及做礼拜时的简洁而闻名。新来的教区牧师增设了一个下午祷告活动。他是"一个吝啬的人，追求个人享乐，认为应该好好地使用每一分钱，因为这些钱都是通过祷告活动得来的，不能浪费在慈善上"。[21]

霍桑笔下的那些"妇女"可能是通过举办"义卖"或慈善集市而为希腊独立筹集善款的。在历史上，大西洋两岸的妇女们都曾动手制作物件，捐出去，并在义卖活动上出售，以此为教会和公共项目筹集资金。"义卖"，弗朗西斯·特罗洛普（安东尼·特罗洛普的母亲）在《瑞克斯希尔的牧师》（1837 年）中这样写道：利用了这样一个优势，即"英国基督徒们的热心——支付金钱"。[22]这些活动都是些社交性，同时也是慈善性，而且它们还给予了参加这些活动的人盛装出席，被人们注视，甚至仰慕的机会。乔治·艾略特在《弗洛斯河上的磨坊》一书中写了一场慈善义卖活动。这场活动是在一座历史性建筑的漂亮的大厅里举行的。这场活动是不幸的女主角自成为圣奥格斯市上流社会的一员后，短暂的生涯的顶点。"这古代的建筑完美地契合于这令人敬仰的现代目的……使这场慈善活动显得相当高雅，而且带领人们除却虚浮，显得颇为厚重。"

在这场活动上，马吉·塔里夫（Maggie Tulliver）的美貌和简朴与很多其他年轻姑娘"矫揉的气质"相比，显得尤为出众，因此便吸引了很多年轻男士——其中一人会成为导致其毁灭的祸根——到她正在售卖罩袍的小摊前。[23]

有一种为需要帮助的人筹措资金的方式是由其本人或其朋友递送劝募信。尼古拉斯·尼克贝（Nicholas Nickleby）第一次见切尔以布（Cheeryble）两兄弟时，这两兄弟为救助一个痛失主要经济来源（死于一起码头事故）的家庭，将自己的名字列在认捐名单上，并签发支票——而且还感谢劝募人，因为是他告诉他们这件事情。[24]霍桑在《七个流浪汉》（1833 年）中写了一群流浪者。其中有一个人靠着"他人偶然的慈善捐赠"生存，而另一个人则向作者出示一份告示，"数位我从未听说过的知名的绅士在上面签了名，这封信上说该送信人遇到了各种的不幸，并建议他向所有仁善的人们求助"。作者说，如果他能找给他五块钱的话，他可以捐一笔钱；和司各特的朋友安德鲁·吉姆梅尔斯一样，这个老人口袋里有足够的钱币可以找钱。[25]1842 年，霍桑住在马萨诸塞州康克德的老宅（Old Manse）里，一个女人来到他的门前，手持证件，说她是一个穷人，因为她的丈夫、儿子和朋友都去世了；她有一个名单，上面写着帮过她的人的名字，以及他们捐赠的金额——很少有多于 25 美分的。霍桑对于这个女人的来访的重要意义有过一段思考，关于此，我们将在本书第十二章中加以讨论。他在担任美国驻利物浦领事时，对手持劝募信的人们颇不友好。他将他们称为"耗子，啃食着共同体的面包和奶酪，而且靠着这种可鄙的小偷小摸的行为将自己养得白白胖胖的"。但是，他也经常给他们所乞求之物。私下里，他承认他这么做真是傻子。[26]

"一个有同情心的人"，拉夫尔·瓦尔多·爱默森（Ralph Waldo Emerson，1803～1882 年）说："就像是一个泳者，陷入一群快要淹死的人当中，那些人都伸手抓着他，而如果他有爱心地伸出一条腿，甚至一根手指，他都会被他们拉下水，一起淹死。"爱默生曾当过一小段时间的牧师，但他极少言及慈善的好。"他们希望有人将他们从自身罪恶引致的恶果中拯救出来，却不希望有人矫正其罪恶。"爱默生这里用"他们"这个词，意思是泛指所有穷人，而不是指某个具体的穷人。他说，只关注表征而不论及病灶，这种慈善只是一种浪费，哪怕其偶然确属必要。[27]

如果慈善的目标仅仅是救济穷人的话，那么的确应该留心听听爱默生的评论和建议。但是，人们捐赠也不仅是为了帮助别人，同时还是为了满足自己的需求或愿望，包括救赎、回报、爱与认可。这也不是什么秘密。旁人们，无论是学者，还是街头巷尾的闲人，都很喜欢猜测人们为何捐赠——慈善的动机——这是最好的打发时间的办法。而作家们则拥有一个优势，即给他们笔下的角色确定某个动机，高尚的或可鄙的。在维克多·雨果（1802～1885 年）的《悲惨世界》（1862 年）中，城里的居民们纷纷猜测为何工厂主 M. 马德兰要对穷人如此慷慨，而且还捐建了一座医院和两座学校。他是不是想当官，获得广泛的认可，或者是想获得社会的认可？根据雨果的说法，人们这些猜测都是错的。M. 马德兰——其实就是由冉阿让假扮的——他之所以要捐赠，是为了赎罪，因为他曾深深地伤害过一个仁慈的主教，打击了他的信心。而且，他还曾对一个小男孩使用过卑鄙的伎俩。那时他刚刚服完 19 年的苦刑，饥饿难耐，于是便偷了一条面包。[28]

在慈善动机的光谱上，如果悔恨占有一极的话，那么骄傲和炫耀就占有另一极。西塞罗曾哀叹那些铺张的捐赠者们，那些人在公共宴会和娱乐活动上一掷千金，却毫不关心平民的疾苦，而是爱显摆自己的财富，赢得公众的追捧。出于同样的原因，阿拉丁在找到神灯后，在前往寺院或王宫的路上，让自己的奴隶向人群一路抛撒金钱。"慷慨之举为他赢得了人们的热爱与祝福。"[29]

在乔治·艾略特的《米德尔马契》（1871～1872 年）中，布尔斯特罗德先生（Mr. Bulstrode）并未将其金钱四处抛撒，而是只用于他自己的慈善组织，就像他的借贷事业一样，并以此扩张自己在共同体里的权势。他在所有的公共慈善组织中都拥有职位，而他个人的捐赠则又抬升了他在这些组织内的影响力：他的善举是"现成的和严苛的，说其现成，是说他随时都会委托责任，说其严苛，是说他对结果看得很重"。他是个貌似虔诚，其实极度伪善的人。"对于布尔斯特罗德来说，获得更多的权力是一条人生铁律。由此，他才能为上帝之荣光而使用这些权力。"[30]虽然他做了很多善事，但人们并不喜欢他，而且他也一直不受欢迎。于是，他重新审视了自己的动机，但却没有调整自己的行为。

本章注释

[1] Scott, *The Antiquary* (New York: Harper and Brothers, 1901), 1: 77 (chapter 14)。关于伊迪·奥彻勒斯瑞的讨论，参见第三部分第八章。

[2] Scott, *St. Ronan's Well* (New York: G. D. Sproul, 1901) 2: 250 – 252。首次发表于 1824 年。

[3] "Report for Inquiring into the Administration and Practical Operation of the Poor Laws," sect. 4, "Remedial Measures," in Roy Lubove, ed., *Social Welfare in Transition Selection Selected English Documents*, *1834 – 1909* (Pittsburgh: University of Pittsburgh Press, 1966), 52 – 56.

[4] Ibid., 57.

[5] William Wordsworth, "Postscript," in *Yarrow Revisited and Other Poems* (London: Longman, 1835), 325 – 326。医学博士威廉·普尔特尼·艾莉森（William Pultney Alison，1790~1859 年）曾写过关于贫苦和糟糕的社会状况导致疾病肆虐的报告。该报告影响了苏格兰的立法，导致济贫税体系的施行（1845 年）。华兹华斯在其文章中也引用了这份报告的内容，in *Observations on the Management of the Poor in Scotland and its Effect on the Health of Great Towns* (Edinburgh: William Blackwood and Sons, 1840), 62 – 64。

[6] 引文来自 Thomas Chalmers, D. D., *Statement in Regard to Pauperism in Glasgow* (Glasgow: Chalmers and Collins, 1823), 28 – 45。

[7] Ibid., 112 – 113。关于早期的委员的调查结果，参见 C. E. P. Lascelles, "Charity," in G. M Young, ed., *Early Victorian England* (London: Oxford University Press, 1934), 2: 340 – 341. In *English Philanthropy*, *1660 – 1960* (Cambridge: Harvard University Press, 1964), 182 – 208, 戴维·奎恩（David Qwen）评论了英格兰 1812~1860 年努力开展的改革和监督接受捐赠的慈善组织等举措。

[8] Thomas Love Peacock, *Crotchet Castle* (1831), in *The Pleasure of Peacock*, edited by Ben Ray Redman (New York: Farrar, Straus, 1947), 335 – 337.

[9] Anthony Trollope, *An Autobiography* (London: William and Northgate, Limited, 1946), 96 – 97。首次发表于 1883 年。

[10] N. 约翰·豪（N. John Hall）讨论了《巴彻斯特养老院》的背景，以及同时代对该书之批评，参见 *Trollope, A Biography* (Oxford: Clarendon Press, 1991), 134 – 135。

[11] Anthony Trollope, *The Warden* (London: Oxford University Press, 1952), 33 (Chapter 3)。首次发表于 1855 年。

[12] William Makepeace Thackeray, *The Newcomes*, *Memoirs of a Most Respectable Family* (Cambridge: Cambridge University Press, 1954), 717 – 720 (chapter 75)。首次出版于 1853~1855 年。

[13] Nathaniel Hawthorne, *The English Notebooks*, edited by Randall Stewart (New York: Modern Language Association of America, 1941), 140.

[14] Ibid., 579.

[15] Ibid., 584 – 585, 587.

[16] Nathaniel Hawthorne, *Our Old Home* (Columbus, Ohio: Ohio State University Press, 1970), 84。首次出版于 1863 年。关于该收容所的最近的描述，参见 Jonathan Keats, *The Companion Guide to the Shakespeare Country* (Englewood Cliffs, N. J.: Prentice Hall, 1983), 53。

[17] Hawthorne, *The English Notebooks*, 588 – 589.

[18] Trollope, *The Warden*, 266 – 267 (chapter 20).

[19] Anthony Trollope, *Barchester Towers* (London: The Zodiac Press, 1975), 186 (chapter 22)。首次出版于 1857 年。

[20] "The New England Village" (1831), in *The Complete Short Stories of Nathaniel Hawthorne* (Garden City, N. Y.: Hanover House, 1959), 584.

[21] Anthony Trollope, *Can You Forgive Her?* (London: Oxford University Press, 1948), 2: 135 (chapter 53).

[22] Frances Trollope, *The Vicar of Wrexhill* (London: Richard Bentley, 1837), 3: 217.

[23] George Eliot, *The Mill on the Floss* (Oxford: Oxford University Press, 1980), 377 – 378 (chapter 9)。首次出版于 1860 年。在一篇短评中，爱丁堡大学的学生罗伯特·路易斯·史蒂文森 (Robert Louis Stevenson) 批评在义卖上售卖的东西都没啥用，参见: "The Charity Bazaar" (1868), in *The Works of Robert Louis Stevenson* (New York: Charles Scribner's Sons, 1925), 24: 171 – 174。

[24] Charles Dickens, *The Life and Adventure of Nicholas Nickleby* (Oxford University press, 1950), 452 (chapter 35)。首次出版于 1838 ~ 1839 年。

[25] "The Seven Vagabonds" (1833). In *The Complete Short Stories of Nathaniel Hawthorne*, 176 – 177.

[26] Hawthorne, *Our Old Home*, 293.

[27] "Experience," in *Essays: Second Series* (1844), in *The Collected Works of Ralph Waldo Emerson* (Cambridge: Harvard University Press, 1971 – 1983), 3: 46 – 47.

[28] Victor Hugo, *Les Miserable*, *translated by Norman Denny* (Harmandsworth, England: Penguin Books, 1987), 156 – 159 ("Fantine," book 5, chapter 2)。"芳汀"是《悲惨世界》的第一部分。该小说的这段内容发生的时间约为 1820 年。

[29] 关于西塞罗对于铺张的捐赠者的谴责，参见第一部分第一章。"Aladdin and the Wonderful Lamp," in Rupert S. Holland, *The Arabian Nights* from the translation by William Lane (New York: Grosset & Dunlap, n. d.), 212 – 213。莱恩的"枯燥但学术化的"翻译，首次出版于 1838 ~ 1841 年。

[30] George Eliot, *Middlemarch*, *A Study of Provincial Life* (New York: The Modern Library, 1992), 146 (book 2, chapter 16)。这个故事发生的时间为 1830 年前后。

第十章　好撒玛利亚人：查尔斯·狄更斯论公共救济和私人慈善

在 30 年的时光中，即从《博兹札记》（*Sketches by Boz*, 1836～1837年）到《我们共同的朋友》（*Our Mutual Friend*, 1864～1865 年），狄更斯（1812～1870 年）一直宣称英国济贫政策和实践是违反宗教禁令的——即由好撒玛利亚人的故事所揭示的——以一种和善、体贴和主动的方式帮助穷人们。他的第一本书第一章的题目就叫"我们的教区"。其中头两句话便宣称："'教区'——这两个字包含太多的意思，发生太多的悲伤与不幸的故事，有太多惨遭毁灭的幸福、破灭的梦想、深重的悲惨与成功的恶行。这些统统凝聚在这两个字里面！"在这章里，有个穷人拖欠税款，但最终还是付不起税金；教区便占了他的财产；他的妻子死了，教区便埋了她；然后教区又拖着他的孩子去做学徒；最后，忧伤和酗酒摧毁了他，他在教区的收容所里自杀了。

"教区"包含教区牧师、教会委员、教区委员会、教区医院、教区医生、教区监察官，以及教区执事。"优秀的机构，以及一群温和又好心的人。"狄更斯没有提及教区牧师，对教区委员和教区监察官也只是一笔带过，但是他却详细地谈到了对当地穷人的需求给予回应的官员，包括：教区执事、贫民学校校长和济贫院院长。前者是教区世俗事务的主要负责人。他是一个自傲的人，主要关心的是如何维持自身职位的重要地位。贫民学校校长，曾经是一个很有才能的人，现在依旧认真负责。他是一个老人。他的生涯是由一连串的不幸与倒霉所构成的。济贫院院长的工资很低，但日子比之前要过得好一些。"他不用付房租，还能领到一些免费的煤和蜡烛。同时，他在自己的小王国里掌握着至高的权力。"当你走过他的窗口时，他会抬头看你，心中默想如果你是一个乞丐该多好啊，因为那样的话，他便能向你展示自己那无上的权力了。"他是暴君的典型代表：孤僻、野蛮，而且脾气暴躁；欺凌弱者，谄媚强者，以及嫉妒教区执事的影响力和权力。"在狄更斯的小说里，我们老是能看到拥有这类脾气的人，一而再，再而三。[1]

《奥利弗·特维斯特》（中文译名为《雾都孤儿》）首次出版于1838年，当时，其副标题为《一个教区男孩的发展历程》。该书中的那个男孩出生于19世纪20年代末，出生地是一家济贫院。在他出生时，他的母亲便去世了。当我们看到他的时候，他正在大声啼哭。狄更斯告诉我们："如果他知道他自己是个孤儿，全凭教区委员和监察官的怜悯存活的话，那他就会哭得更凶一些。"[2]狄更斯给这个孩子取了名；根据育婴堂的传统，班布尔先生（Mr. Bumble）按照育婴堂里孩子的字母顺序，又给了这个孩子姓：在特维斯特（Twist）前面的是司乌巴布（Swubble），在他后面是尤恩（Unwin）。[3]

在奥利弗9岁生日的时候，他过完了自己的幼年期和"寄养"期，离开了那个从没给过他一个好词或好脸色的女人，回到了济贫院，即他出生的地方。在6个月里，一切都按照新的规则和制度运转起来。狄更斯形容这套规则是平淡无情的，并会以满含令人愉悦的合理性的语调说出来：吃不饱肚子的饮食供给，克扣其他的生活必需品，隔离不同性别的人群和家庭成员的做法，严厉的处罚措施，以"传授有用的劳动技能"为名的强制劳动（挑麻絮）。狄更斯应该知道，也或曾提及该济贫院委员会不过是根据1834年新济贫法的规定办事，但他还是将矛头对准了个人，将这些制度归咎于当地济贫委员会的吝啬。"一开始花销颇大，殡仪馆开出的账单很长，又要把院内贫民穿的衣裳改小，因为才喝了一两个礼拜的稀粥，衣服就开始在他们那枯瘦如柴的身上哗啦啦地飘动起来。但是，济贫院的人数毕竟和社会上的贫民一样大为减少，理事会别提有多高兴。"[4]

教区的印玺上刻的是好撒玛利亚人关心受伤的人的故事；班布尔先生，济贫院委员会政策的主要执行人，骄傲地展示着他领针上绘出的该印玺的复制图案。他让奥利弗开始他后济贫院时代的生涯，即让奥利弗去殡仪馆当学徒。结果，奥利弗逃了出来。和"我们的教区"里的济贫院院长一样，班布尔先生是一个独断、无能、虚伪的小官员的典型代表，而这正是狄更斯所憎恶的。此后，在该小说里，狄更斯便报复班布尔先生。因为他对奥利弗和济贫院的其他人都很残酷无情，所以狄更斯便让他成为这家他曾掌管过的机构里的一名被管教的对象。[5]

在之后的作品中，比如《我们共同的朋友》，狄更斯终于承认这些济贫的方法和举措是全国性的，而非是由地方制定的。他谴责那些对待有工作能力的乞丐的做法，认为它们罔顾人的品行以及致贫的原因，无论是堕落和暴力的，还是清白和谦恭的，统统都一样对待。那些粗野的、懒惰的和无法无天的穷人可以在济贫院里活下来，而那些值得尊重的和高尚的灵魂，比如《我们共同的朋友》里的贝蒂·海格登（Betty Higden），则宁愿死掉也不愿被送进去。贝蒂是一个穷苦的老妇，依靠出售些不值钱的小玩意儿勉强度日。"穷人中至优者"，狄更斯这么写贝蒂："厌恶我们的同情，将自己藏起来，宁愿饿死，让我们感到惭愧。"关于1834年新济贫法，即那些强硬的政治经济学家们的杰作，他这么写道："这件我们沾沾自喜的作品，并没有吓退人们，因为职业的乞丐、坚定地打破窗户玻璃的恶棍，以及猖獗的扯破人们衣服的混混们并没有被吓跑。相反，它就像是拿着一把尖利又邪恶的尖刺，一把刺进了饱受磨难的受害者们的身体里，吓退了那些值得救助的，不幸的人们。"狄更斯写了很长一段关于贝蒂害怕济贫院和官办慈善的文字。之后他评论说："使好撒玛利亚人出离愤怒，这真是基督徒的一大改进；但这种情况在之前就是这样的，而且这也非常的常见。"[6]

关于司各特所提出的征税以济贫之"必要性"问题，狄更斯给予认可和接受。但是，和华兹华斯一样，他谴责在院内救济和院外救济中所引起的不幸。"我们用大量的财富救济穷人"，我们想出了这种方式来管理济贫，乃至于很多人——贝蒂就是一个例子——死于忽视和曝光，却没有真正把钱用到他们身上。狄更斯关于济贫法的最终结论见于《我们共同的朋友》中的"后记（代序言）"中：

我相信，在英格兰，自斯图亚特王朝开始，没有法律像济贫法一样，如此的名誉扫地，如此的受到公开违抗，如此习惯性地监管不力。曾经发生了很多因为贫穷而导致患病和死亡的令人蒙羞的案件。这些案件震撼了所有公众，并令国家蒙羞。而在绝大多数这些案件中，违法就是彻头彻尾的不人道——没有语言能够形容其之无法无天。[7]

狄更斯最偏爱的拯救角色于贫困与绝望的途径是他人的慈善——某人出于自身的善心，仁善且慷慨地施以援手。好撒玛利亚人在狄更斯的小说中扮演了很多角色，比如《雾都孤儿》中的布朗洛先生（Mr. Brownlow）、《尼古拉斯·尼克贝》（1839 年）中的切尔以布兄弟、《老古玩店》（*The Old Curiosity Shop*，1841 年）中的加兰夫妇（Mr. and Mrs. Garland）、《我们共同的朋友》中的伯菲因（Boffins）一家等。无论是狄更斯，还是其他的人物们，都未曾对其善良的本性提出过质疑；只要看到他们随时准备提供帮助，而且他们的帮助也得到人们的感激，且起到效果，这已经足够了。"关键是他笔下的人物都是善良的"，狄更斯研究者汉弗莱·豪斯如此评论说，"他们的本性都是善良的，而且他们也跟从本性行事，因为他们也无法违背本性而为"。[8]

在现实生活中，无邪的切尔以布兄弟们可能会学到一个道理，即因乐于助人以及公民精神而博得的名望，就像是制造出上乘的货品或者按时还钱一样，是有利于自己的营生的。而切尔以布兄弟恰恰这么做了。他们给尼古拉斯·尼克贝一个机会来证明自己的价值。关于这两个人物，狄更斯是根据曼彻斯特的纺织品制造商、博爱家威廉（William）和丹尼尔·格兰特（Daniel Grant）的形象写的。塞缪尔·斯迈尔斯（Samuel Smiles）在其作品《自助》（*Self-Help*，1859 年）中重述这两兄弟在这些成功的故事中的成就。

狄更斯对穷人是很慷慨的，经常向各类慈善机构捐款，帮助他们筹集资金，并在很多慈善机构里担任职务。[9]其中，他在伦敦的大奥蒙德街病童医院（The Hospital for Sick Children on Great Ormond Street）担任了职务。在《我们共同的朋友》中，他对这家医院给予了赞扬。在他的作品中，这应是极少数的，甚至可能是唯一的得到他极尽赞誉式的描写的机构了。对于这家机构，他认为，它提供的照顾比好心的个人所提供的要好得多。贝蒂首先反对，然后又同意将她的生病的孙子送往这家医院，因为伯菲因太太承诺，在那里，这个孩子会得到比在家里更为细致的照顾。[10]

1853 年，狄更斯就弃儿收容所（The Foundling Hospital）写了一篇长文。这家收容所由托马斯·科拉姆（Thomas Coram）成立于一个世纪以前。他对这家机构十分的敬仰，但对其规模、非人性化以及官僚式的管理不太满意。但是，在某一方面，他发现它是其他公共慈善组织学习的榜样。他说"拉票和竞选是很多当代公共慈善组织的耻辱"，他这么说，是在指称这些公共慈善组织在任命管理层时，存在大量徇私舞弊或者贿选的情况。关于这家医院的管理者们，狄更斯提到，他们"绝对不参与拉票，也不接受贿选"。[11]

正是因为狄更斯认为个人的善良与慈善是十分重要的，所以他才大力批判慈善与公共救济中存在的残酷、虚伪和自利等现象。他并未一股脑儿地赞誉慈善，相反，他指出了实践中经常存在的诸多缺陷和短处。同样的，正是因为他很同情那些值得救助的穷人，才会如此乐此不疲的揭露谎言、职业乞丐，以及"以骗取同情心谋生的人"。[12]

《博兹札记》"我们的教区"中的最后几个故事提到了教区的几个女性慈善社团。这包括很多不同的社团：有负责施舍汤、煤和毯子的社团；有负责诊疗和探访穷人的协会；有负责给孩童考试的社团（训练慈善学校的学生们）；有分发圣经和祈祷书的团体（给坐在教堂免费席位上的穷人分发）；有按月向母亲和新生儿出借婴儿床亚麻布的团体。其中，后两者，根据其所引起的"巨大的震动和热闹的景象"可以判断，它们是最重要的。狄更斯的这段文字检视了两个社团间的竞争关系，以及因为孩童考试社团的傲慢态度所导致的两者皆面临的挑战。狄更斯嘲笑这三个社团。之所以狄更斯觉得这件事很滑稽，可能仅仅是因为这些都是女性社团，而对此男人（和很多女人）都视之为天然的笑柄。但是，狄更斯指出，这三个社团都是自私自利的组织。帮助他人仅仅是其附属性的宗旨。它们的主要职能是宣传其成员的美德，以及提升其自尊。[13]

《董贝父子》（1847～1848 年）中的慈善格林德斯学校是有损人格的慈善组织的典型代表。董贝先生，为了确保他的幼子能够得到保姆全身心的照顾，将他的这个名为比乐（Biler）孩子送往由尊敬的慈善格林德斯团体成立的学校。"我对很多明智的人称之为基础教育的东西并不太感兴趣。"董贝先生这么解释说："但是，下等人确实应该继续接受教育，以使他们搞清楚自己的地位，并据此做出合理的行为。因此，我选择了这所学校。"[14] 到这所学校读书的男孩子们，都要穿上一件滑稽的制服，并带上一枚徽章，以此作为证明其身份低下的标志。他们"被那野兽般粗暴、残忍的老师吓唬过，殴打过，鞭抽过，在身上烙过印，并像鹦鹉般地被教育过"。老师的人选展示了狄更斯的态度，即认为某些公共慈善组织中存在肮脏的事情。在学校外，孩子们穿着这些制服就会遭大人们的白眼，以及其他孩子们的欺凌。在这所学校待一天后，比乐遭到殴打和戏弄，他"在社会上的地位像是一个早期的基督教徒，而不像是个 19 世纪的无辜儿童"。[15]

狄更斯塑造了诸多知名的人物，《荒凉山庄》（1852～1853 年）中的杰里比太太（Mrs. Jellyby）正是其中之一。她所做的是"电邮公益"（telescopic philanthropy）。她为在世界上遥远地方遭受苦难的人们感到悲伤，并投入所有的精力来帮助他们。但她忽视自己的家人，并对自己所在国家中受苦受难的人们漠不关心。"现在非洲计划占满了我的时间"，她对一个访客解释说："我们希望到明年的这个时候，在尼日尔河的左岸，能有 150～200 个家庭在种植咖啡，并能对波利尔布拉戈的土著开展教育。"[16]

艾瑟·萨默森（Esther Summerson）是《荒凉山庄》中的人物，《荒凉山庄》的一部分内容是以萨默森口述的形式写的。杰里比太太就曾出现在这部分中。萨默森在讲述这段内容时，用了"贪婪的善行"这个表述来形容另一个著名的角色，帕迪戈尔太太（Mrs. Pardiggle）。萨默森形容她是"一个可怕的女士……看到她就让人感觉到房间空间太小了"。她一走进房间，"整个房间就像寒冬来临了一般"。但是，跟她的外表不同的是，帕迪戈尔太太是穷人的"友善的拜访者"。萨默森以及她的朋友阿达（Ada）陪着她一起到砖工那可怜的小茅屋里去走访。这个工人情绪激动，脱口而出地说：他并不会跟从帕迪戈尔太太的建议，也不要她的传单。在再次谈到这个事件时，萨默森说，她和阿达感到，"在我们与这些人之间有一重厚重的铁门在阻挡着，而我们的新朋友又无法挪开这道铁门。这令我们感觉很痛苦。我们不知道有谁，以及如何才能挪开它；但我们真实地感觉到它就在那里"。帕迪戈尔太太并未顾及对方的敌意，相反，她告诉这个家庭："在轮到你的时候，我会再来找你的。"同时，她还表示说，希望这座房子以后能整洁一些，然后，就去下一户人家了。[17]

约翰·斯图尔特·密尔（1806～1873 年）是一名哲学家和经济学家。他并不认为杰里比太太和帕迪戈尔太太好笑。他很讨厌这种观念，即认为女人的活动范围应该限定在家里，而不包括公益事业，同时他批评狄更斯对上述两个女性形象的刻画，说他是以"最粗俗的方式"侵犯了女性权利。[18]

考虑到密尔的批评意见，值得一提的是，狄更斯是通过萨默森，一个更为冷静的角色的嘴，来描述杰里比太太和帕迪戈尔太太的。萨默森是一个很传统的老好人，但是，他也拥有为狄更斯所看重的，人所共有的品质：诚实、仁善、慷慨、有同情心和愿意帮助他人，此外对于自己的能力和成就，他也很谦虚。他不自觉地就注意到杰里比太太是一个贫穷的家庭主妇，衣衫不整，面目邋遢；让萨默森更为难过的是，杰里比太太对自己的儿子漠不关心，还压榨自己的女儿。萨默森发表关于对帕迪戈尔太太的看法，提到她的大嗓门、骇人的外表，以及占太多空间的圈环裙；但是，相比帕迪戈尔太太的蛮横行为，以及自以为是的看法，即认为自己有权利、义务和能力告诉其他人如何管理自己的事务，上面这些事情基本就可以忽略不计。萨默森承认他自己没有这种"关于心灵的精致的学问，而这些学问对于这项工作来说是必需的。在我能教导别人以前，我还有很多东西要学习，因为，要实践此类工作，无法仅仅依赖自身的善意"。[19]

狄更斯攻击的目标是"电邮公益"和"贪婪的善行"。这些过错，无论男女，都会犯。而狄更斯之所以要选择女性，而非男性来表现这些过错，可能是因为他相信，通过这种方式，可以使它们看起来更为荒唐一些。他也可以使男人像杰里比太太一样，参加那些遥远的公益项目，并对日常事务漠不关心，或者像帕迪戈尔太太一样有侵略性和感觉迟钝。但是，杰里比先生和帕迪戈尔先生所能起到的效果并不能和杰里比太太与帕迪戈尔太太相提并论，因为人们之前认为，而且现在还在某种程度上依旧认为，这些过错主要是女人，而非男人的责任。

不时有人如狄更斯一般地做出回应，即对他人的不断索求恼怒不已。艾瑟·萨默森就表达了狄更斯的恼怒，当时，他正在评论约翰·贾迪斯

（John Jarndyce）收到的慈善吁请。他是这么说的：

> 他们想要所有东西。他们想要穿衣服，想要亚麻布，想要钱，想要煤，想要汤，想要好处，想要亲笔签名，想要法兰绒，想要贾迪斯先生有的，或没有的东西。他们的想法和需求一样多。他们募钱建大楼，募钱还旧楼的账，还想让"中世纪玛丽姐妹会"入驻一座壮丽的大楼里（并打算雕刻西侧立面的墙壁）；他们打算给杰里比太太一份褒奖信；他们想要油漆自己的秘书长的雕像，并献给他的岳母，她对他的爱是人所共知的；他们准备筹备这一切，而且我也确实相信，从 50 万份传单到一份年鉴，从一座大理石纪念碑到一个银茶壶。[20]

《我们共同的朋友》里的伯菲因先生也有很多机会去捐赠，赞助建立教堂、牧师住宅和孤儿院。"然后，慈善组织，我的基督兄弟！他们很困难，也很奢靡，用昂贵的纸和墨印刷出昂贵的文章。"那时，以及现在，募捐人都会使用"大人物的名字"，向势利眼劝募，以引诱他们出钱。身份普通的伯菲因先生便收到一封寄给尼哥底姆·伯菲因绅士的信，信由林思德公爵（Duke of Linseed）亲笔签名，并盖上了公爵的印章；这封信印刷了数百份，而且寄出信件的人是其他人，而非公爵本人。[21]

除了采用疯狂募捐的方式之外，慈善之事是容易为人们所忽略的。要想成功地拿到钱，就必须能让捐赠人获益。乔伊（Jo），《荒凉山庄》里的小男孩，十字架清洁工，一直为社会和慈善团体所忽视，直到他快死了为止。这些事情发生在乔伊身上，并不奇怪。

> 他不是帕迪戈尔太太救助的图卡胡坡印度人；他不是杰里比太太救助的小可怜，完全跟波利尔布拉戈沾不上边；他不是远在异乡，或者是为大家所不熟悉的人，乃至于人们会对其产生了莫名的好感；他也不是纯血的在外国出生的野蛮人；他就是普普通通土生土长的乡巴佬。他身上充满了肮脏、丑陋、恶臭，各种不好的感觉充斥着人们的感官。这些感觉布满了这个平凡的生物的全身，在那平凡的街道上，在这无信仰的灵魂之上。丑陋的污秽玷污了他的身躯，恶

心的虫子吞噬他的肉体，刺骨的疼痛折磨他的躯干，残破的衣絮遮掩他的形骸：本国人的漠视，根植于英国的大气候与大环境，将他那不散的阴魂牢牢地植入人们的内心，这简直比那畜生还要不如，因为至少畜生还是有生命的。站在乔伊身边的人，统统是冥顽不化的东西！从你的脚，到你的冠，没有一丝一毫的生气。[22]

乔伊在死的时候说道："上主的祈祷者啊！"这仿佛是他第一次这么说。"死亡，陛下"，狄更斯吟诵道，"死亡，大人们，先生们。死亡，各阶的牧师。死亡，所有人，心中带着神圣的同情降生于世。然后，每天接连地死去"。[23]

本章注释

[1] Charles Dickens, *Sketches by Boz Illustrative of Every-day Life and Every-day People* (Oxford：Oxford University Press, 1987), 1 – 6 (chapter 1).

[2] Dickens, *The Adventures of Oliver Twist* (Oxford：Oxford University Press, 1987), 1 – 3 (chapter 1).

[3] Ibid., 4 – 5 (chapter 2).

[4] Ibid., 10 – 11 (chapter 2).

[5] Ibid., 23 – 24 (chapter 4), 538 – 539 (chapter 53)。狄更斯建议说，班布尔先生与妻子隔离开来，他该对此心怀感激。

[6] Dickens, *Our Mutual Friend* (Oxford：Oxford University Press, 1987), 503 – 506 (book 3, chapter 8).

[7] Ibid., 821 – 822.

[8] Humphrey House, *The Dickens World* (London：Oxford University Press, 1941), 39.

[9] 关于狄更斯的慈善义举，参见 Norris Pope, *Dickens and Charity* (New York：Columbia University Press, 1978), 10 – 11, 这是一本不错的指引，告诉人们狄更斯对待慈善的态度，以及他如何在作品中表达这一态度。

[10] *Our Mutual Friend*, 3327 – 3330 (book 2, chapter 9).

[11] Dickens's article "Received, A Blank Child" originally appeared in *Household Words*, March 19, 1853. It is reprinted in R. H. Nichols and F. A. Wary, *The History of the Foundling Hospital* (Oxford：Oxford University Press, 1935), 285 – 291.

[12] 这段引文也见于汉弗莱·豪斯的评论中。狄更斯及其同时代人的关于值得救助或不值得救助的穷人发表了诸多观点，汉弗莱·豪斯对此进行了讨论。参见 *The Dickens World*, 81 – 82。诺里斯（Norris Pope）在《狄更斯与慈善》（*Dick-*

ens and Charity, 246) 中提到，狄更斯相信，他对慈善的批评，"相比那些慈善事业经常性得到的赞誉而言，具有更为明显的紧迫性"。

[13] Dickens, "The Ladies' Societies," in *Sketches* by Boz, 34 – 39.

[14] Dickens, *Dombey and Son*, *Wholesale*, *Retail*, *and for Exportation* (Oxford：Oxford University Press, 1987), 59 (chapter 4).

[15] Ibid. , 279 (chapter 20)；67 – 68 (chapter 6).

[16] Dickens, *Bleak House* (Oxford：Oxford University Press, 1987), 34 – 39 (chapter 4).

[17] Ibid. , 99 – 108 (chapter 8).

[18] Quoted in Edgar Johnson, *Charles Dickens*, *His Tragedy and His Triumph* (New York：Simon and Schuster, 1953), 761.

[19] Dickens, *Bleak House*, 104 (chapter 8).

[20] Ibid. , 90 – 100 (chapter 8).

[21] Dickens, *Our Mutual Friend*, 210 – 211 (Book 1, chapter 17).

[22] Dickens, *Bleak House*, 640 – 641 (chapter 47).

[23] Ibid. , 649 (chapter 47)。1853 年，在纽约城，查尔斯·劳瑞·布雷斯 (Charles Loring Brace) 成立了儿童救助社团，以帮助像乔伊一样的无家可归的儿童。

第十一章　公益与改革

在大半个 19 世纪里，公益（Philanthropy）并不意味着出钱支持教育、慈善（charitable）和文化机构，而是为人道主义的目的不断倡导，比如：改善监狱环境；戒除或禁止饮酒；废除奴隶制、鞭笞和死刑；承认劳工、妇女和非白人的权利；等等。正是因为这些改革并不太受人欢迎，所以拥护这些改革的博爱家们在获得赞誉的同时，也受到人们的批评，而且通常是毁誉参半。

福音派新教徒因为支持废除奴隶制和奴隶贸易、禁酒，到非洲和亚洲传教，将对耶稣的爱以及对上帝的害怕植入本土下层人的心灵，所以成了人们的笑柄，就像是遭到了狄更斯攻击的"电邮公益和贪婪的善行"一样。福音派传教士和慈善协会常在伦敦爱塞特厅（Exeter Hall）会面。在那里，据他们的诋毁者们所说，有人向他们宣讲了关于野蛮和堕落的耸人听闻的故事，搅得他们情绪激昂，而且他们还大大地颂扬了自己，恶毒地谩骂那些不信神的敌人。1841 年《布莱克伍德爱丁堡杂志》上刊登了一篇匿名的诗作，名为《博爱家们》。这篇诗讽刺了这些集会活动，称这一集会的场所是"吹牛大厅"（"Puffington Hall"），并且揭露这些博爱家们批评意见中的偏见：

> 来吧，所有的博爱家们，那些敏感的灵魂，
> 他们竟能感觉到南极和北极上的轻微震动，
> 他们为赤道上的黑鬼们，地里的和水里的，
> 为那些黑鬼们所面临的危险，不停地呻吟，
> 而我国的孩子们正在你的脚下慢慢地憔悴，

我国的孩子们只能将街道作为最后的归宿。

但骗子永存，骗子永生，骗子到处都在！

所以，来我们吹牛大厅，给你展现的机会。

……

如果你想要丰富一下头脑，听听黑鬼的故事，

那就会有鞭打和戴脚镣、蚊子，还有跳蚤，

还有一番叨叨废话，劝告那些木讷的傻瓜，

还有大片土地的惊愕，和新英格兰的悲哀，

还有食人的君主，以及他五百个后宫嫔妃，

君主们每天都要在火热的锅子上烤炙人肉，

这些故事讲出来，都能感动福克斯·莫尔，

而你所要做的不过是快步走进那吹牛大厅。[1]

约翰·霍华德是 18 世纪的监狱改革家。约翰·卡莱尔（John Carlyle，1795～1881 年）称之为"美丽的博爱家"。他在这么称呼霍华德的时候，其本意却不是在赞扬他。虽然卡莱尔如此评价霍华德，即"相对来说，针对无聊且顽固的霍华德，以及他的'仁善'，我不认可，仅仅是有点尊重罢了"，但是，他还是视霍华德为"牵动千万人善良情感，搅动万千波澜的晦气的原动力……可能会将整个人类社会淹死在滔滔洪流之中，使整个大陆满是恶臭的污泥，只有污泥之神和靠肚子走路的生物才能在上面生存"。[2]卡莱尔并不认可这种方式，即以"玫瑰香水和慈善"试图"治愈世界的悲伤"。他属于社会批评家群体中的一员，这类人都看不起以公益事业来改变社会的努力（以他的话说，就是"温和的方法"），并认为应该采取更为坚决和激烈的"彻底性改革"。在他的观念中，"混乱的环境"引发了不公平，因此，需要将民主政府替换为一个独裁者，比如，克伦威尔或腓特烈大帝。而这些大人物的是非观念又是与卡莱尔相一致的。

狄更斯是"温和的方法"的支持者。他并不喜欢采取极端的改革，也不赞成某些改革者们的倾向，即对所有问题都只采取一种解决路径。"人们一直认为"，1851 年，在《家庭絮语》的一篇文章中，他写道，"人类的革新必须要有一个禁酒的、和平的，或经常素食的社会"。如狄更斯所认为的那样，革新者们面临的一个问题是他们将全部精力用于创造更好的人，

而不是革新他们自己的药方；另一个问题是，他们恶语中伤那些不跟从他们的正统说法的人的善行。他并不认为那些拒绝加入禁酒、和平和素食协会的人就是酒鬼、战争狂徒，或菠菜和胡萝卜的蔑视者。狄更斯评论说："一个人，所谓真的温和，必须在各个方面都很温和——应拒绝使用烈词，更甚于拒绝饮用烈酒。"他这么说，表达这么一种态度，即相比激进主义，他更偏爱温和，至少在所讨论的事项上是如此。但在该书接下来的部分，他又很不客气的讨论"灯笼裤主义"（"Bloomerism"）（女装改革），并对女性参与公共事务态度冷淡。[3]

在狄更斯的文字中，其用同等的笔墨记录了两方面内容，即在《我们共同的朋友》中写了朴兹奈（Podsnap）先生对改革的反对意见，以及在《艾德温·德鲁德之谜》（1870 年）中写了哈尼桑德（Honeythunder）先生的"火药味"的公益事业。"朴兹奈先生经济很宽裕，而且自认为地位很高。"他自己有一份很大的遗产，从妻子那里又得到一份丰厚的遗产，然后在航海保险业务中又赚得盆满钵满。但凡有人向他建议说这个世界不够完美，他就会说："我并不这么认为；我不想听到这些事情；我也不想讨论这些事情。"如果有人进一步跟他谈及关于饥饿的人或无家可归的人的问题，他就会拒绝承认有这样的情况，而且提出，如果真的有这样的情况的话，那就是那些人自己的问题了，这就是天意；也反对所谓的集权化管理。所以，只要他有足够的权势，定然会将此类事情统统清扫下去，由此"这个世界上的麻烦事也就一扫而光了"。[4]

哈尼桑德先生的公益事业带有一些战争味，"它与刻骨仇恨之间的区别，还真不大能分辨得出来"：

> 你要废除武力，就需要先把所有尽职的指挥官都抓起来，交到军事法庭审判一遍，然后统统拉去枪毙。你要禁止战争，就要以毒攻毒，对那些发动战争的人发动战争，然后指责他们嗜战如命。你要废除死刑，就要让所有的立法者、陪审员和法官统统人间蒸发，因为他们肯定会对此持反对意见。你要让大家都保持一致，就要消灭那些不会，或在内心里不赞成保持一致的人。你要爱你的兄弟如你自己，就要先把口中的诽谤（如果你能非常恨他的话），以及各种谩骂停下来，歇上一歇。

哈尼桑德是一个慈善社团的官员。这家慈善社团的特点与 1867 年成立的伦敦慈善组织社团（London Charity Organization Society）有些相似。该社团的第一项规则是你不能"以个人的形式或自掏腰包"做慈善。你认捐一笔钱，得到一个会员身份，然后便将所有的事情都交给哈尼桑德先生和他的同事来决定。

在一场晚宴后（这场活动哈尼桑德先生也参加了），"没有人能跟其他人再说什么话，因为哈尼桑德立刻就滔滔不绝的向所有人讲话，就好像这群人不是一个个的个体，而都是来参加一场整齐划一的会议的"。活动的主人早早地塞给他一杯咖啡，然后把他裹进大衣里，一把推进了漫漫的黑夜中，"就好像他是一个大家都同情的逃亡的叛国者，有一大群人马正在后门外，随时准备冲进来"。陪同的人把他送到公共汽车上，很关心地说他可能会着凉，"然后一把关上车门，扭头就走，成功地为这场活动争取到半个小时的空闲时间"。[5]

约翰·博尔德是一个理想主义的外科医生。在特罗洛普的《巴彻斯特养老院》里，所有的麻烦都是因他对公正的狂热导致的。跟福音派博爱家，或狄更斯的革新者或哈尼桑德先生相比，他是一种不同的改革者——更偏向（根据特罗洛普的说法）法国的雅各宾派。"他的雄心是要改革所有的恶行：国家的恶行、教会的恶行、社团的恶行……医疗活动中的恶行，以及在这个世界上的各类恶行。"关于海勒姆的收容院，博尔德相信，里面的被救助者有权获得每年 100 镑的收入，而非每天 1 个先令和 6 个便士，院长的收入每年不得超过 300 镑，而非 800 镑。

总的来说，特罗洛普对博尔德是不错的。他说博尔德聪明、真挚、积极地矫正邪恶，以及阻止不公正的行为。特罗洛普主要反对的是博尔德的冲动，以及对正气的妄断。导致他贸然介入自己不甚了解的事务，而没有考虑清楚自己的行为可能引发的后果。"像他这样的年轻人，如果能有一些谦虚，并且对他人的正直多些信任——如果能有人引导他，使他相信既往的风俗不必然都是坏的，而且贸然改变这些东西会引起很多的危险——那就好了。"[6]

凭着一腔的善心，以及纯粹的动机，他所成功实现的，只是让事情变得更糟。他出于道德上的义愤填膺，轻率地办事，煽动媒体的怒火，导致一个好人——哈丁先生，遭受无明的不幸，而且非但没给该收容所里的被救助者带去什么好处，反倒让他们承受莫名的损失。至少，特罗洛普就是按照这个思路来讲这个故事的。如果换一个作者，即对年轻人更加同情、更加包容变革的作者，那么，这就会有另一个结局。

在 19 世纪三四十年代，新英格兰的作家们对改革之事讨论颇多。这大概始于爱默生宣称的"一个宏大的拯救世界的计划"产生于我们这个时代和这个地方之时。1835 年 10 月 7 日，霍桑（Hawthorne）在他笔记本里草草记下一个故事的梗概："一个现代的改革者——一些极端的学说，关于奴隶、冷水以及其他议题。"这个改革者走上街头，发表极具煽动性的、雄辩的长篇大论。当他正准备劝说很多人改变意见的时候，他被疯人院的看守抓住了，因为当时他是从那里逃出来的。"应该根据这个思路写"，霍桑这么跟自己说。[7]

爱默生，与多数人一样，对改革有着复杂的感情。他还记得在新英格兰开展的"思想和社会实验的伟大行动"。这令他印象很深。同时，总体而言，他也支持"这种观念的对碰和争辩的喧嚣"，这是对"社会体系以及社会生活更为敏锐的审视"，以及"对既存的罪恶真诚的抗议"。同时，他也很欣赏那些"躁动的、窥探的，以及尽责的批评"，只要它是由思考者本人提出的，而非从别人那里拿来的。[8]但爱默生的拥护仅针对一个限定的人群，就是那些他能感到"精神上的亲密联系"的人群。他拒绝给那些他不认识的人，或者那些用他的话来说是"不属于我的人"哪怕一个子儿。他告诉一个"愚蠢的博爱家"说，他所做的东西，包括"组建各式受人欢迎的慈善组织；在学院里教育一群傻瓜；造了很多的会议厅，最后一无所用，而且很多这些房子现在还在；救济酒鬼；组建成千上万的救济协会"，统统都没有用，所以，到头来，就连他也是一无所用的。[9]

奴隶制是美国 19 世纪中叶的一项改革内容。而且其也是这样一种议题，即就算是如詹姆斯·拉塞尔·洛威尔（James Russell Lowell）那样的通常属于保守派的人物，一提到这个话题，也都能采取一种激进的立场。他可能是受到他的妻子玛利亚·怀特（Maria White）的影响。他的妻子是一个废奴主义者。所以，他一度成为威廉姆·埃劳德·加里森（William Lloyd Garrison，1805~1879 年）的拥趸。加里森是《解放者》（*The Liberator*）杂志的编辑，以及反奴隶运动最坚定的那一翼的领袖。在一篇写给《宾夕法尼亚自由人》（*Pennsylvania Freeman*）杂志的编辑的信中，洛威尔提到 1846 年为马萨诸塞州反奴隶社团筹款的人：

> 在法尼尔大厅门口，正在举行
> 一场引人入胜的盛大活动，
> 那里云集着反对奴隶的各路人群，熙来攘往，
> 就像米勒，你的笑话一样，百看不腻。
> 那是加里森，态度仁善，
> 对于他这样的煽动者，那已是极致，
> 阳光穿过他的眼睛，
> 投到周围的男男女女身上，
> （他说话的时候，没有人会嗡嗡讲话，或四处乱走）
> 一个老绅士（Pickwick）① 俨然变成了圣斗士（John Ziska）②，
> 他那坚定的决定不断提升，
> 就像一块杯形的黑麦蛋糕，从杯中隆起。

玛利亚·韦斯顿·查普曼（Maria Weston Chapman）是反奴隶社团的会计，同时也是促使该聚会成功举行的主要功臣：

> 那里还站着玛利亚·查普曼，
> 两只靛蓝的眼睛敏捷地转动，
> 她是这场活动的核心力量，
> 各种昂贵的开支，
> 从四处涌来，悄无声息，
> 又千头万绪，烦琐不堪，
> 但她却镇定又平静，
> 就像希望山（Prospect Hill）上那巍峨的高峰；

---

① 匹克威克，狄更斯《匹克威克外传》里的人物，是一个老派的绅士。——译者注
② 约翰·切斯卡（？~1424 年），在 15 世纪的宗教战争中领导了胡斯军团，并在战斗中失去了仅存的一只眼睛。在他生命的最后 4 年里，虽然完全失明，他仍旧为天主教而战。

一个高贵的女性，勇敢而又机敏，

预言家也没有她那么聪慧，

她剪去迷人的秀发，

戴上奥尔良少女的钢盔，

她就是我们的圣女贞德，

伟大的荣光不断闪耀。[10]

洛威尔的诗《查尔斯·透纳·托里之死》（1846 年）向一位反奴隶制的烈士致敬：

他为上帝那受苦的子民而不断奋斗，

送上兄弟般的丝丝温情；

地牢打开它饥饿的牢门，

向这位烈士诉说更多的真相，

然后关上——这里且看那结局。[11]

托里（1813 ~ 1846 年）是马萨诸塞州人，耶鲁的毕业生，以及保守派（即反加里森派）废奴主义者。1844 年，当时他正住在巴尔的摩。他因为帮助奴隶从马里兰和弗吉尼亚逃脱而被定罪，然后被判入狱，要服整整 6 年苦役。他在监狱里刚待满一年多一点，就死了。

在一篇名为"致 W. L. 加里森"（1844 年）的献词中，在开头，洛威尔引用哈里森·格瑞·奥蒂斯的话，说加里森的"办公室是一个混沌的洞穴，他仅有的帮手是一个黑人男孩，以及他的支持者，少数几个无足轻重的人物，各种肤色的都有"。奥蒂斯是一个联邦党－辉格派人物，反对废奴运动。这首诗描写加里森在 1831 年的境况，当时他正准备出版《解放者》：

在一个小房间里，少有朋友登门，也极难找到，

坐着一个穷人，一个没太多文化的年轻人，正在拼命地打字；

这个房间很昏暗，也没有华丽的装饰，简陋不堪，

但正是在这里，一个民族的自由正在实现。

援军已经上路，但前途漫漫；肯定没人能与他一样，

将这个世界的重担一点点地削减：

有什么需要帮助的？他知道该如何打字，

他有一个无畏的灵魂，以及一台印刷机。

……

一个渺小的开端，但却如此强大与伟岸，

依靠那笃信的心灵以及永不厌倦的头脑！

创造出一个美好的未来，战胜一切错误，

赢得那顶王冠，一切都是名至实归。[12]

1848年，洛威尔见到了加里森。此后，在私人信件中，他是如此评价道："加里森就像丹尼尔·布恩（Daniel Boone）一样，总是孤独一人。他往前行，仿佛是为了躲避爬到他身上的这个世界一般。然后，他进入荒野。他仔细地考虑前方的每一步，哪怕那已经超越了悬崖的尽头。"加里森的错误在于他的定位，而洛威尔依旧不顾这一切，相信他是一个非凡的人，完成了一项非常伟大的事业。"在很长一段世界里，加里森的定位是，全世界只有他一个人是对的。这个定位是因为他思考的习惯带来的，而这习惯一直都在起作用，哪怕外部环境已经完全改变了。"这种思考方式，洛威尔相信，"对于一个改革者而言是必需的。路德就像那些得到了圣彼得的钥匙的人一样，是不会犯错的"。[13]

"我承认，至今我基本没有沉溺于公益事业"，在《瓦尔登湖》（1854年）一书中，亨利·戴维·梭罗（Henry David Thoreau，1817~1862年）如是说。为了沉思，他牺牲了很多乐趣，而为他人做好事就是其中之一。有时，他也会被拉着去帮助一两个穷人家庭，这些人都住在一个镇上，"镇上的这些人都毫不迟疑地选择过穷日子"。虽然梭罗对公益事业并不太感兴趣，将之称为"目前唯一已经得到人们充分重视的德行"，但他还是对它秉持了一种"和平共存"的态度。"就和做其他事情一样，做公益也是需要天赋的。就做善事而言，那就是一份职业，需要全身心地干。"所以，公益并不适合他。"我并不会横插进他人与其天赋之间。我自己也不愿意干这份工作。而对做这份工作的人，我想说'坚持'，哪怕这个世界说这是在作恶，而且他们很有可能会这么说。"[14]

在作家刻画的那些 19 世纪的画有爱人类情感的博爱家之中,《福谷传奇》(1852 年)中的霍林华斯(Hollingsworth)是最知名的一个,但同时,他也是一个最不可爱,也最不讨人欢迎的代表。霍桑的这本小说,部分是根据他对布鲁克农场的回忆写成的。1841 年,他在这个农场里待了几个月,那就是一个乌托邦式的社区。人们相信,他对霍林华斯的描写,融入很多同时代的改革家们的特点,包括布朗森·阿尔科特(Bronson Alcott)、艾伯特·布里斯班(Albert Brisbane)、欧瑞斯特·布朗逊(Orestes Brownson)、伊莱休·布利特(Elihu Burritt)、理查德·亨利·德纳(Richard Henry Dana)、贺拉斯·曼恩(Horace Mann),以及西奥多·帕克(Theodore Parker)。在《福谷传奇》正式发表的 10 年前,霍桑已经在《生命的进程》(1843 年)一文中大致勾画出他对改革者们的反对意见,并描写一个与霍林华斯非常相似的人物:

> 这是一个非常好的人,他长时间地投身于一项善行之中——推进一种改革——他已经将自己限定在这条路上,并幻想着除了手头上正在做的这件事情外,世界上就没有其他善事值得一做,而且它形式也没有那么契合他的观念。其他的事情都是毫无价值的;他的计划必须由全世界爱的力量联合起来才能实现,而如果不这么干的话,那么这个世界就没有必要在苍穹中继续存在下去。[15]

在《福谷传奇》里,在霍林华斯首次出现以前,齐诺比娅(Zenobia),一个英气十足、聪明绝顶的女人,告诉这个故事的讲述者迈尔斯·卡佛台尔(Miles Coverdale)说,如果霍林华斯不是带有公益的气息的话,那她或许会更喜欢他一些。"告诉你一个秘密",她说,"我之前完全没法忍受博爱家。你呢"? 卡佛台尔回答:"现在,以任何方式,我都完全不能忍受。"[16] 在和霍林华斯见面时,卡佛台尔对对方的彬彬有礼、热情周到颇有好感。但是,当他对霍林华斯有更多了解之后,他发现对方为实现其公益目标而不顾一切的愿望,使他的善心沦落为一种以自我为中心。于是,卡佛台尔便做了反思:在一个博爱的人,即真正的神的形象,与"推动魔鬼的发明的原动力,即博爱家"之间,到底有什么区别呢?[17]

那个慢慢吞噬霍林华斯的怪兽就是"一项关于触动罪犯更高层次的本性，并以此改造罪犯的计划"。读者们几乎没看到多少关于该计划的细节，那是因为卡佛台尔认为霍林华斯对于该计划的讨论太无聊了，完全不值得记录。这个计划涉及道德、智力和产业劳动的方法；而要将之付诸实践，就需要很多钱（霍林华斯打算用齐诺比娅的钱），以及大片土地（霍林华斯打算用福谷农场的土地）。[18]

这个故事的情节推进没多少，卡佛台尔就已然确信霍林华斯正在快速地变疯。霍桑并没有按照他在早期的日记中写的那样，把这个改革者送回疯人院，而是让失常的霍林华斯忍受折磨，以作为他迷恋"严格而又无法成功的计划"的结果。那些犯了霍林华斯病的人，都是些"没有感情、没有同情、没有良心的人。他们都没有朋友，除非对方能有利于他们的目标；如果你跟他们一起走了第一步，然后看到恐怖的小径，不愿意再跟他们走下去，那他们一定会狠狠地揍你，打死你，然后把你的尸体踩在脚底下"。[19]

在关键性的一段中，卡佛台尔告诉霍林华斯："博爱家们经常容易犯下的罪恶是道德上的偏差。他的荣誉观与其他值得尊重的人的荣誉观不相一致。在他前进的道路上，在某些点上——我不知道具体什么时候，以及什么地方——他并不认真对待正确的事情，也不能克制自己不去幻想自己的公共事业有多么重要。由此，他便索性就把良心给扔到了一边。"霍林华斯并没有否认这种指责，即他为了实现自己那改造罪犯的宏伟计划，而不惜毁弃对朋友们的尊重与忠诚。相反，他请卡佛台尔跟他一起干。如果我们成功的话，他信心满满地说道："我们就为这个可悲的世界贡献了自己最好的成绩；幸福会在不经意间（它总是偶然的降临）来到我们的身边！"[20]

有的人追求财富与权力，哪怕普通人也会想要有自己的道路。而正是这样的追求财富和权力的人，为达目的，可能会使用不太靠谱的方法。然而，在霍林华斯身上，霍桑把博爱家写成对其他人漠不关心，对传统道德充耳不闻的人。但是，当我们用第二手或第三手的材料去解释公益改革者们的态度和行为时，用爱默生的话来说，原本对博爱家的个性精妙的解读也会随之变得"无趣与可疑"。"哦，那就是博爱家们的样子啊"，廉·迪恩·豪威尔斯的《安妮·基尔伯恩》（1888 年）中的女主角如是说："想一想《福谷传奇》中的霍林华斯，那是她唯一真正知道的博爱家。'他们随时准备为普遍的善而牺牲掉自己的幸福和他人的舒适生活。'"[21]

如果诚如卡佛台尔在小说结尾所思考的那样，霍林华斯的毁灭是因为对目标的过度追求，那么卡佛台尔自身的问题就是缺少一个目标，"这使得他的人生变成了一片空洞的死寂"。[22]霍桑在鲍登学院的同学，亨利·沃兹沃思·朗费罗（1807～1882年）将他的思考记录在笔记本上，或者随手写在纸条上。然后，有时他会将这些思考的成果揉进自己的书里。在《海外与漂流木》（1857年）一书中，他针对人们对公益的批评意见，写了一段评论："我们通常拿来为自己不做公益的行为开脱的理由是，那些做公益的人的热心不过一种狂热的盲从而已。"[23]

亨利·詹姆斯（1843～1916年）用了"野蛮的狂热者"和"来者不拒的自利主义者"两个词来形容霍林华斯。"关于他所属的那类人的界定"，詹姆斯在《霍桑》（1879年）一书中如是说："可以如此说，即他们是一群为拯救社会而行动的、意志坚强的，却又心胸狭窄的特殊类型的使徒。"[24]《波士顿人》和《卡萨马西马公主》（*Princess Casamassima*）这两本书都出版于1886年，且是詹姆斯在其一生的中期阶段出版的两部作品。这两本书都涉及改革的问题，特别是女权主义，以及革命恐怖主义（revolutionary terrorism）。伯宰（Birdseye）小姐是新英格兰一个老派的博爱家。她虽然不是《波士顿人》一书中的主角，但在詹姆斯眼里，却是该书中写得最好的一个人物。他费了很大力气来描写伯宰的容貌：一个娇小的老妇，却长着一颗硕大的脑袋；一条宽宽的、突起的眉毛；一双"衰弱的、仁善的和疲劳的眼睛"。与霍林华斯不同的是，她没有将自己的精力与同情心用于一个最高的目标，而是用于不计其数的事业之上。"长期从事公益事业的经历，并未在她脸上留下丝毫的痕迹。那些经历统统隐匿了踪迹，将自己的一切擦得干干净净。那曾经的同情心、热情，宛如老旧的大理石半身像随着时间的流逝而被慢慢侵蚀一样，逐渐失去它们的锐气，还有内涵。"她总是穿着一件黑色的夹克，衣服的口袋里塞满各种信件和文件。与帕迪戈尔太太那件硕大的颇具侵略性的裙子不同的是，伯宰小姐穿的是一件简单的、商务式的女裙。伯宰小姐加入短裙社团，而且她也加入"为各种目的成立的各类联盟"。总而言之，

"她的公益事业始于家里，却又一事无成。而且，在这一过程，她始终是轻信的，对自己的同伴又知之甚少，如果她真有这样的了解他们的机会的话。所以，经过50年的人道主义的狂热，相比她第一天进入这个领域，开始指证大量事务中的邪恶之时，她现在依旧是一个糊涂的、纠结的、矛盾的，而且不得要领的老妇人"。[25]

部分《波士顿人》的读者认为伯宰小姐就是霍桑的嫂子，即伊丽莎白·帕尔默·皮博迪（Elizabeth Palmer Peabody，1804~1894年）。皮博迪是一位作家、改革者、教育家。她还有另一个为后世所广为铭记的身份，即美国第一所幼儿园的创立者。在一封写给他哥哥威廉·詹姆斯的信中，亨利否认他有讽刺皮博迪小姐的想法，并宣称伯宰小姐的形象完全源于自己的道德意识。同时，他还提到，在整本书中，都对伯宰小姐十分尊重，而且还把她写成"纯粹的代表，即最纯粹的公益的代表"。[26]詹姆斯对伯宰小姐的偏爱，恰好与他对奥利弗·钱塞勒（Oliver Chancellor）的冷淡态度形成对照。奥利弗·钱塞勒是《波士顿人》的主角之一。他甚至都不愿给钱塞勒小姐的公益事业留下一丝愉悦的微笑。伯宰小姐朦胧的微笑"似乎是在说，如果能有更多的时间的话，她会笑得更开心。但是，如你所见，就算没有空余时间的话，她也是温顺的，很容易就被迷住了"。而钱塞勒的微笑则像是"投到监狱墙壁上的惨淡的月光"。[27]

按照现代意义来理解，钱塞勒属于博爱家，即他们会为一个想要实现的目标而捐款。她拒绝了为妇女权利说话的要求，但却主动接受了另一个邀请，即为终止妇女的不幸而捐款。在她正要决定捐款的时刻，伯宰小姐来了。于是，钱塞勒便将对眼前这个"贫穷而又较小的人道主义大盗"的爱心给抛到了一边——她看起来就像是一个殉道者——做了她一生中为数不多的善行之一，轻柔地紧了紧伯宰小姐胸口那"坏掉的胸针"，那已经有点松了。[28]

和19世纪80年代的其他中上层年轻人一样，《卡萨马西马公主》中的欧若拉·兰格瑞施（Aurora Langrish）女士也想要通过结交和帮助穷人来丰富自己的生活。"她就像个再次降世的老圣人"，罗西·缪尼蒙特（Roise Muniment）说道。罗西·缪尼蒙特是一个卧床不起的残疾人，她对欧若拉女士的到来高兴不已。欧若拉带有一些圣徒的社会化特征，即对慈善尤为热情。用她自己的话说，她是"有那么一点的疯狂"。而且她还被这种情绪带着，融入那些遭受疾病和苦难困扰的人群，远离自己所属的那个阶层。在她走访众多医院和居民以后，她在穷人们当中广为所知，而她也认为，这些穷人比雅辛托斯·罗宾逊（Hyacinth Robinson）更棒。雅辛托斯·罗宾逊是一个图书装订员，也是该书的主角。罗宾逊很"支持"自己所属的阶层，即劳工阶层，但是认为劳工多拥有"劣等思想"，因为他们遭受了数个世纪的贫困和生存环境所带来的折磨，思想也随之愚化。而欧若拉女士则十分认可那些"可怕的、绝望的穷人"的智慧和天才。对此，罗宾逊回应说，他从未进入社会的最底层，没有接触过最穷的那些人，而且他也不认识太多的乞丐。在与欧若拉进行了一番更深入的长谈之后，他发现欧若拉做慈善并不是因为她爱穷人，而是因为她对"绅士和牧师，以及不列颠上层家庭的保守的影响"充满敌意。他很好奇欧若拉的这种情况是否属于"文明的最高级的成果"？[29]

罗西的兄弟，保罗·缪尼蒙特（Paul Muniment），十分喜欢欧若拉女士（欧若拉也很喜欢他），但在一场革命中，他却并不希望欧若拉所属阶层的任何人能幸免。他是一个地下团体的领导，准备用暗杀的办法来加速起义的爆发，那样就能清除这个世界上的不公正现象，建立一种公平的社会与政治秩序。相比卡莱尔（Carlyle），保罗对慈善与玫瑰香水，或者温和的改革方式更没有信心，他不认为这些能实现他所企望的改变，而且在采用激进的方式来实现这些目标这一点上，他也并未感到有任何的不安。

从《福谷传奇》中的霍林华斯，到《卡萨马西马公主》中的保罗·缪尼蒙特，只过了三十多年。但是，相比保罗的计划，即用谋杀和暴力建立一个公平的社会，霍林华斯的"宏大"计划，即通过诉诸罪犯们的温良天性来改造罪犯，是显得多么的温和啊。而人们对待保罗的态度比对待霍林华斯更为包容。之所以会出现这种情况，其中一个原因是，我们是从罗宾逊的视角来认识保罗的，而罗宾逊对社会革命之事十分地投入，而卡佛台尔对改造罪犯之事则漠不关心。另一个原因是，人们对革命者的道德标准与对博爱家们是不一样的。人们并不要求革命者对朋友尊重和忠诚，因为革命需要诡计和残忍，这些在革命中都具有正当性。

卡佛台尔告诉我们，当霍林华斯从温和良善变成处心积虑的时候，他脸上的微笑也随之变成了愁眉苦脸。罗宾逊说，保罗假扮成为一个善良的、快乐的工人，以掩饰其对这个世界上的不幸的关切。他总是脾气很好，面带笑颜，甚至在有人问他是否支持死刑时候，他也说他支持死刑，并希望将死刑的适用范围扩展到惯骗和酒鬼。

那令罗宾逊退缩与不安的时间就要来了；而现在，他只知道保罗正在脑子里反复想着那个伟大计划，从头想到尾；他对此感到十分着迷，而不是惊骇；"到那个夜晚，他应该拿出这个计划，并派人在俱乐部的门口把守着，让所有的成员一起发下誓言。那样的话，其他人就只能面面相觑，脸色惨白了"。[30]

本章注释

[1] "The Philanthropists," *Blackwood's Edinburgh Magazine* (1841), 197 – 198。福克斯·莫尔（1801~1874年）曾任议会自由派议员，1835~1852年。他是支持苏格兰自由长老会的少数几个苏格兰贵族之一。关于诺里斯（Norris Pope）对狄更斯与福音派的关系的评论，参见 *Dickens and Charity*, (New York：Columbia University Press, 1978), 1 – 12。理查德·D. 奥尔蒂克（Richard D. Altick）以一种同情的语调，描述了"福音派的心情"，以及他们的改革所取得的成就，参见 *Victorian People and Ideas* (New York：W. W. Norton and Company, 1973), 140 – 141。

[2] Thomas Carlyle, "Model Prisons" (1850), in *Carlyle's Latter-Day Pamphlets*, edited by M. K. Goldberg and S. P. Siegel (Port Credit, Ontario, 1983), 63 – 65, 83 – 84.

[3] Dickens, "Whole Hogs," *Household Words*, No. 74 (August 23, 1851), 505 – 507; and "Sucking Pigs," ibid., No. 85 (November 8, 1851).

[4] Dickens, *Our Mutual Friend*, 138 – 141 (book 1, chapter 11).

[5] Dickens, *The Mystery of Edwin Drood* (London：Andre Deutsch, 1980), 44 – 46 (chapter 6).

[6] Trollope, *The Warden*, (London：Oxford University Press, 1952), 14 – 16 (chapter 2); 43 – 45 (chapter 4).

[7] "New England Reformers" (1844), in *Essays：Second Series*, in *The Collected Works of Ralph Waldo Emerson*, 3：149; Nathaniel Hawthorne, *The American Notebooks*, edited by Claude M. Simpson (Columbus, Ohio：Ohio State University Press, 1972), 10.

[8] "New England Reformers," 149 – 152.

[9] "Self-Reliance" (1841), in *Essays：First Series*, in *The Collected Works of Ralph Waldo Emerson*, 2：30 – 31.

[10] Lowell, "A Letter from Boston" (December 1846), in *The Poetical Works of James*

Russell Lowell Revised and with a new introduction by Marjorie R. Kaufman, Boston: Houghton Mifflin Company, 1978), 111.

[11] Lowell, "On the Death of Charles Turner Torrey", ibid. , 104.

[12] Lowell, "To W. L. Garrison," ibid. , 103.

[13] Lowell to C. F. Briggs, March 26, 1848, ibid. , 103.

[14] Thoreau, *Walden*, edited by J. Lyndon Shanley (Princeton, N. J. : Princeton University Press, 1989), 72 – 79.

[15] Roy Harvey Pearce, "Introduction to the Blithedale Romance," in Nathaniel Hawthorne, *The Blithedale Romance*(Centenary Edition, Columbus, Ohio: Ohio State University Press, 1964), XXIV. Hawthorne, "The Procession of Life," in *Mosses from an Old Manse* (Columbus, Ohio: Ohio State University Press, 1972), 217 – 218.

[16] Hawthorne, *The Blithedale Romance*, 21 – 22 (chapter 3).

[17] Ibid. , 70 – 71 (chapter 9).

[18] Ibid. , 54 – 57 (chapter 7); 131 – 132 (chapter 15).

[19] Ibid. , 70 (chapter 9).

[20] Ibid. , 131 – 133 (chapter 15).

[21] William Dean Howells, *Annie Kilbourne* (New York: Harper and Brothers, 1888), 67 (chapter 7); Emerson's words are in "New England Reformers," 151.

[22] *Blithedale Romance*, 246, (chapter 29).

[23] Henry Wadsworth Longfellow, "Table-talk," *Outre-Mer and Driftwood* (New York: AMS press, 1966), 405.

[24] Henry James, Jr. , *Hawthorne* (New York: Harper and Brothers Publishers, 1879), 131 – 132.

[25] Henry James, *The Bostonians* (New York: Random House, 1956), 26 – 27 (book 1, chapter 4).

[26] Leon Edel, ed. , *Henry James Letters*, 3 (Cambridge: Harvard University Press, 1980), 68 – 70.

[27] *The Bostonians*, 4 (book 1, chapter 1); 26 – 27 (book 1, chapter 4).

[28] Ibid. , 36 – 38 (book 1, chapter 4).

[29] Henry James, *The Princess Casamassima*, in Henry James, *Novels*, *1886 – 1890* (New York: Viking Press, 1989), 96 – 98 (Book First, chapter 9); 172 – 177 (book First, chapter 15).

[30] Ibid. , 159 – 160 (book First, chapter 14).

第十二章　爱与仁慈

　　直到去世，塞缪尔·泰勒·柯尔律治都更像是一个批评家，而不是一个诗人。他曾向"思想中的慈善"致敬：

> 赞扬他人的良善，并将之引向良善，
> 是一种德行，任何灵魂都不可或缺；
> 此种德行，任何人都不嫌拥有太多，
> 根据慈善的标准，反倒是远远不足。[1]

　　相比其他形式的慈善，想别人的好，以及说别人的好，是一种更容易的形式，但它们都要求施行者单方面的投入。在学者中，由于害怕自己显得天真，或者害怕自己显得"不够批判"，他们都不太敢用思想的方式来做慈善，这就像由于害怕被愚弄，而不敢用行动的方式来做慈善一样。相信其他人为捐赠之要旨，即太过多疑，和太过轻信一样，都是人们犯错的根源。"骗局对骗局"，威廉·詹姆斯在《信任的愿望》（1897 年）一书中问道："有什么证据能证明以希望来行骗就一定比以恐惧来行骗更恶劣呢？"[2]詹姆斯的这番话所指的是宗教，但这句话同样也适用于慈善事业。

　　作家们有时会吁请读者在判断一个人物时采用慈善的态度。《潘登尼斯传》是萨克雷的第二本重要的小说。他给这本书起了一个这样的副标题"他的幸与不幸，他的朋友和最大的敌人"。亚瑟·潘登尼斯（Arthur Pendennis）是这本书里的主角。他在很多地方都跟作者萨克雷很像。在该书的最后一段，萨克雷请求读者"友善的对待亚瑟·潘登尼斯，包括他所有的错误和过失，他并不想成为一个英雄，而只想做一个普通的男子汉和兄长"。[3]安东尼·特罗洛普并不关心《你能原谅她吗?》里的约翰·维瓦索（John Vavasor），也并未为他请求人们加以友善对待，但觉得自己有义务给这个软弱的人物所应得的评价:"对他这个人,你别想他能做什么高尚的事情;但他所做的事情你也无法轻易淡忘。"在《艾德温·德鲁德之谜》中,狄更斯形容石匠杜德尔门先生（Mr. Durdles）"天天醉酒,很少能喝得头脑清醒",同时,他还把他写成了一个疑虑满腹的人,以起到喜剧效果。[4]

W. S. 吉尔伯特（1836～1911 年）是《吉尔伯特与苏利文歌剧剧本集》（*librettos of the Gilbert and Sullivan operas*）的作者。他描写了一个不慈善（uncharitable），但自称是博爱家的人。这个人的一大事迹是让人们充分认识到"自己的缺点":

> 如果你注意听,我会告你我的真实身份:
> 我是一个真正的博爱家——而其他人都是骗子。
> 我试图矫正,那些容易犯错的同胞们
> 秉性中的每个细小错误,还有社会上的各种缺陷。
> 分析慈善行为,那是我的看家本领,
> 洞察藏在慈善行为下的私利动机,那是我的乐趣所在。[5]

萨拉·奥恩·朱伊特（1849～1909 年）写了一个名为《一时冲动》的故事。在这个故事里,作者毫无顾忌地写了一个不讨人喜欢的人物,同时他还让这个角色因为满腹狐疑而得到了好处（the benefit of the doubt）——一个好的结局。大家都叫这个角色为"老皮特的小姐",而且都叫了 20 年,但实际上她还不到 70 岁。

> 她有一种很令人讨厌的做法,就是告诉你他人的缺点,而不是赞扬他人。在她告诉你这些事情的时候,如果你恰到好处地跟着骂两句,她首先会显得很是心满意足,然后会变得十分严厉和一本正经,还不忘提醒你说,人必须努力变得有善心。但是,不知道为什么,她从不喜欢听到有人在她面前赞美其他人;一有这样的情况,她就会说:"哦,但她是那么有钱!"或者,"哦,像她这样的人真

会抓机会啊"，或者，"我听说他对小东西都看得很重，现在却来做这么大的事情，恐怕是因为他想出名吧"！……简言之，皮特小姐是一个阴暗、不幸福的人物，她总是情不自禁看轻别人的成功，除非是用这些反过来去冤枉他们。

但至少，对朱伊特来说，皮特小姐的做法还是有些吸引人的地方。"知道这些事情，你会有不同的感受，即流逝的年华正在夺去她的快乐，所以，她也是这些不快乐的人中的一员；这到底是她的错误，还是其他人的错误，事实是那些令人快乐的事情已经一去不复返了。"

一个朋友因为一时冲动的心软，给了皮特小姐一个机会，让她去参加一场葬礼。而死者的女儿恰好又陷于难得的内心悔恨之中。这时她又看到了这个老妇，于是便决定继续救助这个自己的父亲曾经救助过的女人。她的父亲跟皮特小姐的父亲曾是好友关系。这个故事的最后几句是这么说的："我们通常希望有可能出现这样的情况，即'我们无意识的同情心凌驾于我们无意识的残忍心之上'，但世界在向前奔驰，而我们也极少能清楚地知晓自己到底要在多大程度上去理会他人的生活。"[6]

1842 年的某一天，有一个女人带着劝募许可，敲响了纳撒尼尔·霍桑家的门。在对付完这个女人之后，霍桑对仁慈这一人生准则做了反思。"在这个世界上，有如此之多的贫苦与不幸"，他在《美国随笔》中写道："乃至于我们说谁需要帮助时，随手拎出一个人就一准儿没错。哪怕我们被骗了，行善依旧是对自己好的事情，而且这些好处还不是那么一丁点。所以，我们应该多行善。"关于他碰到的这个不速之客，他回忆说，她看起来是一个"朴实的，体面的老妇"，但是带着一点"流浪汉的、居无定所的样子"。看着她穿过阳光与阴影，走完一条长长的大路，来到老宅前，他注意到她"步履蹒跚，似有点晕眩——却又不是那么晕眩——从道路的一边走到另一边；她就这样一直向前走着，就好像无论她是笔直前进，还是歪歪扭扭的走，总能走到终点一般"。霍桑承认自己对流浪汉有一种特殊的喜爱，无论对方属于哪种情况。他说："我们应允许这样的人走过我们富足的土地，将温柔与慈善的种子播撒其间——就像掠过的飞鸟带着珍贵的植物的种子，从一块土地飞到另一块土地。但我们不应向往从事这样的职业。"[7]

霍桑在《古屋青苔》的"生命的进程"一章中构想了一场盛大的游行，参加游行的人群从写满他们罪名的横幅下走过。邪恶与他们的罪行被紧紧地捆在一起。没有人愿意从代表"良善"的那条横幅下走过，因为所有合格的人都清楚地认识到自己的缺陷与过失。但是，代表爱的方队却有很多的人，而且这些人各色各样的都有。一边是一群男男女女，"他们的内心冲动引导着他们，做出善良的行为"；一边是"人道的圣使"——社会改革者们——"他们研究各类为人性所漠视的悲惨状况"，并试图减少监狱、精神病院、济贫院、工厂和种植园里的不幸。然后，一边是"人道的救助者"，他们"一生慷慨大方，虔诚地为整个人类而思考……他们一生就浸润在神圣的精神之中，乃至于围绕他们的空气都被净化了。由此，他们便得到了一个牢靠的根基，据此，他们才得以发起和完成良善和高尚的事情。"[8]

霍桑只反对其中一个游行者：一个富人。这个富人将钱遗赠给了一家医院。霍桑说，人们或许更能想起这个人的鬼魂，而不是这人活着时候的样子。他注意到，同时也提醒人们注意在那些走在"爱"之方阵中的人们，有人可能面带"羞愧"：他们爱所谓的"人道"，却不爱彼此。"每个人都用荆棘篱笆圈围住自己的正直之心。让一个好的基督徒去感谢一个好的异教徒，那是一件十分困难的事情；而让一个好的东正教徒抓住一个好的独神论教徒的手，然后将他们的造物主丢到一边去解决争议，那也是一件不可能的事情。"[9]

詹姆斯·罗素·劳维尔（James Russell Lowell）写了一首名为《朗佛尔先生的幻觉》（1848 年）的诗。在这首诗中，他提出，他希望那些遵循爱的原则的人在变得更为谦卑后，能过得更好。在这首诗中，一开头，年轻的朗佛尔先生（Sir Launfal）踏上了找寻圣杯之旅，然后他遇到了一个麻风病人，站在他的城堡门口行乞。那个乞丐瞪了他一眼，要赶他走。于是，他轻蔑地向他甩了一个硬币。数年之后，他带着满心的失望，回到自己的城堡，再次遇到这个乞丐，正在"为基督那恢宏的伟业"而乞求救济。这次，朗佛尔把自己剩下的发霉的面包皮掰了一半给他，然后又砸开溪流的冰块，给他舀了一碗水。在一阵耀眼的光芒中，这个乞丐变成了基督，对着骑士说：

> 圣餐犹存人间，确定无疑，
>
> 因为吾辈与他人分享所需之物，
>
> 重要者并非给予，而是分享，
>
> 因为只有赠予之物，而无赠予之人，是乏力的；
>
> 那些将自己与施舍一并献出之人，可令三人饱腹，
>
> 其自身，其饥饿的邻人，还有我。[10]

有时，只是象征性地给"饥饿的邻人"分享一些面包皮是不足以赢得神的赞许的，也不足以获得满足感。马洛斯（Marius）是维克多·雨果《悲惨世界》里的一个人物。他是一个穷人，但为他的邻人支付房租，以帮助他们不被赶出去。他知道他们遇到了困难，因为他能听到他们的呻吟声、脚步声，甚至呼吸声。这些声音透过那道隔开他们租住的房间的薄薄的墙壁，传了过来。他们看起来过得很不开心，而马洛斯，虽然十分同情他们的困境，却不想直接介入其中。后来，他知道了那个家庭的堕落。他严厉地责备自己没有更为努力地克服自己的厌恶情绪，给这个家庭更多的关心和注意。"难道不是在最卑贱的时候，这样慈善才是最伟大吗？"他这样自问。[11]

雨果将马洛斯的不满，即其对自己行为的不满，作为一个工具，用于推动故事情节的发展：马洛斯在墙上发现了一个洞，透过这个洞，他可以偷看隔壁邻居以及他们的访客的情况。这样，通过马洛斯的视角，雨果便能告诉读者们隔壁发生了什么。而他的内心愧疚，即没有更多也介入隔壁的家庭，也值得人们的关注，因为其反映出大西洋两岸有识之士日渐明晰的一种意识，即帮助穷人必定要持续地投入密切的关注，而不能仅仅依赖偶然的、冲动式的慷慨。公益改革家们提出的口号是："非施舍，做朋友"；他们的方法——他们称之为"科学公益"——包括彻底调查对方的需求及所涉事业，人际交往（朋友式的访问），以教育对方要有高尚的行为，以及鼓励对方劳动。[12]只是，令人疑惑的是，马洛斯的邻居——职业乞丐和敲诈犯——对改革家们的这些努力给予的回应，是不是会比砖工针对帕迪戈尔太太的友好来访所做出的回应更为积极一些呢？

科学慈善的倡导者们坚信，相比偶然的善意，向穷人散布"自助"

信念是一种帮助他们的更为有效的方式，也是一种践履"爱你的邻人，如爱你自己"这一信仰义务的更为有效的方式。然而，在关系紧密的地区，过去的慈善捐赠传统，还继续得到人们尊重。立陶宛格罗德诺州的尊敬的纳祖姆·加纳德（Reb Nachum Grodner，1811～1879年）是一个十分温和的学者，他甚至不想得到比犹太教教堂司事更高的职位。而且，他十分关心穷人，乐于帮助他们。由此，他获得了美名。"尊敬的诺彻米卡"（Reb Nochemka）按照为人熟知的方式，承担起了帮助寡妇、孤儿和病人的职责，并通过向富人——如果遇到的话——以及旅馆和酒店里打牌的人、酒鬼等募捐乞求资金来做这些事。"尊敬的诺彻米卡"，他的一个崇拜者说，"费了极大的劲来避免伤害他帮助的对象的感情，因为他自己也是一个穷人，能够深刻地领会穷人的自尊是一件什么样的东西"。有一次，他听说一个父亲没有钱给自己家刚出生的小男孩做割礼。于是，他就给了这个父亲足够的钱，并嘱咐他下次去科夫诺的时候，就带着钱去找那里的某个人，并按照他自己认为合适的方式来使用这笔钱。[13]

慈善是一种表达对他人的善意的方式，而服务则是另一种方式。罗伯特·路易斯·史蒂文森（Robert Louis Stevenson）完成了一次横穿大陆的铁路旅行。在这次旅行中，他对铁路公司的做法十分生气，因为铁路公司对乘客是否感觉舒适漠不关心，对于公司低效的运营给乘客造成的痛苦也不闻不问。由此，他得出结论："仁善是第一美德；一个人仁善的程度，决定了他开创事业的能力的大小。"同样是在这次旅行中，史蒂文森对列车上的报童印象深刻，因为他一直都很友好、快乐和周到。"每次我想起这个小家伙来来往往，从一节车厢到另一节车厢，满面春风，言辞文明"，史蒂文森写道，"我都能想到，一个好人要变成一个像他这样的善人是一件多么容易的事情啊"。[14]

陀思妥耶夫斯基的《卡拉马佐夫兄弟》（1880年）中有一个名为左斯马神父（Father Zosima）的人物。有个女人因为对人死之后的未知感到痛苦，来找左斯马神父。他向她建议，要"积极地爱"。他在这么说的时候，心里可能同时想到了慈善和服务二者。他告诉她：要"积极的和孜孜不倦地"爱你的邻人。通过这种方式，她的注意力就不再会集中于那一问题之上，并能感觉到上帝的存在、灵魂的不朽。这个女人说，她深爱人道主义，所以有时她幻想舍弃一切，来照料那些受苦受难的人，只要她服务的那些人能够真心诚意地表示感谢。左斯马神父回答说，积极的爱与她所幻想的爱是截然不同的：它要求人付出努力，要求人刚毅，要求人尊重，还要求人对自己和他人绝对地诚实。[15]

"邻人！"伊凡反对说。伊凡是《卡拉马佐夫兄弟》中的聪明的弟弟，同时也是一个无神论者。"邻人恰恰是人们所无法爱的。"[16]那些不太讲究、头脑迟钝的人们，也不管是否真的了解对方，就会去帮助他们（即向他们展示爱）。西蒙是托尔斯泰的小说《人靠什么活着》（1881年）里的穷鞋匠。他一直没有看到堕地天使米迦勒，直到他发现他全身赤裸，在路边的小礼拜堂里瑟瑟发抖。西蒙给这个陌生人披上一件外套，把他带回家，并允许他留下来做自己的助手。米迦勒是因为不服从上帝的谕旨而被逐出天堂的：他没有把一个生病的女人的灵魂带到天堂，而是试图延长她的生命，以使她可以照顾刚出生的两个孩子。为此，他所受到的惩罚是，在回答出如下三个问题之前，他只能待在凡间："人心里有什么，什么是人无能为力的，人靠什么活着。"

鞋匠的妻子愿意同这个陌生人分享这个家里很有限的资源。这给了米迦勒第一个问题的答案——人心里有爱。后来有个人来店里订了一双靴子，想要用到明年，而这个人在今天日落前注定是要死的。这给了米迦勒第二个问题的答案：人无法预知未来需要什么。之后，有一个女人带着两个小姑娘进了店门——这两个小女孩的母亲就是米迦勒曾经试图挽救的那个女人，但她还是死了——这个女人是这两个女孩的后妈，视这两个女孩如己出。这样，米迦勒就找到了第三个问题的答案。"人活着，靠的不是自己照顾自己，而是去爱"其他人。这个答案一定是符合上帝旨意的，因为在西蒙和他的妻子面前，"天使的背上突然长出了翅膀，然后一飞冲天"。[17]

有什么办法能使人改过自新呢，是依赖严厉的惩罚，还是仁善的救助？安东·契诃夫在他的故事《乞丐》（1886年）中写一个愁眉苦脸的人。他曾经当过乡村教师。他向一个名为科沃尔佐夫（Skvortsoff）的律师，讨要盘缠，以去外地谋一份新的差事。这个律师认出他来了：正是这个人在几天前用一个不同的故事骗过他。科沃尔佐夫是一个很和善、慈悲的人。他对这个骗子很愤怒。这亵渎了"他出于纯洁的心灵而喜欢周济穷人的一片好意"。但他没有扭头就走，而是决定试着让他做一份工作。"你能为我劈柴吗?"他问道。这个乞丐应承了下来。然后,科沃尔佐夫就把他带回家,吩咐厨娘把他带到柴火棚。由于长期酗酒,所以,这个人的身体很差,力量不足。他甚至没法劈完一小块木头。一个小时后,厨娘总算报告说木头劈好了。此后,科沃尔佐夫有时候又给这个名叫卢什科夫(Lushkoff)的人一些其他的活干,并最后推荐他去一个朋友的工作室,做一份抄写的工作。

两年后,这个人偶然遇见了科沃尔佐夫。卢什科夫现在已经是一名公证人了,挣的钱足以自足。科沃尔佐夫听到这个消息很高兴,认为是自己把他带到了节制和独立这条路上来的。卢什科夫对他的帮助表示了感谢,但说是厨娘的担忧和眼泪让他戒除了酗酒,而且也是这个厨娘帮他把木头劈完的。[18]

本章注释

[1] Samuel Taylor Coleridge (1772 – 1834), "Charity in Thought," in *The Poems of Samuel Taylor Coleridge*, edited by Ernest Hartley Coleridge (London: Oxford University Press, 1957), 486。首次出版于 1834 年。

[2] William James (1842 – 1910), *The Will to Believe and Other Essays in Popular Philosophy* (New York: Longmans, Green and Company, 1897), 27.

[3] William Makepeace Thackeray, *The History of Pendennis* (New York: Wm. M. Allison, n. d.), 457 (chapter 75).

[4] Anthony Trollope, *Can You Forgive Her?* (London: Oxford University Press, 1948), 1: 37 (chapter 4); Dickens, *The Mystery of Edwin Drood* (London: Andre Deutsch, 1980), 30 (chapter 4).

[5] W. S. Gilbert, "The Disagreeable Man," in Gilbert, *The Bab Ballads* (London: Macmillan and Company, 1964), 16 – 17.

[6] Sarah Orne Jewett, "The Spur of the Moment," in *The Uncollected Stories of Sarah Orne Jewett*, edited by Richard Carey (Waterville, Maine: Colby College Press, 1971), 165 – 171.

[7] Nathaniel Hawthorne, *The American Notebooks* (Columbus, Ohio: Ohio State University Press, 1972), 352 – 353 (August 30, 1842).

[8] Nathaniel Hawthorne, "The Procession of Life," in *Mosses from an Old Manse*, (Columbus, Ohio: Ohio State University Press, 1972), 215 – 217.

[9] Ibid., 217 – 218.

[10] "The Vision of Sir Launfal," in *The Poetical Works of James Russell Lowell*, (Bos-

ton: Houghton Mifflin Company, 1978), 108 – 111.

[11] Victor Hugo, *Les Miserables*, translated by Norman Denny (Harmandsworth, England: Penguin Books, 1987), 638 – 640 ("Marius," book 8, chapter 5)。马洛斯是该小说五大板块的第三部分；第 8 卷名为"败坏的穷人"。

[12] 关于"科学慈善"的主张与信条，参见 Robert H. Bremner, *American Philanthropy* (Chicago: University of Chicago Press, 1988), 85 – 99。

[13] "The Father of the Poor," in Nathan Ausubel, ed., *A Treasury of Jewish Folklore* (New York: Crown Publishers, 1948), 127 – 130.

[14] James D. Hart, ed., *RLS from Scotland to Silverado* (Cambridge: Harvard University Press, 1966), 104, 121。史蒂文森（1850~1894 年）在 1879 年完成了这次横穿大陆旅行。此前，他还坐船横渡了大西洋。

[15] Fyodor Dostoevsky (1821 – 1881), *The Brothers Karamazov*, translated and annotated by Richard Pevear and Larissa Volokhovsky (San Francisco: North Point Press, 1990), 55 – 58 (part 1, book 2, chapter 4).

[16] Ibid., 236 (part 2, book 5, chapter 4).

[17] Leo Tolstoy (1828 – 1910), "What Men Live By," in *What Men Live By, Russian Stories and Legends* (New York: Pantheon Books, 1944), 39 – 44.

[18] Anton Chekhov (1860 – 1904), "The Beggar," in *Stories of Russian Life*, translated by Marian Fell (London: Duckworth, 1914), 139 – 147.

第五部分

19 世纪 80 年代到现在

引言　能不是这样吗？

　　19 世纪末期的美国，出现了众多的非马克思主义的社会公益家和改革者。亨利·乔治（Henry George，1839～1897 年）正是其中之一。乔治对安德鲁·卡内基以及赫伯特·斯宾塞的其他门徒的观点提出了质疑。他们堪出，财富和生存状况的巨大不平等是不可避免的、自然的，这对于文明的演进也是必要的。乔治是一个高尚的人，也是一个虔诚信教的人。他并不相信"创造了整个世界的全宇宙的伟大建筑师"，会把世界弄得如此拙劣不堪，甚至在最发达的国家里，"绝大多数人尚挣扎在生死线上，他们费尽心思，吃尽苦头，还是只能过上困苦不堪的生活"。[1]

　　在出版了《进步与贫穷》（*Progress and Poverty*，1879 年）后没几年，乔治又写出了《社会问题》（1883 年）一书。该书为他赢得了美名，还有那大西洋两岸众多挚爱他的粉丝。这本书里有一章，名为"我们都应该做富人"。下面这段是这章的开篇第一段：

　　　　有些人说我们不能都做富人，还有人宣称人类社会一定会有穷人，我不赞同这样的说法。当然，我并不是说我们都要有一大群仆佣，还要互相攀比一下衣服、马车、球戏、餐食、宅邸。那这就错了。我的意思是，我们都能有点空余时间，享受舒适而又丰裕，甚至能算是典雅和奢侈的生活，而不是过得紧巴巴的。我并不是说要实现，或应实现所谓的绝对公平。我也不是说我们都应有，或者能有相同数量的不同形式的财富。我说的是，我们都应有足够的财富，以满足合理的愿望；我们都能有足够的物质，而无须从邻人那里夺取或骗取，而正是这些东西我们现在虽努力奋斗犹无所得；我们无须再整日担忧，或彻夜难寐，害怕陷入赤贫，或者思虑如何获得资财。[2]

20 世纪，由于相信人们有能力创造出一个或多或少没有贫困的社会，所以社会和政治改革者们都纷纷行动了起来。但他们，比如约翰·厄普代克的《贫民院义卖会》（1959 年）中的康纳（Conner），可能从未听说过亨利·乔治或爱德华·贝拉米（Edward Bellamy）。康纳是一个善良的人，但同时也是一个不受人欢迎的贫民院主管。他相信进步，将自身的信仰寄托于理性，并致力于"从人的本质中唤出秩序与美"。康纳私下告诉一些在他管辖之下的老人说，他看到了"一个大地上的天堂"，那里没有政治或经济压迫，没有浪费和贫穷，大概也不再需要慈善。"那个国度将接受一切的现状，并给予人们需要的一切东西。"康纳断言这个地上的天堂一定会实现，而且即将到来，虽然在他的听众的有生之年可能实现不了。在这种情况下，他们回答说："见鬼去吧。"[3]

让读者和听者对这正在实现的梦想的可能性，以及对它的情感拥有更多的话语权，那是一件多么好的事情啊。在上面引用的那段中，亨利·乔治用这样一句话作为结尾：

能不是这样吗？

本章注释

［1］ Henry George, *Social Problems*（New York：Doubleday, Doran and Company, Inc., 1930），72。首次出版于 1883 年。

［2］ Ibid., 70 – 72（chapter 8）. Cf. Edward Bellamy's vision of a poverty-free society established by collectivism in *Looking Backward*, *2000 – 1887*（1888）and *Equality*（1897）.

［3］ John Updike, *The Poorhouse Fair*（New York：Alfred A. Knopf, 1977），16, 106 – 108。首次出版于 1959 年。

第十三章　贫民、流浪汉与乞丐

卡斯瑞勒弗克是一座俄罗斯的犹太人小村（小村庄）。肖洛姆·阿雷先（1859～1915年）很可能小的时候在那里住过。在它的中心地带，有一座巨大、华丽的建筑，一块大理石铺在门上，上面刻着金色的希伯来文字：敬老院。卡斯瑞勒弗克已故的拉比，尊敬的尤兹弗（Reb Yozi-fl），曾提醒大家注意需要建设这样的敬老院，并带头募资建设敬老院。卡斯瑞勒弗克没有收容所。所以，人们可能会问，为什么不建一所收容所，而是要建一座敬老院？阿雷先的回答是，如果尊敬的尤兹弗提议建设一座收容所，那么找茬的人就会反对说："为什么不是建一座敬老院呢？"尊敬的尤兹弗单纯地相信，一个生病的老年人比一个生病的年轻人更应该得到同情。正如他的其他慈善事业一样，他只能向外面的人募捐，因为，如他的圣会中的成员所提到的："卡斯瑞勒弗克这个小镇上什么都没有，只有贫穷、困苦、萧条、贫瘠与饥饿。"[1]

这个拉比的第一个目标是一个莫斯科的承建商。他是一个犹太人，而且很明显，他非常富有。他负责监督穿越卡斯瑞勒弗克的铁路的建设工程。这个承建商的脾气很暴躁。所以，当尊敬的尤兹弗以及他的同伴没有事先打招呼就去他的旅馆里向他募捐的时候，他立刻就生气了。他对拉比的捐赠请求的回复是：朝拉比脸上扇了一个耳光。这下耳光扇掉了尊敬的尤兹弗的帽子和无边便帽，却没有动摇他的决心。就像格罗德诺州的"尊敬的纳祖姆"在类似情况下的做法一样，他告诉这个承建商说，他接受这个耳光。"那么，现在你打算给这些病弱的老人们一些什么呢？"[2]

在尊敬的尤兹弗离开旅馆房间前，悔悟的承建商已然同意建一所养老院。他践履了自己的承诺：在卡斯瑞勒弗克烂泥最多最深的地方，一座黄砖堆砌的建筑拔地而起。这是一座丰碑，纪念卡斯瑞勒弗克的虔诚与执着，虽然他早已离开了人世。不幸的是，这仅仅只能作为一座丰碑；养老院里并没有老人入住。卡斯瑞勒弗克有很多上了年纪的穷人，但这个镇却没有钱运营这个机构。阿雷先以及卡斯瑞勒弗克的人们，是这么评价这件事的："当他们梦想着能吃上好东西的时候——他们没有勺子，当他们有勺子的时候——他们又没有在做这个梦了。"[3]

安布罗斯·比尔斯（1842～1914 年?）写了一本叫《申请人》（1891年）的小说。在这本小说里，养老院的问题不是缺少捐赠，而是申请入住的标准太严。这座养老院的建筑远没有卡斯瑞勒弗克的养老院那样壮观，而它的设计风格，用比尔斯（Bierce）的话说，是一种"晕菜"的样子，因为它的建筑师"实在是把它搞得让人不忍看第二眼"。但是，为了建这栋楼，捐赠人花了很多的钱，然后又花了更多的钱来运营它。该养老院的捐赠人，遵循数世纪以来的习俗，即为某些老人建设"收容所"或救济院的做法，狠狠的从继承人手里刮走了 50 万块钱，"随手做了一次疯狂的捐赠"。[4]

该故事发生的时间离该捐赠人的捐赠义举时隔多年。相比海勒姆收容院里的住户，这家养老院里的 20 个住户非但没有心存感激，反而在抱怨和吵嚷方面不落下风；该养老院的院长不如特罗洛普的《巴彻斯特养老院》的哈丁先生那么仁慈；而且，由于没有捐赠人参与，所以负责运营这家机构的理事们是这样来安排的，即把它当作"为了惩罚不节俭的罪恶"而建的机构。[5]捐赠人的本意是为不幸的人们建一个避难所。而他的不幸是，在离开了很长一段时间，因为经济困难而回来的时候，因为没被认出来，所以竟然被拒绝入住该养老院，最后只能死在街头。

尊敬的尤兹弗，以及比尔斯故事里的劝募人都认为，老年的、贫困的男性比老年的、贫困的女性更为可怜。玛丽·E. 威尔金斯·弗里曼的小说《错误的善举》（1887 年）写了两姐妹：夏洛特（Charlotte）和哈里特（Harriet）。这两姐妹都是上了年纪，一个是瞎子，一个是聋子，还得了风湿病。她们住在一座老旧的、残破不堪的房子里，"看起来就像一个老树根一样，俨然是一堆废墟"。有个富人拥有这座房子的抵押权。他允许这对姐妹免费使用这座房子，而且还不收利息。对于他来说，这是一个微不足道的善举。对此，弗里曼评论说："他或许也该因此获得美名吧，那就是让松鼠们免费的住在他所拥有的树林里，住在那些正在腐朽的老树上。"[6]

年老和疾病逼着夏洛特和哈里特放弃了自己的裁缝工作。她们有一座小花园，里面有两棵还能长果子的树，还有几棵醋栗，以及一些四处蔓生的南瓜藤。周边农场的人会不时地给她们带一些小礼物，包括土豆、苹果、鸡蛋、黄油和肉。有一天，有一个邻居，西蒙兹太太（Mrs. Simonds），给她们带了一些甜面包圈。弗里曼形容西蒙兹太太是"一个机敏、精力充沛的人，决心要做慈善，而且的确做了很多善事。可以肯定的是，她老是按照她自己的方式来做慈善"。[7]她看到这两姐妹那惨败的房子，以及艰难的日常开支，感到大为惊骇。在没有问她们意见的情况下，西蒙兹太太就安排一个有钱的朋友给她们付了钱，让她们入住了女子养老院。

入住养老院与两姐妹的意愿相违，那种有教养的、文质彬彬的环境让夏洛特和哈里特感觉十分拘束。她们不喜欢精致的调味食品，每天穿着光鲜的衣服也令她们感觉是在犯罪，而且与其他拘谨的、端庄的住户为伍令她们感觉十分的不舒服。"没有什么能将这两个土气的老女人改造成优雅的老妇。"在待了两个月之后，她们逃了出来，试着找到了回到那所老房子的路。随着醋栗的成熟，南瓜藤的蔓生，这两姐妹又重新过上了熟悉的生活。

西蒙兹太太对这两姐妹生活的激烈干预，虽然是出于好心，但更像是在使用强权，而非做慈善。她安排她们入住女子养老院就是一个不合适、不谨慎的行为，这也正是为塞内加所曾警告的情况。[8]弗里曼强调这两姐妹的地位很低，行为粗俗，目的是说该慈善行为是错的，因为，至少部分上来说，该行为将这两姐妹抬到了高于她们自身地位的位置；虽然确有必要将她们从那所残破的房子里接出来，但也应该送到一所简单的、寻常的贫民院里去。

在小说中，多数但并非全部的济贫院属于禁地。在柳克丽霞·黑尔（Lucretia Hale）的《彼得金一家》（*The Peterkin Papers*，1880年）中，外出度假的彼得金一家花了数天待在新英格兰的一座宏伟的农庄里，结果后来发现这竟然是一座济贫农场。就算是不经世事的彼得金一家也不可能错认那时的英国贫民院，因为在那里，丈夫和妻子是分开住的：在亚瑟·库奇的《贫民》中，有一对老夫妇在入院的大门口互相致以斯多葛式的告别。与之相反，萨拉·奥恩·朱伊特在《贝琪·雷恩的翱翔》（1894年）中提到了缅因州拜福利特镇（Byfleet）上的一座快乐、舒适的贫民农场。三个老妇一边聊天，一边在充满了阳光的窗边剥豆子；小牛在谷仓前的空地上哞哞的叫；干活的男人相互喊着，好像他们是聋子一样。除了带着几个孩子的一个少妇怨恨自己的命运外，其他的住户都没有感到痛苦或不幸。"几乎所有人都有一个十分快乐的过往，虽然很少有人提及未来会如何。"在夏天的时候，很多人都回到了自己家，尽力找份工作来谋生。"苍老的年纪限制了他们的能力，也使他们陷入贫困；当他们非但没有抱怨现状，即成为镇上的拖累，反而十分喜欢这一改变，并对冬天能入住贫民农场感到万分激动。"[9]

贝琪·雷恩就是那些剥豆人中的一员；她的同伴是佩姬·邦德（Peggy Bond）和拉维妮雅·道太太（Mrs. Lavinia Dow）。邦德是个很"大条"的人，因此，她赢得了跟一个最惹人烦的人做室友的殊荣；道太太则扮演了这个贫民农场里受人尊重的、威严的仲裁官的角色。在过去很多年中，贝琪曾给拜福利特镇上最显赫的家族干活。她的雇主给了她一份丰厚的报酬，所以，她也曾有一些积蓄。但是，慷慨、不幸与疾病令其陷入赤贫。她在镇上还有不少朋友，但他们明智地判断，由整个镇来养活她比仅由部分人来承担要更为轻松。她来自一个爱冒险的、从事航海业的家庭。而这一故事的主题，即她的"翱翔"则也是一场航行。这场航行是一个老朋友送给她的礼物，目的地是费城，去参加费城百年纪念博览会。贝琪终于满足了看看这个世界的愿望，心满意足地回到了贫民农场。

艾德琳是乔治·吉辛的《乞丐护士》中的乞丐护士。她逃出来是因为有几个比贝琪的航行更为迫切的理由。由于时运不济，她只能向一座英国济贫院申请一个护士的职位。虽然她没有接受过任何训练，也没有任何的工作经验，但被这家济贫院接受了。这家济贫院给出的理由是任何人只要肯做，就能照顾好乞丐。于是，她怀揣着敏感与慈悲，开始了这份工作。她拥抱艰难，将帮助这些穷人视为一个宗教义务。她要连续12个小时照顾40个病人，而且照顾这些病人是很麻烦的一件事，病人们的要求也很高。所以，这份费力工作榨干了她的精力，导致她在一个垂死的病人床边睡着了。除了工作难做，工作时间长以外，她还要忍受如下问题：没有个人隐私，以及医生和其他护士对病人的漠不关心。最后，她认识到，要给病人们所需要的关怀是不可能的。在认识到这点后，她的心肠也开始变硬了起来。她发现自己也能悠然自得的忽略或虐待那些给她添麻烦的人。于是，这个小医务室开始变得越来越像弥尔顿的《失乐园》中的"麻风病医院"了。后来，在有了足够力量后，她从这个地方逃了出去，以重获理智、人性和自尊。[10]

当时，美国部分地区一度流行一种做法，即由出价最低者承担照顾穷人的事务——这是一个公共福利私有化的案例，但其经常被人们所忽视。杰西·斯图尔特的《山间贫民院》就提到了这种做法，并指出在田纳西州一个农村，这种做法一直到20世纪30年代还在用。有个投标人出价每个穷人每周2.3美元的费用，比其他人低了5美分。由此，他便赢得竞标。这个济贫院就是一个"斜坡小屋"，横跨过从看守屋子出来的小道；它斜面靠向的那头什么都没有，而且它整个就像一个带畜栏的简陋牛棚。它里面住着15个人，包括两个小孩和他们未婚的母亲；一个卧床不起的男人，大小便失禁；一个精神失常女人；佩格叔叔，他在矿山里丢了一条腿；一些其他的老人，身患各种各样的小病。看守叫他们是"一群婊子、歹徒和杀人犯"；他尽可能地克扣他们口粮的费用，以图每年获得678美元的利润。佩格叔叔这一形象促使斯图尔特尽自己的所能，推动养老金法案最终获得通过。[11]

19世纪80~90年代，美国的流行文学对流浪汉、乞丐和下等人有大量幽默、残忍、伤感，以及偶然现实的描写。[12]1894年，一个年轻的记者，史蒂芬·克兰（1871~1900年），发表了关于流浪生活的三段回忆录。这个记者之前也曾经出版过一本小说，名为《玛姬，一个街头少女》（1893年）。但这本小说基本没有引起什么注意，也没卖出几本。《站在暴风中的人》关注纽约街头的无家可归者，他们站在暴雪之中，聚在一起，排着队，等待慈善庇护所开门。这家机构只收五美分——价格是营利性廉价旅馆的一半——入住的人能分到一张床，以及一份早饭，包括咖啡和面包。大家都站在队伍中向前走，有的迈着"职业流浪汉典型的绝望的步伐"，而其他人则犹犹豫豫地向前走，好像这对他们来说是一个新事物一样。在拥挤的人群里，人们很难分清楚谁是失业的劳工，谁是把慈善视为理所应当的职业流浪汉。克兰认为，在这两类人中，失业的劳工是更有耐心的；他们从不面带愠色或挑衅之情，而是温和柔顺，"好像他们看到这个世界从他们身边呼啸而过，想要搞清楚自己是在哪里跌倒的，自己又缺少什么，乃至在这场跑步比赛中落败"。[13]

最后，庇护所终于开门了，人们开始往里挤，而克兰也就离开了。在另一篇短文中，写他有一天晚上待在一家便宜的旅馆里（收费 7 美分，而正常价格则是 10 美分）。他当时的经济状况也并不比流浪汉好多少，但他心中怀着中产阶级的情感，而且上百人同时呼吸，加上他们没有洗澡的身体把房间里搞得很臭，人们的呼噜声、咳嗽声、翻身的声音把房间搞得很吵，乃至于把这段经历装点成十足的"悲惨实验"。可能是从这个时候起，他开始听比利·阿特金斯（Billie Atkins）谈论他的旅程。比利·阿特金斯做了 16 年的流浪汉，依旧保持了任性、顽固的性格，就像一个小孩。有一天，当时他正在丹佛，却突然想要去奥马哈。而且，他之所以想去奥马哈，没有其他原因，只是因为他想去。他搭上货运火车。在火车上，他几次三番的被乘务员殴打，被扔下火车。这是一场折磨，但他坚持下来了，并最终还是搭着一趟运煤的火车到了奥马哈。一到那里，他什么都没做，而是找了个地方取暖，然后睡觉。在外面晃了几个小时后，他很幸运地在牢里找到了一个床位。在睡着前，他又情不自禁地想要在第二天早上回丹佛了。[14]

在克兰观察和描写纽约的流浪汉和游荡者的时候，一个年轻的英国人，W. H. 戴维斯（1871～1940 年），正在美国西部体验流浪汉的生活。他来美国原本是想找份工作的，但在 1893 年，工作是很难找的。而在一个"臭名昭著的乞丐"布鲁姆的带领下，他发现不用辛劳，人也能到处漫游，还过得很好。对于布鲁姆来说，乞讨是一门娴熟的技艺，"是一件让他乐此不疲的趣事"。他相信每条街上都有一个好撒玛利亚人；他或她可能住在这条街的最后一间房子里，但是或迟或早，布鲁姆都能把"他"找出来——或者，更为经常是"她"。戴维斯对布鲁姆的挥霍无度和厚颜无耻颇为折服。他从不洗弄脏的手绢或缝衬衣上的纽扣。相反，碰到这种情况，他就会直接扔掉，然后讨要新的。在身上的衣服还是干净的情况下，他便跑到一户人家那里，要求洗衣服，并讨要热水，如果有的话。[15]

戴维斯干了几分令人愉悦的工作，像摘水果等，但多数时候，他满足于"领着自己"从一地逛到另一地，靠施舍过日子，睡在篝火堆旁或空房子里。他的书，《一个超级乞丐的自传》（1908 年）并未美化流浪汉生活，或掩饰其中的艰辛与危险。他提到了一件事情，但并未展开讲，即有一次他想爬上一辆飞驰的火车，结果腿被火车轧断了，生生地被从身上割去。他写道："在有的地方，发现一个人，经常是陌生人，死在铁道上，而且经常是身体碎成很多块，没什么不正常的。而且，在验尸时，法医经常给出的结论是意外死亡，但是，我们却知道一些不同的事实。"戴维斯和他的朋友坐在货车的顶上，以防被司闸员打，或者如果被打了，也能减少自己的劣势；因为流浪汉或司闸员都可能从车上滚下去。[16]

戴维斯认为这种流浪汉的生活很有趣，也很有教育意义，足以让他满足 5 ~ 6 年——就像后来的年轻人上研究生的时间一样长。在约 30 岁的时候，他回到英格兰，靠自己祖母留下的一点补助生活，最后以诗人的身份赢得了社会的认可。萧伯纳（George Bernard Shaw）曾为《一个超级乞丐的自传》作序。在这篇序文中，他表达了自己的尊敬之情，并感慨在戴维斯"活得像一只宠物鸟，靠讲小段子生活"的时候，自己还在挣扎求生。宠物鸟从不会对自己依靠别人生活而感到惭愧，而戴维斯也不会感到惭愧。戴维斯回忆说：在美国，"只要你张口要就能得到食物……经常是一求就能有，人们似乎都毫无顾忌，十分慷慨"。[17]

19 世纪晚期的俄国，那里的农民恐怕是无法体会戴维斯在美国和加拿大体会的慷慨大方和热情好客。马克西姆·高尔基（1869 ~ 1936 年）出生在一个贫困家庭。他在年轻时曾做过乞丐；他的作品提到他和同伴曾遭遇过的审讯，以及他们有时给自己惹的麻烦。他们的流浪多数是靠步行，而且是长途跋涉；在严酷的天气和糟糕的环境下，能找到一个好地方过夜也不是一件容易事。《滚动的石头》中的叙事人在一个小镇上，走过一个又一个窗口，一边哭着一边哀求："请让我寄宿一晚吧！"有的人告诉他去找隔壁的邻居，其他人则让他滚开。"滚开"，一个女人吼道，然后又添上一句，"我的老公在家呢"。[18]

在高尔基的时代，为了自保，俄国的流浪汉大都三五成群，结伴而行。他们待在一起不是因为感情，相互之间也不信任，而且不会多说自己的过往，仅仅是因为现实的需要。《草原上》的叙事人告诉我们，他"总是自认为比人要好，并且成功地保持了这种观念，一直到现在"。不过，他刻画出自己那流浪汉生活的景象。有个新加入他们队伍的人说自己曾是莫斯科大学的学生。叙事人和他的同伴对这些话的真伪并不关心。对于他们来说，他是一个学生也好，还是一个小偷也好，并没有什么区别。

> 对我们来说，唯一重要的事情是，在我们刚认识的时候，他就跟我们处在同一水平。换句话说，就是：他正在挨饿，吸引了各个镇上警察的特别关注，也是各个小镇农民怀疑的目标。他就像一只虚弱的、被压制的、饥饿的野兽那样，怀着对所有人的恨意，想要大开杀戒——简单来说，他跟我们就是一个样子。[19]

高尔基的自传体小说《我的旅伴》的故事情节发生于1891年的夏、秋两季。马克西姆很同情夏克洛（Shakro），并和他做了朋友。夏克洛当时是20岁，自称是佐治亚王子，并称自己的护照和财产都被偷了。他们两个人从乌克兰的敖德萨省走到格鲁吉亚的第比利斯省，一共走了4个月。马克西姆沿路打各种零工；而夏克洛则对工作这件事十分鄙夷，他占马克西姆的便宜，并假装是瘸子，从鞑靼（穆斯林）村民那里要施舍。后来，他们到了第比利斯省。夏克洛就消失了，连一句对马克西姆的帮助的感谢的话或其他表示也没有留下。而马克西姆非但没有怨恨夏克洛的做法，相反，他还把夏克洛的夸口、脆弱和心口不一当成自己一种消遣和感情，记在心里。[20]

图森特（Toussaint）①——之所以被取这个名字，是因为人们是在万圣节那天在水沟里发现他的——毫无必要假装成跛子：在他还是小孩的时候，他的双足就在大路上被一辆马车碾碎了。他从小靠别人的慈善施舍养大，没有接受过任何教育，又不能干任何体力活，你说他除了伸手要饭以外，还能干啥？居伊·德·莫泊桑（1850~1893年）就是这么设定这个人物的。围绕这个人物，他写了一个关于法国农村的一个乞丐的

---

① 图森特，意为万圣节。——译者注

悲惨的故事。以前，当地的一个男爵夫人还给图森特一个地方住（农庄鸡舍旁边的一个小屋），让厨房里给他一些面包和苹果酒，这位老太太还不时扔给他几个铜子儿。但在老太太死了之后，事情就变糟了——他成了为吝啬、硬心肠的农夫们所讨厌的，而非同情的对象。他们想要他滚去其他地方，去招惹其他人。图森特基本没有注意到，在他乞讨的地域之外，即4个小村庄之外，还有一个巨大的世界。"他生活在人群中间，却像树林中的动物一样，既不和任何一个人交往，也不爱任何一个人"，直到他死去，结束了他那悲惨的一生。[21]

就像边境上的海关总是要收关税一样，一群乞丐在马德里的圣·塞巴斯蒂安教堂里向信徒的善心征税。他们很有策略地占据了教堂的庭院、入口、走廊和过道。所以，除非是飞檐走壁，从房顶进出，否则人们就没法避开他们。有的地方的人流量要更大一些；这些地方就被那些"老人"霸占了，他们因为自己的老资格，而能霸占这些地头。而且，他们也还从所有乞丐的教友那里要到的施舍中抽水，并要占大头。

贝尼纳（Benina）是贝尼托·佩雷斯·加尔多斯的《慈悲心肠》（*Misericordia*，1897年）中的女主角。她不是个"老人"。她靠要饭来养活自己的女主人。这个女主人曾经是一个富有的寡妇，结果在困难时期陷入了贫困。后来，这个寡妇经过漫长的期盼，终于如愿以偿地得到了一笔遗产。然后，她的家庭就把贝尼纳赶出了家门，理由是她的存在总是唤起他们对不久前穷苦日子的回忆。贝尼纳重又干起了乞讨的活，来养活自己，外加一个瞎眼的乞丐；然后，一个好心的牧师出手相助，帮助他们实现了温饱。

加尔多斯（1845~1920年）将贝尼纳刻画成为这样的一个人物，即拥有虔诚信仰，并由此投身于造福他人的事业之中。她并不积极地寻求施舍，而是心怀感激地接受施舍，即那些按照上帝指示的方式提供给穷人的施舍。贝尼纳、瞎眼乞丐，以及这部小说中的其他人物都是基于加尔多斯亲眼所见的人物而写出来的。加尔多斯曾到马德里最穷的地方，研究和观察那里最穷的地区的人们的生活情况。[22]

在东欧的犹太人居住区里，挣钱的机会是很少的。所以，有的穷人，被称为游浪人（*urimeleit*），虽然尚不至于完全沦为乞丐，但还是要靠运气才能谋生。为了减轻周边邻人的负担，这些游浪人会去其他的犹太人居住区，将他们的背包塞满食物，来养活自己的妻子和孩子。他们离开家乡，来到异乡参加安息日前夜的犹太人集会，按照惯例，参加集会的本地人应邀请他们中的一个人到家里吃安息日餐。在犹大·斯坦伯格的故事《金色的安塞尔先生》中，两个游浪人比较了在穷人家和富人家吃饭的优劣势。一个人说，他想受邀去穷人家吃饭，因为那样能吃得更多；而富人每天都吃得很好，不知道什么是饥饿的滋味；仆人刚放下盘子没多久就会端走。另一个说他想受邀去富人家吃饭；富人的生活都很单调无聊，因此十分渴望听到一些新鲜事；在他们听你的故事的时候，你也能顺便把自己喂饱。神让他们实现了各自的愿望——但这只是斯坦伯格编的一个故事。[23]

为什么人们要向流浪汉和乞丐施舍呢？在约翰·里德写的一个故事里，一个咄咄逼人的，不知感恩的流浪汉，刚刚吃完三天里的第一顿饭，就把他的恩主的关心说成是为了满足他自己的自负以及高人一等的感觉。如果我们要容忍这种事情的话，那就会降低受益人的自尊。[24]而约翰·高尔斯华绥（1867～1933年）则更为坦率地解释了为什么一个繁忙的作家，被一个吐着酒气的，念叨着不幸的故事的人打断了工作，还会给他钱，让他、他的女人，还有他的狗去伦敦。他这么做是想让他们赶紧走。[25]

你能够赶走穷人，却没法把他们从你的脑子里赶出去。I. L. 佩雷茨（1851～1915年）的故事中的叙事人就遇到了这样的尴尬，他遇到了一个七八岁的小男孩，向他要5个戈比（约合5美分），为度过这一夜。这个叙事人虽然在华沙犹太人居住区施粥厂里做志愿者，但他并不富裕，也没有宗教信仰。第一天晚上，这个男孩既没有叩问他的心门，看他是否同情，也没有唤起他的思考，看他是否能出这笔钱，而只是单单地请他主动把钱拿出来。第二天晚上，这个男孩又来了，而叙事人也就更加慎重了：如果自己是信教的，那么他或许应该考虑一下这一善行是否值5个戈比，而在犹太人集合上表现自己的热情似乎要来的更为廉价，且同样有效。但因为他并不信教，所以他只会虑及这个男孩个人的幸福，那么，他就应该决定不给这个男孩这笔钱，以劝对方不再行乞。尽管他的想法很好，但最后他还是给了这个男孩5个戈比，然后心里感觉舒服多了。

　　第三天晚上，他给这个男孩上了一课，讲乞讨的罪恶，给了他钱，然后告诉他不要再去要饭了。第四天晚上，他不再理会这个男孩的乞求，然后整夜无眠，痛苦不堪，一直在想这个男孩是否找到一个栖身之所，以躲避风雨和寒冷。如果他是信教的话，那他就能睡得很香，因为他应该知道天堂是为这个男孩准备的。第五天早上，当他发现这个男孩还活着，活蹦乱跳的时候，他感觉释然，于是便给了他 10 个戈比。第六天，他没有给这个男孩钱，也没有说教或责骂，但心里还是觉得对不住。诚如他那虔诚的祖父所说的，一个不信神的人的生命中满是各种心酸与对未知的不安。[26]

本章注释

[1] Sholom Aleichem, *Inside Kasrilevke*, translated from the Yiddish by Isidore Goldstick (New York：Schocken Books, 1965), 207 - 222。肖洛姆·阿雷先（希伯来文意思是"愿和平与你同在"）是所罗门·拉比诺维茨的笔名。他用意第绪语写了超过 40 本的故事书、小说和戏剧。

[2] 关于尊敬的纳祖姆为穷人们所做的事情，参见第四部分第十二章。Nathan Ausubel, *A Treasury of Jewish Folklore*, 127 - 130，提到了一个故事，说尊敬的纳祖姆被一个潜在捐赠人扇了一个耳光，但继续为穷人恳请救助。

[3] Aleichem, *Inside Kasrilevke*, 222.

[4] Ambrose Bierce, "The Applicant," in *The Midst of Life*, *Tales of Soldiers and Civilians* (1891), *The Collected Works of Ambrose Bierce* (New York：Gordian Press, Inc. , 1966), 2：281 - 282.

[5] Ibid. , 283 - 284.

[6] Mary E. Wilkins Freeman, "A Mistaken Charity," in *A Humble Romance* (New York：Harper and Brothers, 1887), 234 - 237。弗里曼（1852～1930 年）是"地方色彩派"（"local color school"）作家们团体的领导人。《卑微的浪漫》（*A Humble Romance*）是她的第一部关于马萨诸塞州乡村生活的作品集。

[7] Ibid. , 239.

[8] 参见第一部分第一章。

[9] Sarah Orne Jewett, "The Flight of Betsey Lane," in *A Native of Winby and Other Tales* (Boston：Houghton Mifflin and Company, 1894), 177 - 178. "The Paupers" is in Arthur Quiller-Couch, "Short Storied" (London：J. M. Dent, 1944), 34 - 43.

[10] George Gissing, "The Beggar's Nurse," in *Human Odds and Ends* (New York and London：Garland Publishers, Inc. , 1977), 238 - 243。首次出版于 1898 年。吉

辛（1857～1903 年）是一名成功的英国作家。他死后，名声一度低落，但 20 世纪 60 年代再次成为热潮。关于麻风病医院的内容，参见 Milton, *Paradise Lost*, Bookd XI，本书第二部分第五章亦有提及。

[11] Jesse Stuart, "Mountain Poorhouse," in *Head O' W-Hollow* (New York：E. P. Dutton and Co., 1936), 118 – 121。关于在肯塔基州的生活状态，斯图亚特（1907～1984 年）写了不少故事、诗作、小说和散文。1935 年的《社会保障法》开启了美国社会福利的新时代，其建立了联邦退休和失业金保险，并由联邦向州拨付救济款，以帮助老人、盲人和无法独立生活的儿童。自 1939 年起，该法之修正案扩大了覆盖范围，提高了福利水平，使其成为美国消灭老年人贫困问题的主要举措。

[12] 代表作包括 Bret Harte, "My Friend the Tramp" (1885), in Harte's *Complete Works* (New York：P. F. Collier and Son, 1904), 1：229 – 239；Richard Harding Davis, "The Hungary Man Was Fed" (1892), in *Van Bibber and Others* (Garden City, NY.：Garden City Publishing Company, 1920), 47 – 53；and W. S. Porter [O. Henry], "The Cop and the Anthem" (1902/1903), in *The Four Million* (New York：Doubleday, Page and Company, 1919), 90 – 100。关于下等人文学作品的流行风潮之讨论，参见 Robert H. Bremner, *From the Depths* (New York：New York University Press, 1956), 98 – 107。

[13] Stephen Crane, "The Men in the Storm," in Thomas A. Gullason, ed., *The Complete Short Stories and Sketches of Stephen Crane* (Garden City, NY.：Doubleday and Company), 177.

[14] "An Experiment in Misery," ibid., 139 – 147；"Billie Atkins Went to Omaha," ibid., 163 – 169.

[15] William H. Davies, *The Autobiography of a Super Tramp* (London：Jonathan Cape, 1955), 35 – 36。首次出版于 1908 年。

[16] Ibid., 37。这句话暗示，那些人是被车上的员工扔下车去死掉的。

[17] Ibid., 35。萧伯纳的评论在第 10 – 12 页。

[18] Maxim Gorky, "A Rolling Stone," in *Tales From Gorky*, translated by Nisbet Bain (New York：Funk and Wagnalls Company, n. d.), 82。高尔基是阿列克塞·马克西莫维奇·彼什科夫（Alexsey Maximovitch Pyeshkov）的笔名。他的第一个故事发表于 19 世纪 80 年代，而他的戏剧《在底层》（*The Lower Depths*）则发表于 1902 年。他在如下作品中提到了自己早年的生活：《我的童年》（1913 年）、《在人间》（1916 年）和《我的大学》（1923 年）。

[19] Gorky, "In the Steppe," ibid, 20 – 21.

[20] Gorky, "My Travelling Companion," in *Selected Stories* (Moscow, U. S. S. R.：Progress Publishers, 1981), 56 – 106 passim.

[21] Guy de Maupassant, "The Beggar," in *The Old Number* (New York：Harper and Brothers, 1889), 153 – 163.

[22] Benito Perez Galdos, *Compassion*, translated from the Spanish *Misericordia* by Tony Talbot (New York: F. Ungar Publishing Company, 1962)。首次出版于 1897 年。

[23] Yehudah Steinberg (1863 – 1908), "Reb Anshel the Golden," translated from The Yiddish by Nathan Ausubel in Ausubel, *A Treasury of Jewish Folklore*, 569 – 570.

[24] John Reed, "Another Case of Ingratitude," in *Adventures of a Young Man*, *Short Stories From Life* (San Francisco: City Lights Books, 1975), 47 – 50. First Published in *The Masses*, 1913。里德（1887~1920 年）因为同情下等人，怀疑中产者，所以没有反驳这个流浪汉的话。

[25] John Galsworthy, "Philanthropy," in *Caravan* (New York: Charles Scribner's Sons, 1925), 219 – 222。这个故事写于 1922 年。

[26] I. L. Peretz, "The Poor Boy," in *Selected Stories*, edited by Irving Howe and Eliezer Greenberg (New York: Schocken Books, 1974), 144 – 149。佩雷茨是一个波兰诗人、小说家和戏剧家。他用希伯来语和意第绪语写作。这个故事的完整版本出现在 Peretz, *Stories and Pictures*, translated from Yiddish by Helena Frank (Philadelphia: Jewish Publishing Society of America, 1906)。

第十四章　现代公益与团队式的慈善

现代公益成型于 1885~1915 年。那时，有很多百万富翁，如安德鲁·卡内基，约翰·D. 洛克菲勒等富豪着力探索处置他们的剩余财富的实用的、社会化的有效方式。因为他们的财产十分庞大，所以他们想要一个一劳永逸的方式：简单地帮助寡妇和孤儿，或者受伤的旅者，捐一些钱已不足以解决问题。一般来说，他们偏爱赞助——或者用洛克菲勒的话来说，是投资于——教育、科研和文化机构，因为，用卡内基的话来说，这似能"极大地、极为正面地促进贫者的抱负……推动他们努力改变自己的命运"。他们并未遵循耶稣给富有的年轻人的建议，出售所有的财产，然后分给穷人，因为他们相信这种做法弊大于利，而且这也褫夺了他们对自己的财富该如何使用的决定权和相关责任。卡内基和洛克菲勒区分了公益（Philanthropy）和慈善（Charity）。"最佳的公益"，洛克菲勒说，"并不等于人们所称的慈善"。根据卡内基的观点，百万富翁所做的最糟糕的事情是，把他的钱给"不可矫正的穷人"（unreclaimably poor）。[1]

和那些富豪博爱家们一样，传统的慈善组织也十分流行由几个团队向穷人提供帮助的做法。在 19 世纪 80 年代及之后，很多美国城市里的救济机构，模仿伦敦慈善组织协会（London Charity Organization Society），组成联盟，以消除重复救助的情况，并减少成员机构之间的竞争。这些"团队式"的慈善组织（charity）尝试规训普通捐赠人的慈善冲动，即将他们随性的捐赠变成系统性的；科学地分辨值得帮助和不值得帮助的申请人，即使用登记注册、调查、尝试安排工作和咨询建议等方法。

约翰·波义耳·奥莱利（1844~1890 年）是一个爱尔兰诗人，同时也是《波士顿引领者》（*Boston Pilot*）的编辑。对于像他这样的批评家而言，此类团队式的慈善，恰恰展示出了自私主义，以及银行家、商人的吝啬态度。他在诗作《在波西米亚》（1886 年）中，将艺术家、作家，以及学者群体的仁慈、慷慨、提倡节俭和等价交换的社会的冷酷，小心翼翼做了对比。奥莱利哀叹道：

> 这盛大的宴会就是一个粗俗的骗局，
> 拿着沉甸的钱袋就把自己当成了神；
> 有组织的慈善，吝啬而又冰冷无情，
> 美其名曰审慎理性，其实精于算计。
> 冰冷的笑容，伪装出来的尊重恭敬，
> 就这样面对穷苦兄弟们的苦苦哀求，
> 唯一的想法是尽可能的少花个银圆，
> 任凭兄弟在那哽咽哀号，泪流满面。

　　针对波西米亚的有组织的慈善，奥莱利提出的替代方案是"一颗仁善的红心噗噗地跳动，一只友好的手紧紧地握住"。[2]

　　威廉·狄恩·豪威尔斯对慈善（包括传统式和团队式两种）的态度，是模棱两可的。1896 年，他写道，从宗教的角度来看，慈善是一个简单的问题，但如果从市民和公共政策的角度来看，那么慈善又成了一个复杂的问题。现在，我们尽力想把宗教和公民义务调和起来。"我们做的好像只要按照基督指示的方式来捐……就会是世界上最大的蠢事一样"，于是我们尝试调整我们的捐款方式，以满足各种汹涌而来的需求。"因为对于绝对的赤贫而言，只要有那么一丁点儿的东西，就比什么都没有强，所以，我们就拿出最少的一点东西，给最需要慈善救助的人，对付一下就当完事了。"[3]

　　豪威尔斯（1837～1920 年）在波士顿和纽约的团队式慈善机构里成为"友好访问"志愿者，所以他能亲身体会"它们内部的功与过"。他很支持那些团队式机构想做的很多事情，比如调查个案的实情，在可能时向穷人提供工作等。但他对这种做法持保留意见，因为这种做法不问需求，不看价值，"来者不拒"。他曾为他走访的人安排工作，却都失败了。这证实了他的怀疑，即"所有真心想找工作的人都能找到工作"这个假设是靠不住的。豪威尔斯写了一本名为《危险的新财富》的书。该书中的叙事人，巴泽尔·马彻（Basil March）评论虽然得了他一个铜板的流浪汉可能是个骗子，但这至少说明我们社会上广泛存在着一种不值得救助的所谓的困苦的情况。"可能"，豪威尔斯总结说，"如果我们让有实力的富人只救助值得救助的穷人，而把那些不值得救助的人排除出去，而且如果我们不富裕的话，也不应出手，这样做就算是公平了"。[4]

论及值得和不值得救助的穷人的各种主张，萧伯纳（1856～1950年）的看法与富豪博爱家与团队式慈善组织的观点皆不一致。在萧伯纳的眼里，那些诚实、勤奋和"有抱负"的穷人是最不需要救助的，而且一旦提供救助还有极大可能令其道德败坏。至于是否应救助那些不值得救助的、"冥顽不灵"的穷人，则是一个更具挑战性的问题。为了说明这个问题，萧伯纳引用了一个他在大不列颠博物馆里看到的抄写员的例子：她能力不足，也不太可靠，无法抵御美酒的诱惑，"因此她的世界就成了一团愁云惨雾——和那些瞎子、聋子、残废、疯子，以及其他身上有残疾或受过伤的人一样悲惨"。这些和她一样的人都需要帮助，萧伯纳争论说，那么他们到底是不是"值得救助"呢？歧视这些人的做法导致了一种"近乎狂热的个人主义，以及对传统'慈善'的痛恨，将之视为最恶劣的社会犯罪"。[5]

萧伯纳承认，从经济上来说，以私人的善举满足那些不值得救助的人的无端需求，是不现实的。但帮助他们，他说，"是一个公共义务，就像强制推行环境卫生一样，应由公众来承担"。慈善不是社会责任的替代品，但仅就公共济贫的发展与人道取向而言，其中所包含的同情的态度，以及对不幸者的关切——这也是慈善一直以来的动力所在——是不可或缺的。[6]

"你不能把他们变成乞丐，因为事情无须如此开始。他们已经是乞丐了"，在拉迪亚德·吉卜林的故事《巴达利亚·西罗多德福特的记录》（1890年）中，一个住在贫民窟的人如是说。[7]然而，对穷人变成乞丐的担忧，纠缠着处于世纪之交的博爱家和团队式慈善组织的工作人员，就像其纠缠一个世纪后的政策制定者和投票民众一样。萧伯纳在《百万富翁的社会主义》（1896年）一书中感叹道，随着乞丐化的情况日趋明显，纳税人就越来越依赖博爱式的资助（philanthropic grants）或补贴来支持公共机构,如收容所等。故而,他认为:"对于百万富翁而言,一个安全规则是什么都不要为公众做,任何超越个人之上的事情都应由公众自己来做(其自己也能做),而不需要他的介入。"以此类推,萧伯纳建议公共事业的赞助人,"绝对不要给公众所想要的东西,而要给他们缺少的、实际上没有的东西"。他赞扬约翰·罗斯金(John Ruskin)的做法,罗斯金给谢菲尔德城捐了一座博物馆——他之所以捐建这座建筑,是因为他认为,通过这种方式,这里的人可以开心地换种方式度周末,而不是成天喝酒打发时光。萧伯纳引用罗斯金的例子,是想说明一个富有的艺术、建筑和学术爱好者如何能为公众创造需求,或至少是提升他们对美和文化的兴趣。[8]

现代公益重新关注捐赠人财富来源的问题。"不可否认的是,有很大一群人,他们的巨大财富是通过掠夺的方式得来的",自由派牧师华盛顿·葛雷登(Washington Gladden)如此说道。那么,宗教和教育机构能否在接受这些带着欺诈、腐败和不正当竞争记号的钱的同时,又不会因此而对这些掠夺方式心软呢?在多数情况下,实用主义的观点,即支持收下钱的看法,淹没掉了道德家们的反对意见。[9]萧伯纳在《巴巴拉少校》(写于1905年,出版于1907年)表达了对这个问题的看法。在这出戏中,有一家救世军庇护所因为缺钱,所以马上就要关闭了。结果,它得到了一笔麻烦的钱,又活过来了。这笔钱是由鲍吉尔(Bodger)的威士忌酒厂捐赠的。此前,还有一笔捐款是由军火商安德鲁·安德谢夫爵士(Sir Andrew Undershaft)提供的。巴巴拉少校是安德谢夫的女儿,她反对接受这些带有污迹的钱,因为这些钱上沾满了由酒精和战争引起的毁灭与死亡的邪恶气息。另外,这家庇护所的女主管则满心欢喜地接受了这些钱,把它们当成了天国对她的祷告的回应。于是,巴巴拉的幻想破灭了,痛苦地摘下救世军徽章,别在她父亲的衣领上。

萧伯纳对待有污迹的钱的态度是"要么全部接受,要么全盘否定",颇似卡莱尔对待改革的蔑视态度。在《巴巴拉少校》的"前言"(1906年)中,他说道,认为有的钱应被视为是带有污迹的观点是不切实际的:所有用于公益的钱都是有污迹的,因为它们来自租金、利息和利润。这就意味着其必然"会导致犯罪、酗酒、卖淫、疾病和由贫苦滋养的各种邪恶的果子"。人们无法以个人的正直施行拯救,"而只能凭借整个国家矫正它的罪恶、懒惰和无序竞争"。[10]在这出戏结束前，巴巴拉承认她在救世军中的工作是对现实世界的逃避，把自己的背对着鲍吉尔和安德谢夫等一类人。而这类人的影响力和权力深入每座教堂，每家医院，每个庇护所，所以，她实际上是把自己的背对着自己的人生。死亡与毁灭的批发商是不能凭祈祷或谴责就被摧毁的，要靠就只能靠暴力。[11]

安德谢夫带着他的家人在示范小镇和工厂里转了一圈。那些军火就是在这里生产出来的。在他们转的时候，安德谢夫回想起自己当年从年轻时的贫困到成熟后的有钱有势的情景，这一路上满是拼命挣扎。"我曾是一个危险的人，直到我有了自己的心愿才变了样：现在我是一个有益社会的、仁善的、和蔼的人。这就是一条自我成就的百万富翁的人生路。"[12]和其他"成功的无赖"一样，他也受到了人们的尊重，并为全社会所极力倚重；作为回报，他厉行公益，捐建教育机构，支持其他良善宗旨，但在内心里鄙视所谓的同情、爱心或宽恕。这个自我成就的百万富翁的人品没有丝毫的改变。萧伯纳说，如果你不对他大加赞美，而是把手伸进他的钱袋，或是想要削弱他的权力，那么他立刻就会剥掉伪装，做回那个强盗资本家。[13]

爱德华·摩根·福斯特在《霍华德庄园》（1910年）中写了一场关于"我该如何处置我的钱？"这一话题的讨论。但在这场讨论中，他并未涉及诸如钱的来源，以及钱是否带有污迹等问题。参与这场讨论的是一群女人，她们一起给人群中的一个人提建议。这个人假装说自己准备要留遗嘱了。这个人说她想给当地捐建一座艺术馆，但也愿意听听不同立场的人谈谈她们各自的看法。这些女人就扮演了不同的角色，比如，历史遗迹保护倡导者、民主运动鼓吹者等，并针对她们的事业提出很多理由。最后，财富的持有人并没有接受这些人提供给她的建议和理由，也没有接受她儿子和忠仆的请求，而是宣布准备把自己的财产捐给国家。

这真是个跟大家的想法反着来的决定，而这正和这场讨论本身是一样的。在这场讨论中，福斯特以一种不同的视角，审视和品评了1910年左右流行的公益理念和实践。他文中的女主角，玛格丽特·施莱格尔（Margaret Schlegel），也即这场讨论的领导者，质疑为所谓的崇高目的，比如，推进民主化、提升全人类等，做捐赠的意义。她相信在世界的现有状态下，帮一个人，或者至多几个人，是那些博爱家们所能企望的事情。玛格丽特成功地让这群人聚焦在这一问题上，即该如何帮助一个有点雄心的年轻人，使他摆脱贫困和下等地位的束缚。这些女人们比较喜欢这种方式，即帮助他改善现有处境，但不损害他的自立之心。比如：给他争取到去图书馆、博物馆、辩论和身体锻炼俱乐部的机会；让他去外国巡游；给他关于举止和着装的建议；鼓励他不懈地努力；等等。"简单地说"，福斯特如此总结这场讨论，"可以给他任何东西，但钱本身除外"。而玛格丽特的建议则是给这个年轻人以及同样情况的人一些钱，使他们的生活有所改变即可。"给他们一个机会"，她劝说道，"给他们钱。但不要当他们像小孩子一样，给他们准备诗集和火车票。给他们足够的钱，让他们自己去买这些东西"。[14] 玛格丽特的主张当时应者寥寥，但数年以后却成为支持学术和艺术的公益事业的通行做法。

　　慈善组织之所以要变成团队式的，其目的之一是想通过使用授薪或志愿的施赈人员，根据普通捐赠人所无法获知的信息，来做出慈善救济决定，以减少之前工作中存在的猜测与臆断的成分。这件事听起来很合理，但就像慈善捐赠的其他方面一样，受到了人们广泛的批评和质疑。安布罗斯·比尔斯称团队式慈善组织中的这些"专业施赈人员"是"认为施赈与捐赠更有福，就跑来干这个的博爱家们"。虽然他有点愤世嫉俗，但他依旧相信专业施赈人员还是有点用的。"他是一个被锈住的水龙头，没法很轻松地打开。他帮助那些无情无义的人分发赈济，就凭那些人的善心，除非是给他自己，否则是不会给一个子儿的。"迈蒙尼德可能会认为这些服务是值得称赞的，而对于比尔斯而言，团队式慈善组织不值得赞赏："如果把众多的德行从上到下排个队的话，那么它的高度也就一个啤酒瓶那个高。"[15]

　　激进派，比如约翰·里德（John Reed，1887~1920年），认为团队式慈善组织的目的不在于使慈善捐赠合理化。相反，他认为此类组织是资本家（如鲍吉尔和安德谢夫）手中的工具，以使劳工一直处于被奴役的状态。里德在《慈善的犯罪》（1917年）一书的引言中大骂团队式慈善组织，以及它们的"管理者、调查员、办事员和募捐师的联合军"。这本书是记者康拉德·贝尔科维奇（1881~1961年）的作品，是对这一"美国最大的工业之一"的一次扒粪式的批判。[16] 书中的叙事人是一家慈善机构的调查员，他报告了一个母亲尽力养活自己的孩子（她努力工作，以在慈善组织给的补贴之外再挣一点钱）的情况，结果这家机构就砍掉了对她的援助。这个调查员内心深深地感到负罪。同时他还深信慈善组织的管理者们并不关心穷人的福利，而只想尽可能减少机构的开支。由此，他决定"为了这个世界，记录下团队式慈善组织所犯下的罪恶，一有机会即公之于众"。[17] 这本书里包含的犯罪有：以十分苛刻的标准判断是否应予援助；对受益人的隐私横加干涉，使之羞耻；强迫受益人做罢工的破坏人；干预受益人，使他们不再帮助罢工。[18]

1901 年，安枝雅·耶兹尔斯卡（1885～1970 年）从俄国来到纽约城。她写的关于移民生活的故事中有大量关于友好访问员窥探、窃听、妄断的事例，而且这些访问员还带来了捐赠人，以审查移民们使用所得援助的情况。在《饥渴的心》（1920 年）"我自己的人民"一篇中，社会改善协会的一个访问员介入一场即兴的聚会。这场聚会是由一个穷苦的老人组织的，还有一些跟他一样穷的邻居一起参加。这个老人提供一份蛋糕，一些酒、葡萄干和坚果。这些东西都是他从一个朋友那里得来的。这个访问员将这件事报告给他的上司。他的上司判定这个老人欺骗社会，利用慈善组织。耶兹尔斯卡将这个老人的真诚的慈善心，即将自己仅有的一点东西分给邻人们，与社会改善协会的无情做了对比。[19] 在《饥渴的心》与《打开的笼子》（The Open Cage）（1979 年）的诸多故事中，耶兹尔斯卡都表达了对友好访问员的敌视态度。这反映出来自东欧的"新"犹太人移民与已经扎根良久、生活小康的德裔犹太群体之间的敌对，而事实上，正是这些德裔犹太群体在资助和参与慈善团体。[20]

等到贝尔科维奇和耶兹尔斯卡的书出版的时候，这两位作者所认为的慈善机构的员工对穷人所持的怀疑的态度已然不再是社会工作者们的通行做法了。然而，在社会上，对于接受救济的穷人的蔑视态度却依旧存在着。这遮蔽了对不幸者的同情，并使得公共济贫的人道化难以实现。

本章注释

[1] John D. Rockefeller, *Random Reminiscences of Men and Events* (New York: Double-day, Page & Company, 1999), 141–142, 145–147, 155–160. Andrew Carnegie "Wealth," *The North American Review* 148 (1889): 653–654 and "The Best

Fields of Philanthropy," ibid., 682 – 698.

［2］John Boyle O'Reilly, "Bohemia and Society," in *Watchwords*, edited by Katherine E. Conway（Boston：J. G. Cupples, 1891）, 18 – 19. 奥莱利从爱尔兰逃到澳大利亚，因为他支持爱尔兰的芬尼亚运动，然后在 1869 年，又来到美国。

［3］William Dean Howells, "Tribulations of a Cheerful Giver," in *Impressions and Experiences*（New York：Harper and Brothers, 1896）, 156.

［4］Ibid., 184 – 186；Howells, *A Hazard of New Fortunes*（New York：Harper and Brothers, 1890）, 2：256.

［5］George Bernard Shaw, "Socialism for Millionaires," *The Contemporary Review* 69（1896）：208 – 209.

［6］Ibid., 210 – 211.

［7］Rudyard Kipling, "The Record of Badalia Herodsfoot," *in Many Inventions*（New York：Grosset and Dunlap, 1893）, 326 – 334；first published in Harper's Weekly 34（1890）：894 – 896, 910 – 911.

［8］Shaw, "Socialism for Millionaires," 201 – 211, 217.

［9］华盛顿·葛雷登（1836~1918 年）记录了 1895~1910 年众多接收"有污迹的钱"并为其宣传的做法。引自 Gladden, *Recollections*（New York：Houghton Mifflin Company, 1909）, 404。艾伦·尼维斯（Allan Nevis）讨论了关于有污迹钱的争议，这涉及约翰·D. 洛克菲勒，参见 *Study in Power：John D. Rockefeller, Industrialist and Philanthropist*（New York：Charles Scribner's Sons, 1953）, 2：345 – 347。

［10］Bernard Shaw, *Major Barbara*（New York, Penguin Books, 1960）, 26 – 27.

［11］Ibid., 151 – 152,（Act Ⅲ）。在这出戏中，巴巴拉相信，在资本主义下，所有的钱都是有污迹的。所以，她决定帮助她爸打点军火生意，然后把挣到的钱用于对社会有用的目的。除了言辞颇为激烈以外，她的观点与实用主义的看法是一致的，即在公益事业中，钱的用途比来源更重要。

［12］Ibid., 143（Act Ⅲ）.

［13］Ibid., 34 – 35.

［14］E. M. Forster（1879 – 1970）, *Howard's End*（New York：Alfred A. Knopf, 1946）, 144 – 147（chapter 15）.

［15］Ambrose Bierce, "Charity," in *The Collected Works of Ambrose Bierce*（New York：Gordian Press, Inc., 1966）, 11：258 – 259。关于迈蒙尼德对慈善募捐人的赞赏，请参见本书第二章。

［16］Konrad Bercovici, *Crimes of Charity*（New York：Alfred A. Knopf, 1917）, ii – iii, 271.

［17］Ibid., 47 – 48.

［18］社会工作教育者伊迪斯·艾伯特（Edith Abbott）指出《慈善的犯罪》一书中存在不少讹误和虚假陈述，参见 *The Dial*（May 31, 1971）, 478 – 480。

［19］ Anzia Yezierska, "My Own People," in *Hungry Hearts* (New York: Grosset and Dunlap, 1920), 243 – 248.

［20］ 东欧犹太人，和其他很多人群一样，包括非洲裔美国人、墨西哥裔美国人、意大利裔美国人，感觉自己遭到了"精英"慈善团体的歧视。于是，他们组织起来，成立了互助式的团体，以帮助遇到困难的成员。对很多穷人而言，无论肤色、移民或土著，这些新成立的团体都成为私人慈善与公共救济的一大替代品。

第十五章　公益基金会和高等教育与艺术中的公益运用

　　库普斯多克基金会（The Copstock Foundation）成立于 1860 年，宗旨是每年向"威斯敏斯特城里的所有良善和忠诚的女仆"发放补贴。马洁丽·莎普在《忠诚的仆人》（1975 年）中披露了这家基金会的历史。这家基金会是以其捐赠人的夫人艾玛·库普斯多克（Emma Copstock）的名字命名的。艾玛和捐赠人的其他亲戚一样，都想得到他的钱。"所以老雅各布糊弄了他的亲戚和夫人"，莎普如此开篇道。此后，他还介绍了在一个世纪里，该基金会的财产、管理人员，以及受益人的情况，直到这家基金会的财产枯竭，国家保险基金和退休金承担起了给忠诚的仆人发放补贴的责任。[1]

　　库普斯多克基金会和之前的其他一些基金会一样，是为某些地方的特定阶层服务的；而现代公益则创设出宗旨更为广博的基金会，其功能是鼓励研究、发掘根源并加以矫正，阻止弊端，而非救济穷人，而且，这些基金会是在全国性或世界性范围内运作。当然，也有很多现代基金会是有其范围限制的，且主要以支持本地组织为主。从数量上来说，基金会的资助的重要性要小于个人捐赠。但是，基金会的实践和政策却经常受到人们的密切关注。这部分是因为公众对这些大宗财富及其用途十分关注，部分也是因为基金会的资助可能代表了捐赠的方向。

　　这些基金会都有崇高的目标，比如，"改善美国的社会和生活状况"，"促进知识增长，并加以传播知识，推动人们相互了解"，以及促进"全世界人类的福利"等。它们对诸多事业也有着不容置疑的贡献，包括科学、教育、社会福利、艺术、文化等。尽管如此，作家们依旧没有给它们好脸色看。[2]伯顿·拉费尔是《基金会新闻》（*Foundation News*）早期的编辑。他研究了诸多文学作品中对基金会的描写，发现只有两部作品，即辛克莱·刘易斯（Sinclair Lewis）的《阿罗史密斯》（*Arrowsmith*，1925年）和 C. P. 史诺（C. P. Snow）的《大搜寻》（*The Search*，1934年，1958年修订），对那些致力于促进知识发展的基金会所做的事情表示尊重。[3]作家们之所以对基金会表示冷漠甚至敌意，是因为他们相信在基金会身上所折射出来的是商业的价值观，而且它们小心谨慎与保守主义的做法所表达的是一种商业精神。约翰·D. 洛克菲勒设定现代公益的基本玩法与理念。他倡导建立基金会，并将之作为一种合理且有效管理"这一仁慈的事业"的办法。"在我们要用钱来增进他人的利益时，我们要仔细的筹划一下"，洛克菲勒呼吁道，"就好像我们要把钱留下来给自己的家人，供他们以后使用一样"。[4]艾伦·内文斯宣称洛克菲勒是一个博爱家，并称洛克菲勒想要捐赠给"完备的或可以达成的宗旨和有这样宗旨的机构；以这样一种方式捐赠，便能促进其他的捐赠，招揽大量的支持者；向这样的事业捐赠，该事业便能在他的支持消弭后继续维持下来；为这样的目标捐赠，便不仅是可靠的，而且是在他的调查范围内最可靠的"。[5]对于这样的精明的捐赠观念，任何的溢美之词都是不嫌多的，但是它在点燃人们的想象力或唤起人们的同情心方面，却又是无所作为的，而那正需要一种更为内在驱动的、少些算计的慷慨才能实现。

作家们批评基金会做了的事情，以及没有做的事情，就像他们批评其他公益机构一样。为什么它们要赞助这些事业和项目，而回绝其他那些就作家们看来理由更为充足的事业和项目呢？[6]那是因为不可避免的情况是，拒绝赞助的情况必然要多于同意赞助的情况。得到赞助的人感谢获得基金会的钱，但他们把这视为对自身价值的合理回报，所以也就不是那么彻底的心存感激了；而没有得到钱的人则只能从收到的表示遗憾的信件中找一些安慰了。[7]

《阿罗史密斯》中的麦克格克机构（McGurk Institute）跟洛克菲勒医学研究所（1901年）有点类似，在小说中，它属于第一批成立的基金会，地位突出。刘易斯（1885~1951年）是这么描述这家机构的：它位于一座摩天大楼的最上面的两层以及屋顶上。它有一间"令人心生敬畏的高档的"接待室，以及数间跟其他地方的实验室没有什么区别的实验室。虽然运作一家有持续赞助的研究型基金会，相比那些要靠良心发现的人们的捐赠来维持运作的组织，不太要依靠公共关系和媒体报道，但刘易斯还是使下述二者形成了鲜明的对照，即将该机构的科学家潜心于研究的做法与该机构负责人急于宣布研究成果和重大突破的做法做了对比。马克斯·戈特利布（Max Gottlieb）是马丁·阿罗史密斯以前的老师，现在任该机构的高级科学家。他邀请马丁来麦克格克机构听一场讲座，讲座的题目是"一个科学家的信仰"。"真正的革命"，戈特利布告诉马丁说，"只能由真正的科学家来发动，因为只有他才知道自己到底有多么的理性"。真正的科学家希望一切事物都遵从不容改变的铁律：他致力于研究绝对真理，却"从不矫情地表示自己有多么爱大家"。[8]

在阐释戈特利布的科学家宗教观念的同时，刘易斯也顺带表达了他厌恶世人的态度。在讲座的一开头，戈特利布谈了几个反派的代表人物，特别是乐观主义的职业人士和所谓的慈善家们（他们总是充斥着整个世界）。然后，他开始列举了他讨厌的人，并认为正是他们把世界搞得一团糟。这个名单很长，包括：窃夺财富的资本家、自我欺骗的自由主义者、美国的狂热支持者和欧洲的独裁者、爱国者、布道者、医生、历史和人类学专家（他们把"退化"称为科学）、信仰治疗师、脊椎按摩师、心理分析学家、假装关心工人的企业主、雄辩的政客、玻璃心的作家。[9]

戈特利布之所以不喜欢医生，是因为他们"在科学尚未检验前就抢先拿来用了，到处乱窜想治好人们，却糟蹋了所有的线索"。在该书的后面部分，阿罗史密斯就是那么干的。出于人道主义的原因，他制作了一种血清，提供给所有感染瘟疫的人，而不是只提供给特定的被试对象。结果，整场实验都被搞糟了。

相比《阿罗史密斯》，刘易斯的《吉迪恩·普兰尼施》更直接地介入"仁善的事业"这一主题之中。普兰尼施担任赫斯克特农村学校基金会的执行秘书长（但不是校长）。他毕生的事业是"娴熟地敦促人们遵从慷慨的美德"。[10]他同时也是一个"组织者"，通过发起一家组织，然后找一个能要来钱的宗旨，来混口饭吃。给这家机构钱的人都是"慈善大盗"。他们给钱来宽慰自己的良心，并博得社会的认可或接受，或者仅仅在少数情况下，是因为他们相信该组织所宣称的宗旨。

普兰尼施工作的这家基金会是一个避税工具。这家慈善机构，是由巨富赫斯克特先生出资成立的。赫斯克特先生将他在各大公司中的股份的一部分注入这家机构。这样一来，他就可以在不交税的情况下，继续控制这些公司了。该基金会的主管命令普兰尼施大肆宣扬赫斯克特先生的美名，以抬升他的公众形象，打造他为农村教育慷慨捐赠的名望。而且，他还拒绝了普兰尼施涨工资的要求，理由是给他涨工资对增进赫斯克特先生的美名毫无助益。[11]普兰尼施的下一个工作单位是"有福者兄弟互助会"（the Blessed to Give Brotherhood）。这家机构的箴言是"不要等到寡妇捐出了那几个铜子，才在澡盆里追悔莫及"。[12]

库尔特·冯内古特是《上帝保佑你，罗斯瓦特先生；或卑贱者面前的伟大者》（1965 年）的作者。和刘易斯一样，他也认为基金会基本是一种集中财富和权力的机构，同时也是一种逃税的工具。在 20 世纪五六十年代，在记者、官僚、政客、律师中，这种观念很是流行。人们大都愿意使用基金会，但同时也承认，在实践中，很多成立于这一时期的基金会都是为了利用税法的空子，以此为捐赠人、他们的亲戚和业务赚取便宜。在这些复杂的法律实体中，常见的情况是，"美好的仁爱始于家，却关上了通向联邦税务局的大门，然后也就成为对全社会而言一项宛如镜中花、水中月一般的好处了"。[13]

罗斯瓦特基金会是一家文化类慈善信托机构。该机构成立于 1947年，成立的目的是为了保护美国第 14 大家族的财产，以使其免受税赋和其他敌手的困扰。这家机构的资产及其收益吸引一个冷血的年轻律师的到来。他的计划是通过支配罗斯瓦特先生，来控制这家机构的收益。罗斯瓦特先生是一个理想主义的酒鬼。但他是该机构创始人最年长的在世子嗣，故而获得该机构主席的职位。这个律师对罗斯瓦特基金会的项目并没有丝毫兴趣，除了支持那些能被用来证明基金会主席身体有恙、神志不清的事业以外，即癌症研究、民主权利、民主自由、与该机构毫无关联的奖学金，以及艺术发展项目等。[14]

20 世纪 50 年代，那些批评基金会日渐平庸、总是息事宁人的声音越来越小了，而另一种声音则在不断扩大——这就是右翼学者和政客的指责声。他们批评在那些主要的、负有盛名的基金会中，和主要的教育和文化机构一样，满是共产主义者，并且说它们支持颠覆或反对美国的运动。国会对基金会发起了两次调查，结果并未发现太多的可靠的证据来证明这些指责。但这种做法却给了这些装神弄鬼的人到处散布恐惧和怀疑的机会。在这种狂怒的情绪消停后没多久，戴维·卡普（1922～1999年）发布了一部作品，名为《所有值得尊重的人》（1956年）。在这部作品中，一家自由派基金会的执行长官米洛·伯尼接受了一个挑战，即担任一家基金会的负责人，以发扬"启蒙的保守主义"。在那个时候，人们经常在"保守派"这个词前面加上一些形容词，诸如"被启蒙的""理智的"或"负责任的"等，以使这个词显得褒义一些。伯尼十分的开明，承认有原则的保守主义是一种合理的主张，同时也是自由主义的有用的平衡物。不幸的是，发起成立这个基金会的富豪、他的家人，以及他的顾问都是武断胜于原则，并且坚持要对机构员工的"忠心"展开调查。结果，这家基金会还没开始运营就倒掉了。[15]和这一虚构的失败结局不同的是，1956年后，美国成立了很多的基金会，在教育中传播保守主义教条，在经济政策和社会政策（比如，税收、政府规定和福利）等问题上以保守主义为纲，不断影响公众的观念。这些基金会、中心和机构在复兴保守主义，诋毁自由主义方面，扮演了颇具影响力的角色。

纳撒尼尔·本奇利在《拉斯特的蠢事》（1971年）中讽刺的对象是一家公益组织。该组织致力于"帮助美国的落后地区"。拉斯特是一个年轻的富豪，同时也是该机构的负责人。他想要用他继承到的财富促进农村地区的经济发展，以消除这些地区的贫困状况。这个计划从一开始看起来就很蠢。这些地方的人们都很安于现状，都不相信所谓的利他主义，也不相信什么外来者；拉斯特缺乏与其善心相匹配的智慧、经验和个性；他的主要助手是个不忠诚、不诚实的人。所以，当读者最后读到这个机构惨淡失败的结局的时候，恐怕也不会有丝毫的惊讶。这个计划的策划或许的确很糟，执行也的确不力，但是作者做了这样糟糕的设定，以保证它会失败，委实是有点不太公平。[16]

为什么一个自我成就的富豪，比如，山姆·贝恩斯（Sam Baines），会把通过"威吓、贪污、把人搞倒"等方式挣到的钱用于成立大学？萧伯纳笔下的安德鲁·安德谢夫爵士可能会这么回答：一旦这个绝望的人站稳了，就会变成一个和蔼亲善的市民。在《向创始人的致辞》（1967年）中，金斯利·艾米斯（1922～1995年）说贝恩斯为其过往的罪恶忏悔，故而想到大学能带领年轻人走上比他当年所走的更好的道路。后来，大学建起来了，贝恩斯很高兴；然后，死亡就带走了他，免得他看到这所大学不断的优化和实践威吓、贪污、把人搞倒的技术。[17]

在汤姆·沙普（1928～2013年）的《祖先的罪恶》（1980年）中，克鲁尼大学（Kloone University）的赞助人并未因为大学里的恶行而动摇，而是继续相信高等教育的道德价值和大学发展办公室的吁请。这位佩彻费格特大人（Lord Petrofact）的捐赠，不用人来劝募就会主动捐出。他很讨厌自己的孩子和亲戚，所以他让律师起草了遗嘱，把自己的所有财产都留给了克鲁尼大学。他还捐给这所大学一套先进的计算机系统。这不仅为自己的公司省下了维护的费用，还赚到了一笔税收优惠。和一些大额捐赠人不同的是，他没有要求这所大学以自己的名字命名。他很讨厌他的祖先，所以雇了一个激进的历史学家来丑化自己的姓。

在这个冷酷无情的故事中，最后没有人得到便宜。沙普不偏不倚的揭露道，这个捐赠人是一个唯利是图的人；受益人——克鲁尼大学的麻木不仁，能力平庸的教师、学生和员工——根本就不值得救助；捐赠的成果——一座硕大可怕、效能低下的图书馆——显得十分的愚蠢。在这个故事中，作者和他笔下的角色一样"严苛无情、内心不快"，意图毁谤激进的知识分子、工党、英国的汽车工人、建筑工人、图书管理员和社会工作者等对象。只有多里斯（Doris），一台电脑，免受指摘。[18]

查尔斯·威廉·艾略特（1834～1926年）在其职业生涯的晚期担任了哈佛大学的校长。他写道，那些"历史悠久、富裕的大学"无须校长到处去化缘；感恩的校友会主动且慷慨地捐赠。[19]而在那些不那么富有的大学和学院里，劝募则一直是校长及其助手的重要职责之一。他们要想出办法来，刺激人们的捐赠意愿，以帮助穷学者、添续奖学金、改善教学和研究设施，以及在校园里增设小礼拜堂、纪念窗、体育馆、游泳池等来装点校园。谁又知道什么样的想法会诱使捐赠人对学院或大学的劝募做出正面的回应呢——爱、忠诚、恨、恐惧、骄傲、审慎、宗教信念、政治倾向、自利之心？在理查德·斯特恩的作品中，就有一个极端的例子。发展办公室的官员利用所知道的一个消息，即一个富裕的校友过往中一段令人难堪的轶事，最终成功地劝说他赞助该大学。[20]

在《费城黑鬼，一场社会研究》（1899年）中，威廉·爱德华·伯格哈特·杜波依斯（1868～1963年）评论，费城白人对待黑人的态度是矛盾的："偏见和明显的厌恶混杂着普遍和深深的同情……同一个费城人,可能不会让黑人在他店里或磨坊里工作,却又会慷慨大方的捐赠,以帮助那些贫苦的黑人。"[21]杜波依斯或许还应将支持南部黑人的教育加到费城人——精确来说是全体北方人——的善业名录中。在 19 世纪末期和 20 世纪早期,诸如塔斯基吉和汉普顿一类的机构(都只能被称作机构,而非学院)纷纷成为北方富豪流行的公益捐赠对象。这些机构都很强调对黑人进行体力、本土化、手工操作和道德方面的教育。而这些北方富豪之所以要捐赠这些机构,是因为他们中有很多人都相信对大多数年轻人来说,无论肤色,在实际业务中接受训练比纯人文教育要更可取。作为一条通行法则,这些博爱家们都将"白人优越论"视为理所当然,并反对在教育、工作和休闲娱乐中实行所谓的"种族融合"。

兰斯顿·休斯(1902～1967 年)的作品《教授》收录于作者的作品集《笑着不哭》(1952 年)之中。在这个故事中,作者展示了偏见和同情的力量。钱德勒一家以"精细策划的、大规模的、大量传播的慷慨捐赠"而闻名,但他们身上就带有这种偏见和同情的混合体。钱德勒一家的公益捐赠使其成为黑人教育的重要力量。他们想帮助一所小规模的南部黑人学校提升档次,而具体做法则是资助该学校一个社会学首席科学家的职位。该职位最合适的首选人是 T. 沃尔顿·布朗博士(Dr. T. Walton Brown)。他是该学院的校友和教授,同时也是《偏见社会学》(*The Sociology of Prejudice*)的作者。该书对种族关系做了"克制和保守的"分析。在晚餐上,布朗教授让钱德勒一家印象深刻,特别是关于他对种族、经济和社会问题的合理且温和的态度、在社会学研究上卓越的才干,以及在社会学领域开拓出的一个重要的方向。钱德勒夫妇所在城市的城市学院不接收黑人学生;人们也有考虑过在这里捐建一所专科学院,但如果布朗教授任教的学院能够得到更多资助的话,那就没有必要再这么干了。[22]

休斯是以布朗博士的第一视角来讲述这个故事的。通过布朗博士的眼睛,我们可以看到:糟糕的布克·T. 华盛顿旅社——这座城市提供给黑人旅者的最好的容身之所;小镇的有色人种聚居的街区里低劣、鄙俗的街道,破败的建筑;城市白人生活区里不断改善的大楼和高宇——其中,尤以钱德勒庄园里像公园一样大的广场和奢华的宅邸为胜;以及布朗的雇主们肤浅的仁慈。他们愿意为黑人做任何事情,除了接受他们为平等主体；而且他们也迫切希望帮助黑人，只要这不会改变种族之间的不同地位。在布朗读博士的 7 年时间里，他一直在兼职做招待。这段经历教会了他如何跟这些人打交道。他知道他的学院给学生们的高等教育是一件多么可鄙而又拙劣的仿制品。他给了钱德勒一家正确的答案，并希望能够获得这个捐赠职位的工资，这样他就能带着妻儿去南美度假了。在那里，他们不会被视作，或者感觉自己是黑鬼。

"这是一座漂亮的学院"，拉尔夫·埃里森（1914～1994 年）如此描写州立黑人学院。在《隐形人》（1952 年）中，讲述人获得这个学院的奖学金。埃里森对这个学院的建筑和广场用了不少笔墨，将它写得颇似塔斯基吉学院。1933～1936 年，埃里森曾在这个学院就读。讲述人的富豪捐赠人和捐赠财产管理人在学院的创始人纪念日来访。所以，应财产管理人的要求，他开车带着他们兜风，穿过学院周边的农村贫民窟。结果，这遭到了布莱索博士（Bledsoe）的嫌怨。布莱索博士是一个专横的黑人，担任该校的校长。更糟的是，在来访的财产管理人的要求下，这些学生在一座黑人农场前停了下来。这座黑人农场恶名昭著，因为农场主跟自己的女儿一起生了个孩子。然后，他们又去了精神病院、有卖淫活动的路边客栈等地方。布莱索博士指责这个学生毁灭了半个世纪来的努力成果，然后以愚蠢的名义将他赶了出去。任何头脑清楚的人，都会规规矩矩的把车开到合适的地方去，然后找个理由不去该财产管理人不该知道的地方，或者索性就找个理由停下来。[23]

布莱索博士对自己操纵一群白人富豪，让他们赞助该学院的能力引以为豪，因为他能恰到好处的给那些富豪看他们想看的东西，给他们听他们想听的东西。他疯狂地投身于该学院之上，因为这是他凌驾于白人与黑人、北部与南部之上的权力的来源。他对黑人教育并不感兴趣，除了将之作为维持和促进他的权势、赢取回报的渠道以外。[24]

诺顿先生是一个白人博爱家。正是因为他坚持要求去那些地方转转，才使得这个顺从的学生陷入麻烦的。而这正好展示了埃里森在《美国困局》一文的评论中的观念，即"精神层面的公益通常是由罪恶驱动的——甚至在最无意识的时候"。[25]在《透明人》中，埃里森暗示诺顿对黑人教育的公益兴趣是他欣赏黑人的性能力以及他对已故女儿乱伦式的爱的产物。[26]

在《考克森基金》（1984 年）中，亨利·詹姆斯写了一个之前的公益项目，即一个赞助文学天才的项目。考克森女士是一个移民后裔，约1820 年出生于英格兰。她给已故的英国丈夫出了个主意，即从他的遗产中拿出 1.3 万镑，用于成立考克森基金。这个寡妇在有生之年可以享受这笔钱的利益；如果她愿意的话，她也可以将这笔钱用于赞助一个有天赋的人——该人需是因为贫穷而不能将其学习成果用于社会，而有了考克斯基金的帮助，他就能这么做了。考克斯女士最后得了重病，命在旦夕，但她还没来得及选出这样一个候选人，或"中她心意"的人。她把考克斯基金遗赠给了她的侄女，并将选择候选人的权利也交给了她。

"想象一下，设立一个捐赠基金，而没有成立一个决策机构——一群有能力运作这事的人，一群能做出合理决策的人"，有一个英国人认为考克斯基金的做法很愚蠢，他如此评论说。这个侄女，如果她不是真心支持这件事的话，完全可以把这笔钱吞没己有。但她把钱奖给了弗兰克·索尔特拉姆（Frank Saltram）。索尔特拉姆博古通今、知识渊博，而且也愿意在睿智的谈话中将自身所学传授给别人。不幸的是，这笔大额的捐赠"浇灭了他的能量……那天他发现自己不得不公开这个信息，即自己完全停止创作了"。[27]

现代基金会设计一套遴选程序，用于面向作家、艺术家和学者的资助发放之上，以减少发放资金的总额。但这种办法并不能完全消除这方面的支出，就像后来弗兰克·索尔特拉姆拿到了奖金一样。另外，基金会的审查员和官员可能会忽视或找理由拒绝那些有前途、天赋和成就的申请人。"等着被古根海姆基金（Guggenheim Fellowship）拒绝"，诗人里德·惠特莫尔带着深深的恨意，谈起被"古基""汉克""约翰"或"安迪"之流拒绝是一种怎么样的感受。[28]

拉尔夫·埃里森和兰斯顿·休斯在他们职业生涯的关键时刻，都得到私人赞助人和基金会的赞助。在撰写《隐形人》一书时，艾里森从罗森沃尔德基金那里拿了一笔赞助，并从 J. 恺撒·古根海姆太太（Mrs. J. Caesar Guggenheimer）那里得了一笔定期资助。[29] 至于休斯，相比基金会，私人捐赠人对他艺术和个人自由所加的限制看似要更为严苛一些。在 1927～1931 年，休斯的赞助人是夏洛特·梅森太太（即鲁弗斯·奥斯古德太太，Mrs. Rufus Osgood）。梅森太太是一个纽约的博爱家。她同时还帮助了佐拉·尼尔·赫斯顿（Zora Neale Hurston）和艾伦·洛克（Alain Locke）。一个与赫斯顿一起工作与生活过的学生形容梅森太太是一个"有极度控制欲的女人"，喜欢把她的受益人紧紧地攥在手里。[30] 在阿纳·博特姆普斯的《带着使命的女人》中，她以不同的名字出现。博特姆普斯是休斯的密友。在该作品中，她的使命是促进一个黑人艺术家原始的生命力的勃发，并保护这种力量，使其免受她所认为的黑人住宅区（Harlem）和百老汇的污染。而这种做法正好与该艺术家的意愿相违背。[31]

在《我作为一个社会诗人的冒险》（1947 年）中，休斯将梅森太太描写成为一个"仁慈和慷慨的女人"，并将她终止赞助的原因归结为他诗文中的社会元素越来越多。很可能的是，他们之间关系的紧张及最终破裂最早始于 1931 年，而这强化了休斯对社会的不同的感受，并大大加强了他对富人的敌意。他在诗作《公园长椅》和《华道夫－阿斯多里亚酒店的广告》（1931 年）中清楚地表达了这种敌意。[32]

1931 年，在梅森太太撤回她的赞助后，休斯从哈蒙基金会（Harmon Foundation）那里得到一笔奖金，并从朱利乌斯·罗森沃尔德基金那里得 1000 美元的赞助。哈蒙基金会成立于 1922 年，由一个纽约的房产经纪人创立。该基金会赞助修建运动场地、提供学生贷款，或每年给黑人发放奖金。它为美国文明的发展做出巨大的贡献。罗森沃尔德基金赞助休斯在南部黑人学校和学院开展读诗巡游活动。在一次活动中，汉普顿机构（一所学校）的学生要求休斯在会议上发言，以抗议亚拉巴马州白人暴民残杀一个黑人学生的事件（他错误地将车停在"白人专用"的停车位上），以及菲斯克大学女院长死亡事件（她在一场交通事故中受了重伤，却被白人医院拒绝收诊）。汉普顿机构的管理者禁止开展这样的聚会活动。"这不关汉普顿的事情"，他们说道，"我们只作教育，不搞抗议"。[33] 但休斯继续在他的作品中抗议社会和种族不平等。此后，1935 年，约翰·西蒙·古根海姆纪念基金会给了他一笔固定的赞助金。

J. I. M. 斯图尔特在《凡德林的王国》（1967 年）中探讨了艺术赞助的对象的问题。但他并非从艺术家的角度，而是从感兴趣的旁观者和潜在的捐赠人的角度来讨论这一问题。参与讨论的是牛津大学各个学科的教师，以及一个来访的美国百万富翁——凡德林。参与讨论的多数人都同意，为了文明的目的，确有必要让"诗人的钱包"鼓起来。但他们在如下问题上产生了分歧，即要让钱包鼓到什么程度（是锦衣玉食，还是粗茶淡饭）；是不是要有监督；除能力以外，诗人/艺术家在表达时是否应体现独特的"自我"。"自我表达是胡扯"，一个马克思主义者说道："一个艺术家，如果他有任何的良善之心的话，都会关注他所在社会的集体意识。"而一个哲学家则建议赞助人要坚定。"你必须清楚的是，艺术家是你的仆从，他必须跟着你的意思来干。你来决定要什么。"大家讨论出来的一致的观点是，个人赞助的时代已经过去了。凡德林说，在美国，钱还是有的，"但那些有这样想法的人大都没有信心或积极的兴趣了……我们倾向于建立专业机构来管理我们的赞助"。在大规模赞助的时代——文艺复兴或金融资本主义的黄金时代——过去后，那些艺术家将接受合理可靠的专业支持。[34]

公益和艺术赞助等话题偶然会出现在悬疑小说中，因为金钱和有价值的艺术作品经常涉及犯罪和谋杀。戴维·威廉姆斯在《牛津的财宝》中写了一对夫妻档业余侦探的对话，以探讨建筑赞助的动机和成效。这个赞助人是 19 世纪的美国银行家。他为英格兰和美国的穷人兴建现代化的住房，还有医院、学校和教堂。这个妻子很是不屑于这个银行家的公益之举，把他称为"从自己放高利贷得来的利益中拿出那么一丁点儿，就想要慰藉自己的良心，改善自己的形象"。她的这个评论就是关于公益事业动机的肤浅的解释的一个例子，经常出现在我们的日常生活中，同时也常见于各类文学作品中。这一评论并非是基于对捐赠人人格的认知做出，而是基于"随意的观察、自以为是的忽视、简单的偏见，以及不负责任的判断。这些统统都要比同情心来得容易"。丈夫指出，这个名为麦农柏克（Moneybuckle）的银行家的赞助计划要很多建筑师共同参与才能完成；然后他又注意到牛津没有建筑专业的教师，所以他就出钱捐了一个这样的教席。在那个时候——大约是 1860 年——这所大学尚未打算在学校内开设这样的实用型专业，比如建筑学。因此，这个银行家设立了一个建筑学基金，买下一栋哥特式建筑，在里面设了一个巨大的图书馆，以及大量的绘图设计作品，并出了很多钱，以支持它的永续运营。[35]

威廉姆斯的另一部小说《谋杀的来临》（1986 年）讨论了慈善的优

先次序的问题。一座英国天主教堂因为遗失了一卷大宪章的原版而得到一笔保险赔偿金。围绕如何使用这笔钱的问题，教士们分成了两派：一派人认为应该把钱用于修复已经严重损坏的教堂；而另一派人则认为应该把钱用于推动农村发展，救助饥饿者和困苦者。教堂主教的夫人支持修复教堂。她引用约翰·本杰明的一段话："我们不要让任何人说，鲜肉比老石子更重要……就像说圣·保罗没有治疗癌症那么有价值一样。"[36]

假设修复历史性的、艺术性的重要建筑和救济饥饿者一样重要，都值得慈善事业支持，那么到底哪一个值得我们点头称是呢？圣·奥古斯丁的建议（威廉姆斯的书中未提此项）是"抽签决定"，即看哪一项"事业碰巧与你关系更近"。[37]这样说来，应该把钱用于天主教堂修复基金，但这还是会有不同的观点，因为关系更近可以是情感和利益上的联系，也可以是同情和良心上的牵扯。

在盖瑞森·凯勒的《杰克·施密特，一个艺术管理者》（1979 年）中，对于该书的主角而言，艺术就是一种商品和契约，而等价交换正是它与客户的唯一联系。幸运的是，艺术很受欢迎，而且在这个时代，那些一度被视为"无耻的粗鲁之物"的目标和计划统统成为富有创造力的创意。施密特是一个中间商，帮助艺术家们——越奇葩越好——准备申请材料，以提交给政府、公司和私人捐赠人，并提取一部分赞助金作为报酬。为了换换脑子，找点新主意，他参加了一场付费的会议，会议的举办地点是一个具有异国风情的地方。与会成员讨论了中西部地区的地方主义，农村生活，对艺术作品传递信息的评估，以及一些同样重要的主题。这个故事的结局很圆满——高速公路部门将施密特快要倒闭的美术馆作为休息站，并给了他洲际公路旁一块没用的土地，让他搞建设——但我们知道，好日子总是不长久的。[38]

路易斯·奥琴克劳斯（1917 ~ 2010 年）是一名职业律师。但他也曾出版过一些故事和小说，写的都是关于 20 世纪 40 年代以后纽约城上流社会的生活。他的《金牛犊》（1988 年）将读者们带到了北美博物馆馆长的办公室和理事会的会议室。西德尼·克拉弗拉克（Sidney Claverack）是理事会主席。他相信博物馆业是一项巨大的生意，因此也应该按照做生意的方式来运营。这也是为什么马克·亚当（Mark Adams），一个连本科都没有毕业，却在博物馆发展办公室里干出过突出业绩的家伙，能够爬上这家机构代理馆长的位置，同时也成为了这家机构的馆长的第一候选人。克拉弗拉克是一个富裕且成功的律师。他代表着新生代的赞助人，即更为关心且更多地介入博物馆的日常事务，甚至超过了对自己业务的关心。他的雄心是要将这家博物馆的捐赠基金增加 4 倍，并大大增加博物馆的游客数量。亚当心里明白这个理事会主席对自己颇有好感，同时也清楚这种好感随时都可能会消散。如果这真的发生了，亚当也是没法从管理层或其他员工那里得到新的支持的。营利性和非营利性机构的区别在于，如亚当所知，在营利性机构里，当老板遭到攻击时，员工会围绕在老板周边保护老板，哪怕他们不喜欢他，因为他们自己的饭碗是与老板绑在一起的；而在一家博物馆或一所学校里，员工会加入袭击者的队伍，并理所当然地认为捐赠基金会继续付给他们工资。[39]

在奥琴克劳斯的《谬神》（1992 年）中有一篇名为《慈善，我们时代的神》的短文。这篇文章的主角是一名社会知名的律师，在他祖父创立的律师事务所里担任合伙人。但他从未成功地挣过钱。后来，他跟律师事务所的主管合伙人吵了一架，于是就辞职不干了。从律师事务所出来后，他接受了一家温情的文化机构的募款委员会主席的职务，负责为这家机构筹款。由于他拥有广泛的社会网络、丰富的社会知识，以及善于逢迎的交往技巧，他成为一名成功的募款人。他很骄傲自己为这家机构搞到的捐款比他之前的合伙人收到的律师费多得多。同时，令他和他妻子惊讶的是，在他为慈善组织做的事情中，有很多是他之前没法以自己的名义做的，即用一些卑鄙的手段，虽然还是合法的，但在道德上却是模棱两可的。最后，还是他妻子的温和的劝告，才使得他放弃这一做法，即一味地追求慈善宗旨，而不考虑手段是否光彩。[40]

本章注释

[1] Margery Sharp, *The Faithful Servants* (Boston: Little, Brown, 1975), 12 - 13。莎普 (1905～1991 年) 是一位英国小说家、戏剧家和儿童图书作者。

[2] 引文来自 the letter of gift and terms of trust of the Russell Sage Foundation (1907), the Carnegie Corporation of New York (1911), and the Rockefeller Foundation (1913)。

[3] Burton Raffel, "Foundations in Fiction: Philanthropic Folklore," *Foundation News* 3 (1962): 7, 10。关于阿罗史密斯的讨论，见下文。《大搜寻》讲的是这么一个

故事，即一个年轻人想要找一个工作，既能满足他的智力上的需求，又能满足情感上的需求。在他搜寻的过程中，加入了各种科学研究机构，参与工作。该书的作者，C. P. 史诺（1905～1980 年）既当过科学家，也当过行政管理人员。拉费尔认为不可靠的书包括：Sloan Wilson, *The Man in the Gray Flannel Suit* (1955)；David Karp, *All Honorable Men*（见下文）；Theodore Morrison, *To Make a World* (1957)；Stringfellow Barr, *Purely Academic* (1958)；Stanley Price, *Crusading for Kronk* (1960)；and Gwen Davenport, *The Wax Foundation* (1961)。

[4] John D. Rockefeller, *Random Reminiscences of Men and Events* (Garden City, N. Y.：Doubleday, Doran, 1933)，188。首次出版于 1909 年。

[5] Allen Nevins, *Study in Power*, *John D. Rockefeller*, *Industrialist and Philanthropist* (New York：Charles Scribner's Sons, 1953)，2：157.

[6] 比如，埃伦·孔利弗·拉格曼（Ellen Condliffe Lagemann）对卡内基公司做了学术性和客观的研究。在这项研究中，他误解了基金会的理事会在 20 世纪 90 年代支持经济研究的政策，而在开展社会学研究时，又否决了基金会的定居房援助。*The Politics of Knowledge*, *the Carnegie Corporation*, *Philanthropy*, *and Public Policy* (Middletown, Conn.：Wesleyan University Press, 1989)，68。

[7] 参见下文，有一个作者申请一笔奖学金，遭到拒绝，他对此做了回应。

[8] Sinclair Lewis, *Arrowsmith* (New York：New American Library, 1967)，265 – 268 (chapter 26). First Published in 1925.

[9] Ibid.

[10] Sinclair Lewis, *Gideon Planish* (New York：Random House, 1943)，230.

[11] Ibid., 223 – 225.

[12] Ibid., 311.

[13] Julian Levi of the University of Chicago, 引自 Robert H. Bremner, *American Philanthropy* (Chicago：University of Chicago Press, 1988)，181。关于 1969 年税法改革案中涉及基金会的条款，参见该书的第 182～183 页。

[14] Kurt Vonnegut, Jr., *God Bless You Mr. Rosewater*；*or*, *Pearls Before Swine* (New York：Henry Holt and Company, 1965)，15 – 18, 25。冯内古特（1922～2007 年）写了很多讽刺美国人的观点和美国的机构的小说。

[15] David Karp, *All Honorable Men* (New York：Alfred A. Knopf, 1956).

[16] Nathaniel Benchley, *Lassiter's Folly* (New York：Atheneum, 1971)。本奇利（1915～1981 年）写了很多小说，也曾写过他父亲，即批评家、幽默作家罗伯特·本奇利（Robert Benchley）的传记。

[17] Kingsley Amis, "A Tribute to the Founder," in *Collected Poems*, *1944 – 1979* (London：Hutchinson, 1979)，76。这首诗之前也曾收录于艾米斯的《庄园外的一瞥》（*A Look Around the Estate*, 1967 年）中。

[18] Tom Sharp, *Ancestral Vices* (London：Secker and Warburg, 1980)。沙普是一个英国小说家、戏剧家。

［19］ Charles W. Eliot, *University Administration* （Boston and New York：Houghton Mifflin，1908），233 – 235.

［20］ Richard Stern，"Idylls of Dugan and Strunk，" in *1968* （New York：Holt，Rinehart and Winston，1970），131 – 167。斯特恩（1928～2013 年）是一位长篇和短篇小说作家，同时也是芝加哥大学的英语教授。在这个故事中，杜根（Dugan）和斯特伦克（Strunk）是芝加哥大学发展办公室的官员。

［21］ W. E. B. DuBois, *The Philadelphia Negro, A Social Study* （New York：Schocken Books，1967），355。首次出版于 1899 年。

［22］ Langston Huges，"Professor，" in *Laughing to Keep from Crying* （New York：Henry Holt & Co.，1952），97 – 105.

［23］ Ralph Ellison, *The Invisible Man* （New York：Random House，1952），106 – 109.

［24］ Ibid.，109 – 111.

［25］ Ralph Ellison，"An American Dilemma, A Review，" in *The Shadow and the Act* （New York：Random House，1964），306。这篇评论写于 1944 年。

［26］ Ellison, *Invisible Man*，29 – 33。关于诺顿的动机，参见 Jonathan Baumbach，"Nightmare of a Native Son，" in Harold Bloom, ed.，*Ralph Ellison* （New York and Philadelphia：Chelsea House Publishers，1986），16 – 17，and Allen Guttman，"American Nightmare，" ibid.，31。

［27］ Henry James，"The Coxon Fund，" in *Henry James Shorter Masterpieces*，edited by Peter Rawlings （Totawa，N. J.：Barnes and Noble Books，1984），1：206 – 209，233。《考克斯基金》最早刊载于 *The Yellow Book* 2 （1984）：290 – 360。

［28］ Reed Whittemore，"Lines on Being Refused a Guggenheim Fellowship，" in *The Self-Made Man and Other Poems* （New York：The MacMillan Company，1959），13 – 14。惠特莫尔（1919～2012 年）写了大量的诗作和文学批评作品，同时还写了威廉·卡尔斯·威廉姆（William Carlos Williams）传。约翰·西蒙·古根海姆纪念基金会（John Simon Guggenheim Memorial Foundation）成立于 1925 年，每年给各大知识领域有成就的学术研究和有创造性的艺术作品发放（或拒绝发放）奖金。

［29］ Ellison, *Invisible Man*，xi。朱利乌斯·罗森沃尔德基金成立于 1917 年，主要业务范围是黑人教育和文化。

［30］ Mary Helen Washington，"A Woman Half in Shadow，" in Harold Bloom, ed.，*Zora Neal Hurston* （New York and Philadelphia：Chelsea House Publishers，1986），128。关于梅森太太的公益事业的讨论，参见 Arnold Rampersad, *The Life of Langston Hughes* （New York：Oxford University Press，1986 – 1988），1：147，and Robert E. Hemmenway, *Zora Neale Hurston, A Literary Biography* （Urbana，Illinois：University of Ill. Press，1977），104 – 105。

［31］ Arna Bontemps，"A Woman With a Mission，" in *The Old South* （New York：Dodd，Mead and Company，1973），71 – 87。博特姆普斯（1902～1973 年）是菲斯克大

学的图书管理员。他写了很多小说、儿童故事，以及关于黑人历史的书，包括《天空中的马车》（*Chariot in the Sky*，1951 年）、菲斯克·朱比利合唱团的介绍等。

[32] Langston Hughes，"My Adventures As A Social Poet," in Faith Berry，ed.，*Good Morning Revolution*，*Uncollected Social Protest Writings by Langston Hughes*（New York：Lawrence Hill and Company，1973），135 – 137. "Park Bench" appears on p. 137 of this volume and "Advertisement for the Waldorf-Astoria" on pages 19 – 20；后者最早收录于 1931 年 12 月发行的《新大众》（*New Masses*）中。

[33] "Tragedy at Hampton," in *The Langston Hughes Reader*（New York：George Braziller，Inc.，1958）401 – 404. Reprinted from Hughes，*I Wonder As I Wander*（1956）.

[34] J. I. M. Stewart，*Vanderlyn's Kingdom*（New York：W. W. Norton and Company，1967），52 – 58。该讨论涉及的部分问题在该小说的第二部分中再次出现。它涉及凡德林倒霉的尝试，即他想把自己希腊小岛变成一座灯塔，而不是一座艺术的象牙塔。

[35] David Williams，*Treasure in Oxford*（New York：St. Martin's Press，1989），26 – 27。麦农柏克的原型是乔治·皮博迪（George Peabody，1795 ~ 1868 年）。皮博迪曾活跃于美国和英格兰的银行与公益事业之中。上述关于偏见和不负责任的判断的引文，参见 John McGahern，"The Conversion of William Kirkwood," in *High Ground*（New York：Viking，1987），123。从牛津毕业后，威廉姆斯（1926 ~ 2003 年）曾干过广告业，然后成为一名全职作家。

[36] David Williams，*Murder in Advent*（New York：St. Martin's Press，1986），52。1972 年，约翰·本杰明（John Betjeman，1906 ~ 1984 年）被授予英格兰的桂冠诗人的称号。这段引文来自一封私人书信，信里讨论的是诺维奇的教会。

[37] 关于圣奥古斯丁的建议，参见本书第二章。

[38] Garrison Keillor，"Jack Schmidt，Arts Administrator," in *Happy to Be Here*（New York：Penguin Books，1982），3 – 14。首次出版于 1979 年，载于《纽约客》（*The New Yorker*）。"无耻的粗鲁之物" 见于 Stewart，*Vanderlyn's Kingdom*，58。

[39] Louis Auchincloss，*The Golden Calves*，（Boston：Houghton Mifflin Company，1988），6 – 7，43 – 48.

[40] Auchincloss，"Charity，Goddess of Our Day," in *False Gods*（Boston：Houghton Mifflin Company，1992），171 – 191.

第十六章　穷人的捐赠与给穷人的捐赠

诺曼·道格拉斯（1868 ~ 1952 年）是旅行读物和小说《南风》（*South Wind*，1917 年）的作者。他对自己在社会地位、智力水平和道德上的优越性颇为自信。因此，他心安理得地抨击慈善行为，称之为一种"自我放纵的形式"，经过反复验证，最终被证明是"一场可悲的败局"。但这对于穷人来说，即那些因为自尊而不愿接受慈善救济的穷人，则又是另一回事了。有时，你所能说出的关于自己家人的最好的评价是：他们是敬神的，而且"我们从不曾接受任何人的任何帮助"。在日常生活中和文学作品中，这种自立的人比那些道格拉斯所称的"神明眷顾的懒汉"要更为常见。[1]珀克斯先生（Mr. Perks）是 E. 纳斯比特的《铁道少年》（1906 年）中的暴躁但仁善的搬运工。他就是这样一个自立的人：他拒绝接受孩子们给他准备的生日礼物，直到他相信这些礼物是朋友关系的标志，送礼物是出于尊重而非出于慈善的恩赐。[2]

相比那些在经济或情感上没有任何回报可能的人，人们只要觉得自己有能力回报别人的善心，就更愿意接受别人的帮助。在上述故事中，铁道少年——两个女孩和一个男孩，年纪在 6 ~ 12 岁——都很穷，但他们还是住得很舒服，而逆境也没有消磨掉他们的信心和善念。他们的父亲被误捕入狱，母亲又罹患疾病，急需药物治疗。他们没有钱买药。于是，他们毫不迟疑地张口要一个连名字都不知道的老绅士买药给他们。他们很安然的向外寻求和接受帮助，从不怀疑他们的父亲或自己会有能力及时回报这份恩情。[3]

虽然穷人可能不愿意接受救助，但他们都很愿意慷慨的救助他人。

据 1990 年开展的一次调查显示，美国最穷的家庭（年收入低于 1 万美元）捐出了他们 1989 年收入的 5.5%，用于慈善事业——主要是宗教事业——这与美国最富有的家庭（年收入超过 10 万美元）捐赠的 2.9% 形成了强烈的反差。[4]而且，理所当然的是，在涉及为慈善事业劝募的各类故事中，穷人们通常比富人们更愿意捐赠。约瑟夫·C. 哈蒙做了一次有益的调查，并在《短篇小说中的公益事业》（1992 年）中罗列和总结了这样一些故事。他将这些故事统称为"寡妇的恩惠"（"Widow's Mite"）系列。[5]

　　在黑人历史和文学中，一个常见的主题是贫穷的黑人随时都准备互相帮助。当时，绝大多数慈善组织、医院、孤儿院、学校都实行种族歧视政策，所以，有色人种能找到的唯一资源是他们亲戚、教友、朋友和邻居。《亲爱的》（1987 年）是托妮·莫里森（1931 年～）写的小说。莫里森将故事背景设定为内战后数年的辛辛那提的市郊。一群黑人教会委员会的成员"想要实现没有人会挨饿的愿望"，于是轮流把食物留给生病的赛斯（Sethe）、他的女儿丹芙（Denver），以及神秘的"亲爱的"。他们将自己的食物放在院子的树桩上，并在盘子、锅子或篮子上写上自己的名字或留上记号，以便对方能把这些锅子、盘子和篮子还给它的主人，顺带表示一声感谢。当然，他们做这些事情并非是自发的，是丹芙将赛斯生病了需要帮助的事情告诉她之前的老师琼斯女士（Lady Jones）；然后琼斯又跑去提醒教会委员会，告知他们赛斯的困境；最后教会委员会才组织起力量，提供救助的。赛斯曾跟前来帮助他的妇人有过不和。那他们为什么还要这么干？"可能仅仅是因为"，莫里森说道，"他们都是好人，之前他们对彼此太苛刻了，现在困难碾过人们光秃的脊背，他们便快速地跳起来，想尽自己所能，把困难打倒"。[6]

　　服务他人是穷人们表达善心的一种方式。丹芙服务她的母亲和"亲爱的"的方式是为他们下厨，照顾他们，而且后来当她决心不再依靠别人好心提供的食物后，便出去找了一份工作。珍妮（Janey）是一个富裕的白人家庭的管家。她深深地爱着自己的雇主，却又无法时时侍奉左右。于是，她晚上把丹芙带到主人家里，让她帮忙。虽然珍妮工作劳累，但处境还是相对比较好的。在克莱德·艾顿的《记忆中的少年》（1992 年）中，格洛丽亚（Gloria）是一个黑人护士。虽然她也领工资，但工资水平不高。与她为两个卧床不起的老人所做的服务相比，这点工资简直就不算什么。她很奇怪，为何国家要用一个年轻的职业球员的名字来命名一条公路，而这个球员其实什么都没干，除了照顾好自己，和做自己喜欢做的事情以外。"看起来跟我一样"，她喃喃道，"人们用来命名的那个名字的主人，可能就是你所不得不服侍的那个人——人们爱这个人，却不喜欢给对方搞清洁、爬上爬下、来回折腾……这些活都是你做的，但你却感觉并不好，也没有得到足够的报酬，甚至连一张床垫或基本的口粮都买不起，但你还是要继续这么干。谁管你呢"。[7]

很多父母都鼓励——或者像狄更斯的《荒凉山庄》里的帕迪戈尔太太那样，强迫——他们的孩子做慈善。通过学校、教会、主日学校或者青年组织、儿童或青年长期从事为慈善或公众目的募捐的活动。[8]慈善组织——通常是以做游戏的形式——让孩子们自己干，而没有父母的激励或指引。这样做是很有效的，因为如果有父母参与其中，孩子们就总是会模仿成人做善事的样子，便在不知不觉中染上了傲慢或者不计后果、滥施善心的毛病，还不知悔改。另外，如果由孩子们做来慈善，他们通常会表现出对不幸者的体贴与敏感。

在纳斯比特的《慈善水吧》（1901年）中，一个简单的慈善行为引出了一个颇为宏大的计划。奥斯瓦德·巴斯特布尔（Oswald Bastable）是一个12岁左右的小男孩，给了一个来讨水喝的路过的流浪汉一杯姜汁啤酒。他本来是准备把这杯酒留给自己喝的。在喝完这杯酒后，这个流浪汉喊道："我不确信你是否知道口干舌燥是什么样子。现在有免费的学校、图书馆、浴室、洗衣房，诸如此类的！为什么人们不从免费赠饮开始呢？"这番谈话启发了这6个姓巴斯特布尔的孩子——最大的一个是14岁，最小的一个是8岁——他们决定开一个免费的水吧，给多佛路上疲倦的旅客提供免费赠饮。他们所说的赠饮指的是柠檬水和茶。他们开始一起存钱，凑钱开水吧，从一砖一板开始建设。他们都干得很卖力，但都未曾虑及这个计划可能的成效。"我们能干的真的不多"，奥斯瓦德承认说，"相比这个世界上所有口渴的人来说，我们能帮的只是沧海一粟。但是，每一个微小的奉献，就像美人鱼所说的，是她流入大海的眼泪"。[9]

后来，水吧终于开业了。但那些可敬的人看起来既不口渴，也不疲倦，他们从一旁走过，只是感谢孩子们的邀请，却不取一杯水喝。有几个感激的流浪汉，包括那个给奥斯瓦德出这个主意的流浪汉，喝了19大杯的柠檬水。其中一个吼着要啤酒，并嘲笑柠檬水是慈善中的废渣。随着日头慢慢偏西，一群蛮横的男孩以及3个成年的恶棍挤进了水吧。其中一个恶棍点了一瓶威士忌，孩子们只能从用来热水的灯里面倒出一些工业酒精装进威士忌的瓶子里给他。于是，他和他的同伴便跳起来威胁孩子们。等到最开始那个流浪汉赶来营救时，他们几乎已经毁掉了整个水吧。有了这么一段经历后，奥斯瓦德决定再也不会"好心的帮助任何穷人和困苦者。无论如何都不管了，除非我们真的很了解他们"。[10]

在很多基督教堂里都设有多加会。多加会的名字取自一个女性，这个女性"广行善事、多施周济"。她死后，圣使彼得又让她复活了（《使徒行传》，9：36－41）。循着她的事迹，加多会里的成员都开始动手为穷人做衣服。在凯思琳·菲茨帕特里克写的故事《幼儿》中，5个十五六岁的孩子，来自一个爱尔兰富裕家庭，现在却陷入了贫困。他们决心成立一个属于他们自己的多加会。她们用从家里找到的旧衣服、外套和软帽一起为比她们更穷的邻人们缝制衣服。因为这些孩子的父亲过世了，而母亲又久病卧床，所以她们这么干是没有成人监督的，只有一个宽容的厨师和管家帮着照看。他们设计出来的"高档时装"的颜色太鲜艳了，款式也太夸张了，虽然收到这些时装的人很感谢孩子们的好意，却都不敢穿出门。但是，当地酒馆的招待却很喜欢这些衣服，所以，他赠送穿这些衣服的人饮料——而且不是柠檬水。这场欢乐的活动很快遍及整个小镇，甚至连警官也加入了这一即兴的狂欢之中。[11]

J. I. M. 斯图尔特（1906～1994年）在《陌生人的糖果》里写了自己的人生经历。在他还是一个学童的时候，被一个看起来像巫婆的老妇人哄骗着进了一座宅子。他很害怕，但却很兴奋，也很好奇。虽然这个老妇人外表看起来很吓人，其实心肠很好。她只是想找一个人来看望自己那孤单而又残疾的孙儿杰米（Jamie）。斯图尔特陪着杰米聊天。然后，等到他要走的时候，他想要送给杰米一份礼物。但是，他口袋里只有一个先令。他知道钱不适合做礼物。幸运的是，这是一枚老式的银币，上面刻的是维多利亚女王，而不是乔治五世的肖像。"杰米"，斯图尔特说道，"收下它，请收下它。这枚硬币有些年头了。这可以用来做收藏，就像是一枚奖牌"。[12]

　　人们会发现，因为对年少时的自私与不近人情感到后悔，在他们之后的人生中便会留下一个深深的慈善的烙印。在约翰·哈斯勒（1933～2008年）的《盛大的开幕式》（1987年）中，有一个叫布兰登（Brendan）孩子，十二三岁，刚刚到一个小镇。他很高兴地收下了一个名叫道奇的穷小孩的好意，与他成了朋友。此后，他又为这个小镇上更多男孩所接受，在这个群体中有了更高的地位。于是，他就甩掉了道奇。此后，道奇因为一场事故而过世了。布兰登想他必须做些什么来弥补自己对这个曾经的朋友所做下卑鄙的事情。他许诺，"不再像对待道奇那样苛待任何人"，而且"终我一生，都要对他人更加坦诚相待，而更少地顾及自己"。[13]

　　彼得·墨瑞（1874～1949年）和多萝西·戴（Dorothy Day，1897～1980年）是天主教工人运动的创始人。他们散布自愿贫穷的生活的理念，并践行之。这也就是为耶稣所倡导的，并为之前的方济各会众们所遵循的那种生活。他们相信个人应该承担救助无家可归者和饥饿者的责任，拿自己的钱去帮助他们，而不是将这些人交给公共部门来负责。在墨瑞的《简单的文章》（1936年）里收录了之前他发表在《天主教工人》（Catholic Worker，1933年～）的诗文。这些诗文强调要对神使，也即穷人，表示友好，并谴责收税济贫的方式（就像赫伯特·胡佛那样），称之为"非真心的"施舍。此外，他还宣称，"我们现在赠予穷人的，便是我们死后所能带上的"。[14]

　　罗伯特·科尔斯尊称多萝西·戴是"施赈官"，说多萝西知道"慷慨不是装腔作势，也不是通往上层的敲门砖"，而多萝西之所以那么慷慨，并非是因为她感到自己很有钱，而是因为她真正地认识到自己精神上的需求。[15]多萝西很尊重圣女小德兰（St. Therese of Lisieux，1873～1894年），并为她写了传记。圣女小德兰是一个法国修女，于1925年被封为圣徒。小德兰曾说过，圣洁要走一条"简单的小路"才能达到，即并不靠什么神迹，而是要靠"忠诚和坚定的将上帝之爱融入每天的生活琐事中去"。多萝西认为，这里所谓的"简单的小路"，指的是每个人都能达到的善良之路。在这条路上，人们如果不使用圣洁的物质手段，不改变社会秩序，就无法终结这个世界上的罪恶。[16]

　　在莫里斯·伊夫·山德士（1892～1958年）的《探访》中，小德兰也出现了。加布里埃尔（Gabrielle）是一个富裕的女人。她每天早上都会去探访罗马的穷人，并试图帮助他们。但她的努力，虽然不能算是多管闲事，也没有得到人们太多的尊重。在她所探访的这些人里，极少有人是欢迎她的。他们总是在不停地抱怨与指责。"他们的情况总是变得越来越糟"，她感叹道，"一旦他们的情况变好了，他们又会认为我的拜访是一种干扰"。有一天早上，她感到特别的失落。她回到家，大声叫嚷："哦，最仁慈的父啊！没有一句有爱的话，没有一个认可的微笑，没有一个感恩的表示！这让我还如何干得下去！"在她叫嚷的时候，她的门铃响了。女仆把一名修女带进了客厅。加布里埃尔便去客厅见客人。但客厅里一个人都没有，只有一朵娇嫩的白色玫瑰花在桌上静静地绽放。这朵玫瑰就是小德兰的化身。加布里埃尔异常喜爱这朵玫瑰；她用手指轻轻地触碰它散发着芳香的花瓣，想着自己所做的还是太少了，还有很多事是她可以做的。她告诉自己："我已经得到了巨大的回报。"[17]

在西尔维亚·汤森德·华纳的《一件艺术品》（1961 年）中，伯恩斯坦太太（Mrs. Bernstein）并没有把精力放在思考圣洁和感恩上。她"按照耶稣的建议，采用一种非遵循既定规则的、秘密的方式"来做慈善，但是因为她只能坐在轮椅上，没法爬到阁楼上或钻进地下室里，而那些地方其实是最容易出现不幸的地方，所以，她就雇了一个赈济员，即麦克塔维什小姐（Miss MacTavish）。后者，跟她的雇主一样，都坚定不移地反对"职业空想的社会改良家"，并只是想努力使人们的生活略有好转，而不是想改进什么。伯恩斯坦太太回忆，之前，她的叔叔经常会逼着她使出吃奶的劲，向路人讨上七八个便士。这种情况一直都很顺利，直到这个患病的老人（指她的叔叔）的窘境触动了大家，使他们不再能只是给钱，而要出手相助了。很明显，他无法照顾自己，所以，他们只能把他从他的茅草棚里搬出来，送进了一个干净、温馨的公寓。结果，他就开始坚定地反对行善——虽然不反对捐钱——也就是他的恩主们之前干过的那些善事。他将他们安排的这个公寓唤作"明亮的小管教所"，并故意把里面搞得污浊不堪。由此，他便创造出了一件肮脏、污秽和凌乱的杰作。[18]

有一句深情脉脉的希伯来谚语是这么说的："慈善可以从死亡中挽救人们。"这句话也是休·尼森松的作品《慈善》中雅各布（Jacob）的父亲最喜欢的一句话。雅各布是这本书的叙述人。他回忆，1912 年的时

候，当时他正好 12 岁，他们一家每周就靠 10 美元勉强度日。而且，这
10 美元是他父母做裤子熨烫的活，以及他在放学后将熨烫好的裤子送给
委托人挣到的钱的总和。他们家和工作室只是一套仅供应冷水的公寓中
的一间，在一栋楼的 4 层，位于纽约下东区拉德洛街。"我经常饿着肚子
上床"，雅各布回忆。他们每天都吃得很差，唯一有改善的是周五的晚
上，他的父亲坚持要吃安息日仪式前夕的晚餐。为了这顿饭，全家人一
整周都会克扣口粮，饿得不行。在这顿晚饭上，他的父亲根据习俗，会
招待一个比他们更穷的客人；这个客人通常是无家可归者，他整晚都会
待在雅各布家，睡在桌子上。

1912 年 12 月的一个周五，雅各布的母亲生病了，被送去医院。雅各
布的父亲很是心烦意乱，但还是满心虔诚。他派雅各布去买食物，而他
自己则出门去找一个合适的客人。这个男人带回来的是一个虚弱的学者。
这个学者靠教授希伯来文勉强自给，每小时收费 10 美分。在吃饭的时
候，这个客人说这顿饭几乎是他 6 天里吃的唯一一顿饭。后来，当雅各
布问及他母亲的情况时，他的父亲说："她在上帝的手里。"这个客人
说，大家都在上帝的手里。如果上帝没有派他到拉德洛街上走走，他就
不会碰到雅各布的父亲，那他现在只能在自己那个漆黑的小洞里忍饥挨
饿、瑟瑟发抖，而老鼠则在一旁啃着他的蜡烛。

在饭后，客人躺在桌上四脚朝天地睡着了——呼噜震天。雅各布和
他的父亲都没法入睡，但一会儿后，雅各布想到了一件快乐的事情：妈
妈会好起来的，因为诚如爸爸所说："慈善可以从死亡中挽救人们。"当
他把这个好消息告诉他父亲的时候，他父亲责骂了他，因为他把善行
（mitzvah）当作对上帝的贿赂。"不，慈善挽救的不是你妈妈"，他父亲
轻声说道，看着一旁熟睡的客人，"是他"。[19]

美国每年有超过一半的公益事业捐赠主要为宗教性的。这些捐赠都
是自愿的、习惯性的，且是出于坚定的信仰而做出的；有的，即献给电
视福音传道者的部分，是因为受到逼迫和欺骗而做出。各种教派的牧师
都需要花大力气为自己的教会和自己支持的慈善组织劝募善款。J. F. 鲍
尔斯在《城市之死》（Morte d'urban，1962 年）和《播送绿意的麦穗》
（Wheat That Springeth Green，1988 年）里大胆地涉及这一问题，即讨论
在罗马天主教教士和教区居民的生活中，信仰与募捐间的紧张关系的问

题。在他写的一个故事中，即"喜爱之物的背叛"（Defection of a Favorite，1951 年），教区中的猫将年迈的马尔特神父（在寺牧师）与他的助手做了对比，马尔特神父是一个节制的人，而他的助手则颇具进攻性，他在马尔特教父生病时取代了他。这个新人从不迟疑于提醒教区居民要慷慨地向教堂捐赠；而之前马尔特神父则无论人们给什么，都会很满足——"哪怕非常的少"。[20]

马克（Mac）是鲍尔斯的小说《魔鬼是一个小丑》（1953 年）中的主角，为一个贫穷的、挣扎求生的僧团，即克莱门提斯会，做推销。为了销售僧团的杂志和小册子，他必须首先获得教区主教的同意，然后得到教区牧师的首肯——两者之许可皆非自动取得的，而且，作为一个世俗之人，他还面临着巨大的障碍。幸运的是，教区教士虽然不喜欢体系完善的宗教僧团，但至少没有将克莱门提斯会视为威胁，而且，马克也有娴熟的技巧，足以对付对方的冷淡或敌意。马克不喜欢人们——也不喜欢这样的工作——即挨家挨户的做推销。他所喜欢的是教士批准克莱门提斯会办布道会，然后由专人在会上散发订阅表，而他则坐在后台的牌桌前，只管收收钱就好了。为了取得教区牧师的合作，他只能开出条件，为"维修讲堂或者牧师偏爱的慈善事业（后者的内容通常为前者）"捐一笔钱。马克喜欢那种巨大的福利条件好的城市教区，并经常去那里搞推销；他很少去农村教区或者城里的贫穷的教区，诚如其所言，在那里什么事都干不成。[21]

和马克，以及其他为慈善组织劝募的人一样，乞丐也需要能劝说对方认识到他们的目标的有效性，以及自己应该快速、正向地给出回应。有组织的团体会使用专业的顾问、小册子、照片和名人代言等方式来获得捐赠。而乞丐则需要依赖他们自己的行为，恭顺或咄咄逼人，以及滔滔不绝的口才；如果用力过猛，反而可能弄巧成拙，因为这么做显得并非出于本心。在雷·布莱伯利的《都柏林大桥上的乞丐》中，有一个人戴着黑色的墨镜，但是没有戴帽子，站在利菲河的桥上，唱着歌，弹着六角风琴，向路人讨钱。在那些寒冷潮湿的冬日里，雨水打湿了他的头发，使他的头发紧紧地贴在脑袋上，并顺着他的脖子流下来，沿着他鼻尖滴到地上。他光秃秃的脑袋，不仅没有勾起人们的可怜之心，反而让人们感到很不舒服，因此他们都是匆匆而过，没有人往他的杯子里扔一枚硬币。终于有一天，他放弃了，先是将他的六角风琴扔进了河里，然后自己也跳进了河里。他的死就跟他在桥上的表演一样，没有引起人们丝毫的注意，但这个故事的讲述人，即一个美国游客，以及该游客入住的旅店的经理相互说道，他们感觉很遗憾，当时没有给他一些钱。所有人都认为这个人不戴帽子的做法是弄巧成拙的，反而使人们没法同情他。[22]

这个美国游客之前还疑惑道："街上的人，不知怎么搞的竟然做起了乞丐。"他和旅店经理看着旅店的入口，讨论着一些熟悉的乞丐形象：讨钱去科克（或戈尔韦、贝尔法斯特）的男子；带着小孩的女人；说自己得了癌症的人；有一台钢琴，但弹不出音乐的夫妇；用这样的话向你打招呼的男子，即"我们之中只有几个人留下了"。旅店经理相信，这里的"我们"指的是说话者以及其说话的对象，也即那些相互理解对方所需，并能及时给予帮助的人，而这样的人现在已经越来越少了。

这个美国人问，如何才能分辨哪个乞丐是诚实的，而哪个乞丐又是欺诈的呢？经理回答说他分不出来：这两类乞丐根本就没有分别，虽然有些人从事乞讨的时间比其他人要长一些。无论是他们，还是其他什么人，都没法告诉你，在这家旅店外到底发生了怎样的一系列的情况，才导致他们走上了这条路。

那么做一个乞丐的感觉又是怎么样的呢？这个旅客坐着电梯下了楼，走到旅店外。他把口袋里的钱给了他碰到的第一个人。然后，他就孤单单地站在那里，在寒风中瑟瑟发抖。他把自己置于乞丐的境地，抬头看着这家旅店亮着灯的窗户。这里面是什么样子的呢，他好奇地想着。里面暖和吗？住在里面的人快乐吗？他们能知道我在这里吗？[23]

在佩内洛普·莱夫利的《心灵城市》（1991年）中，有一个年轻人走进了伦敦的人群。当他发现有个年轻的女子向他要钱的时候，他内心经历了一场"各种感情的混合：不信任、悲惨、怀疑，以及羞耻"。她讲的故事很流畅，是反复排练过的，就好像她之前讲过很多次一样。她的外表很凌乱，但看起来很干净，也吃得白白胖胖的，躺她手推车里的婴儿也是一样的情况。怀疑和疑虑告诉这个年轻人要拒绝她的请求，但和《危险的新财富》中巴泽尔·马彻的处境一样，他承认，虽然对方可能是一个骗子，但却反映了所谓的无家可归者的真相，以及公共社会服务负担重和资金不足的情况。他把自己的零钱都给了她；她接过来数了数，放进了自己的钱包里，连个谢字都没有，然后两人就分开了。[24]

在斯图尔特·迪贝克的《童年和其他的街区》（1980 年）中，有一个故事写的是一个新入行的社会工作者，他在芝加哥市南区从事社会工作。他说道："人们不停地揍我，因为我散发资料。我是一个白人，穿着蓝色的制服，走在残破的街道上，显得我好像很富有一样。相对来说，我是富有的。"他见过各种结实的黑人年轻人，他们都站在一家唱片店的门口。他发现这些年轻人不太在乎钱，却很在乎对方能否回应他们的要求和嘲讽。对付他们的最好的办法是摆出酷酷的样子，甩出一个玩笑："要钱么，小子？我给你食品券。"一会儿后，他给了一个伸手讨要的人 25 美分，以及一群围住他的孩子一些一角硬币——他坐在麦当劳放在店门口的桌子边，这群孩子围在他的周边。因为社会工作者不能被人们认为是容易受骗的人，所以，他变得有选择了，只给那些看起来真的需要帮助的人钱。这个街区的人很快就知道了这件事情，他们质疑他的标准：你怎么给克莱德（Clyde）钱，而不给我呢？你给了露西·温特斯（Lucy Winters）五角钱。"有什么是她能做，我不能做的？"

在他干这份工作的最后一天，他在街上走着。有个乞丐向他走来。他心里想着这个乞丐可能对他提出的各类要求：精神健康、肿瘤治疗、心脏基金、肾脏基金会、公民权利、和平。两人又走得近了一些，这个乞丐就像是"堆在慈善商店里的稻草人"。这个乞丐走到了他的面前，说道："你能给我一美分吗？"[25]

就算我们躲得开个别乞丐的恳求，我们也无法躲得开慈善组织的吁请——在美国，慈善组织包括宗教团体、救济社团、医学研究和预防机构，以及各种政治趋向的倡导型组织。[26]在《博爱家》一书中，里德·惠特莫尔记录了自己的反应：当时，在一堆各类请求，诸如帮助穷人、苦难、无家可归者、美国土著、濒临灭绝的美洲鹤等之上，他又收到一份吁请，请他为全世界数百万文盲做一些事情，"他可以把书都点着火……然后要求他们来帮助他，如果他们能读得懂他的话"。最后，他从钱包里拿出两美金，"捐给了圣诞封条"①。相比亚瑟·吉特曼诗作《慈

---

① 圣诞封条（Christmas Seal），一种在圣诞季贴在邮件上的封条，通常由慈善机构出售以劝募资金。使用这种劝募方式的机构通常是医疗组织、儿童福利组织等。——译者注

善》中的夫妇，惠特莫尔的反应还是比较积极的。这对夫妇做出了这样的反应：丈夫没给什么大东西，妻子没给什么小东西，所以两人就什么都没给。[27]

在蓝斯顿·休斯的众多的社会题材的诗作中，有一首名为《毯子何其薄》的诗作表达了众多情感，包括捐赠人心头时时涌出的徒劳无功的感觉，以及贫苦者所陷入的深深的绝望：

> 世间苦难不胜数。
> 贫困痛苦无穷尽，
> 茫茫众生难得食，
> 无有片瓦可避雨，
> 寒冷刺骨实难耐，
> 恶饮陋食难果腹，
> 天寒地冻无所归！
> 何者吾能所为焉？
> 何者汝能所为焉？
> 何者我辈独为焉？
> 我等所有之陋食，
> 不足饱食与果腹，
> 何能远游去他乡！
> 我等伸出之双手，
> 无人愿与吾紧握，
> 何能再向前伸出！
> 我等所获之帮助，
> 渺小稀少不足道，
> 众人竟无施援手。
> 我等绝望之躯体，
> 瑟瑟颤抖于寒冬，
> 毛毯单薄难御寒！[28]

在 J. F. 鲍尔斯的《播送绿意的麦穗》中，有两个重要段落出现了

"绝望"这个词。它第一次出现是作为要逃避的对象，第二次出现是与慈善一道成为智慧的组成元素。乔伊（Joe）是一个牧师。他拒绝向他的教堂里的祈祷者们施压，以通过所谓的军费开支法案。通过这部法案就能增加就业，唤醒不断衰退的当地经济。他对自己很不满意，因为他知道自己吃得太多，喝得太多，不够节制，同时，他对自己教区里那些教众很不满意，因为他们物欲横流。他将自己的心头事告诉了他的告解神父——戴神父（Father Day）。后者告诉乔伊说要小心提防绝望的情绪。"绝望真是个放肆的东西，如你所知。多想想好的方面。我们没法改变世界……但是我们能改变自己。这就够了。有时，这就已经够多了。"戴神父的建议是："祈祷吧，乔伊，多多祈祷吧!"——不要为繁荣或保住工作而祈祷，而要为能救赎的德行和事物祈祷。[29]

此后，乔伊又干了很长时间，直到退休。他跟他的同事一起去办理退休手续。让他吃惊的是，他竟然能忍住没有责骂负责登记的主管和主教办公室。在短暂的不快后，"一个奇怪的念头闪过他的脑海，即不要说话，我的想法没什么用"，这让他意识到"有什么东西值得一说的吗，不论它是什么？慈善？绝望？或者两者的混合体——智慧？——这让这个老人归于沉默"。[30]

乔伊的沉默提醒读者，在没有必要说出来的时候，不把自己的观点告诉别人也是一种慈善。这种慈善义举不仅老人可为，而且人人可为，无论年长年幼，男人女人，贫困富裕，都一样。自我节制是限制观念表达的唯一合理方式，因为表达权是一项重要的权利，甚至在发言人所表达的内容无法影响他人，只能启迪或满足自己的时候，也是如此。

美国法院判决，慈善组织和个人乞讨者请求捐赠的行为受到宪法言论自由权的保护。[31]被恳求的人可以留心地听，也可以忽视这种呼请。在这种呼请中包含的支持或反对的信息都来自生活的历程，而不是书中的故事。这些故事告诉我们现在很多关于慈善与公益的事情。

本章注释

[1] Norman Douglas, *Old Calabria* (New York: Harcourt Brace and Company, 1956), 327。首次出版于1915年。第二段引文来自 Clyde Edgerton, *In Memory of Junior*

（Chapel Hill, N. C.： Algonquin Press，1992），74。

[2] Edith Nesbit, *The Railway Children* （New York： Philomel Press，1989），124 –
129。首次出版于 1906 年。纳斯比特（1858～1924 年）的儿童文学作品现在依
旧受到大家的欢迎。

[3] Ibid. ，50 – 52.

[4] Nathan Weber, ed. ，*Giving USA 1991*，*The Annual Report on Philanthropy for the
Year 1990* （New York： AAFRC Trust for Philanthropy, Inc. ，1991），45 – 46。虽
然穷人捐赠的收入比例较高，但在这一家庭中，只有 49% 的家庭做出了捐赠，
而在所有的美国家庭中，这一比例为 75%。

[5] Joseph C. Harmon, comp. ，*Philanthropy in Short Fiction*，*An Annotated Bibliography
and Subject Index* （Indianapolis： Indiana University Center on Philanthropy，1992）。
在寡妇的恩惠系列故事中，哈蒙提到了如下故事：Jacob Adler，"Samples," in
Cheerful Moments （New York，1940），and Henry Lawson，"Send Round the Hat,"
in *Best Stories of Henry Lawson* （London，1981）。

[6] Toni Morrison, *Beloved* （New York： Alfred A. Knopf，1987），246 – 249.

[7] Edgerton, *In Memory of Junior*，74.

[8] 关于 19 世纪中期儿童参与美国慈善组织的问题，参见 Robert H. Bremner，*The
Public Good* （New York，1980），21 – 22。

[9] E. Nesbit，"The Benevolent Bar," in *The Bastables*，*The Story of the Treasure Seek-
ers*，*The Wouldbegoods* （New York： Franklin Watts, Inc. ，1966），308 – 311.

[10] Ibid. ，319.

[11] Kathleen Fitzpatrick，"The Dorcas Society," in *The Weans of Rowallan* （New York：
Coward-McCann，1987），108 – 121。首次出版于 1902 年。

[12] J. I. M. Stewart，"Sweets from a Stranger," in *Parlour* 4 *and Other Stories* （London：
Victor Gollancz，1980），175 – 184. The Story is reprinted in Stewart's *Myself and
Michael Innes* （1987）.

[13] Jon Hassler, *Grand Opening* （New York： William Morrow and Company，1987），
306 – 307.

[14] Peter Maurin, *Easy Essays* （Chicago： Franciscan Herald Press，1984）8 – 10;
Maurin，"The Extra Coat in Your Closet Belongs to the Poor," *Catholic Worker* 56
（January-February，1989）： 1. Reprinted from *Easy Essays* （1936）.

[15] Robert Coles，"The Almoner，To D. D. 1897 – 1980," in *Rumors of Separate Worlds*
（lowa City： University of Iowa Press，1989），14。罗伯特·科尔斯（1929 年～）
写了五卷本的《儿童的危机》（Children of Crisis）系列（1967～1977 年），以及
《多萝西·戴，一项激进的献身》（*Dorothy Day，A Radical Devotion*，1987 年）。

[16] William D. Miller, *Dorothy Day*，*A Biography* （San Francisco： Harper & Row Pub-
lishers，1982），431。多萝西写的关于小德兰的传记出版于 1961 年。

[17] Maurice Yves Sandoz，"The Visitation," in *Fantastic Memories* （Garden City，

N. Y.：Doubleday，Doran and Company，Inc.，1945），113 - 115。山德士是一名瑞士科学家、音乐家和作家。

[18] Sylvia Townsend Warner，"A Work of Art，" in *The Spirit Rises*（New York：The Viking Press，1962），203 - 210。首次刊载于《纽约客》（1961 年 4 月 22 日），39 - 41。

[19] Hugh Nissenson，"Charity，" in *In the Reign of Peace*（New York：Farrar，Straus and Giroux，1972），51 - 63。尼森松（1933~2013 年）写了多部短篇小说，以及一部历史小说，名为《生命之树》（1985 年）。

[20] J. F. Powers，"Defection of a Favorite，" in *The Presence of Grace*（Garden City，N. Y.：Doubleday and Company，1956），113 - 114。首次刊载于《纽约客》，1951 年。

[21] "The Devil Was a Joker，" ibid.，69 - 75。首次刊载于《纽约客》，1953 年。马克还有一个副业，就是出售宗教类小玩意儿，来赚取利润，或者捐出去以博得好感；他贩卖的其中一样东西是一副牌，其中小丑这张牌上画的是一个魔鬼。

[22] Ray Bradbury，"The Beggar on Dublin Bridge，" in *Saturday Evening Post Stories*，1962（Garden City，N. Y.：Doubleday and Company，1962），206 - 221。雷·布莱伯利（1920~2012 年）写了很多小说、诗歌、短篇故事以及电影剧本。

[33] Ibid.，221 - 222.

[24] Penelope Lively，*City of the Mind*（New York：Harper Collins Publishers，1991），142 - 143。佩内洛普·莱夫利（1933 年~）是一个英国小说家，为孩子和成人写了很多书。

[25] Stuart Dybek，"Charity，" in *Childhood and Other Neighborhoods*（New York：Viking Press，1980），139 - 152。斯图尔特·迪贝克（1942 年~）在西密歇根大学任英语教授，是《芝加哥海岸》（1990 年）的作者。他在芝加哥长大。20世纪 60 年代，他曾给库克县公共救助部门做过一段时间的社会个案工作者。

[26] 其中有很多慈善组织都帮助穷人，但也有一些服务机构，比如儿童日间照料和家庭服务机构，主要关注并将资源都投向贫困线以上的客户。Lester M. Salamon，"Social Service，" in Charles T. Clotfelter，ed.，*Who Benefits From the Non-Profit Sector?*（Chicago：University of Chicago Press，1992），134 - 138，149 - 150。

[27] Reed Whittemore，"Philanthropist." *In The Past，The Future，The Present Poems Selected and New*（Fayetteville：University of Arkansas Press，1990），94. Arthur Guiterman，"Charity，" in *Gaily the Troubador*（New York：E. P. Dutton and Company，1936），61.

[28] Langston Hughes，"How Thin a Blanket，" in *Opportunity Journal of Negro Life*，17（December 1939）：361。获国家城市联盟的引用许可。

[29] J. F. Powers，*Wheat That Springeth Green*（New York：Alfred A. Knopf，1988），106，110 - 111.

[30] Ibid.，211.

［31］ *Village of Schaumburg v. Citizens for Better Environment*，440 U. S. 620 （1980）；and *Loper v. New York Police Department*，decided 30 Sept. 1992 and reported in the national edition of *The New York Times*，2 October 1992，p. A18。后一个案件是由两个职业乞丐发起的，这是一个集体行为，代表了所有的乞丐。詹姆斯·J. 基尔帕特里克 （James J. Kilpatrick） 在他的全国刊载的专刊中对联邦地区法院的罗伯特·W. 斯威特法官 （Judge Robert W. Sweet） 这一判决的重要性作了点评，载于《棕榈滩邮报》（*Palm Beach Post*），1993 年 1 月 16 日，p. 23A。

第十七章　现代：来自生活的故事

这一章主要是根据从新闻报纸上遴选出来的新闻通讯、专题报道和讣告编写而成的。所以，这一章就像是故事的汇编，而不是一个学术研究。在有些情况下，我隐去了人物的姓名，部分是因为要避免引起他们或他们家人的尴尬，部分是因为，虽然他们都是真实存在的或存在过的个体，但他们也是同类人物的代表。我敢肯定，读者一定会基于自己的阅历、曾读过的新闻报纸、收到过的捐赠吁请，想起更多的故事来，以解释我们这个世界和时代的慈善的精神、慈善的方法，以及在某种程度上，慈善的内涵。

死亡刺激了捐赠，即向教堂、收容所、学院和促进研究与预防各种疾病的机构做出的纪念性捐赠。有一个著名的商人在 44 岁的时候死于白血病，他的家人邀请他商店的顾客们捐赠医药费，用于支付他留下的沉重的医疗开支。有一个丧偶的丈夫以及这个受人尊敬的女人的孩子们为了纪念逝者，发起设立了一家"母亲日基金会"。捐赠给这家基金会的钱将被用于该基金会的长期目标：为学歌剧的学生提供奖学金，以及在节假日给孤儿们分发儿童玩偶。有一个寡妇和她的从事住宅开发的儿子为纪念逝者，一起设立了一个马球纪念赛。该锦标赛所得的收益全部捐给公共电视、博物馆和教育机构。[1]

有一种大家都很熟悉的故事情节，那就是一个孩子患了重病，或受了伤，然后他的医疗费超过了他父母的支付能力。在佛罗里达州的奥基乔，有一个 12 岁的小男孩得了肺炎，并发展成为血液感染，需要住院一个月。其整体的医疗费用高达 9.8 万美元；他的父母都没有医保。这个男孩是一个"很招人疼爱的孩子"。他在少年棒球联合会的教练召开了一次公共会议，探讨当地社群到底能提供给这个家庭什么样的帮助。他们设计的计划是举办一场垒球锦标赛，一场高尔夫锦标赛，出售"J. W. 之友"徽章，以及举办一场青年舞会。活动所得收入全部捐给这个男孩和他的家庭。另外一个男孩，9 岁的年纪，因为一场车祸而瘫痪了，而且他这个样子已经有一年多了。他收到了一套任天堂游戏机，可以靠说话来操作游戏。捐赠人是一个商人。他创办了一个慈善信托。这个信托举办了一场博彩销售活动来筹款，奖品是一台 1993 年的吉普车，筹得的善款用于给两个疾病晚期的孩子购买任天堂的游戏和其他一些礼物。[2]

　　博彩是一种传统的慈善筹款形式。各州的政府经常会出售彩票为教育筹款，而人们看到这样的活动自然也无须惊讶，即基督教青年会（YMCA）和佛罗里达州一家晚期病人收容院出售以"梦想之家"为奖品的彩票来筹集善款。在这家收容院的博彩活动中，有 3200 名捐赠人购买了彩票，他们是为了赢取奖品而买彩票的，每人至少捐赠了 100 美元。然后，在开奖的时候，即最终的得奖人——他没有到场，是一个新泽西的居民——公布后，大家又纷纷抱怨自己运气不好，哈哈大笑。"呀，又一只雪雀飞到佛罗里达来做好事了"，开奖人宣布道。这家收容院希望通过这次博彩活动筹集到 14 万美元。在佛罗里达州斯图尔特市的基督教青年会举办的一次博彩活动中，一对老夫妇赢得了一栋价值 26 万美元的房子，但他们怀疑自己住进去后，到底能不能付得起相关的费用；通过这场活动，基督教青年会筹到了约 40 万美元的善款。[3]

　　两名职业高尔夫选手，肯·格林（Ken Green）和马克·卡尔卡委齐亚（Mark Calcavechia），发起了一个项目，为无人收养的弃婴提供集体家庭。从 1990 年起，由这两名高尔夫选手创立的卡尔格林基金会（Cal-green Foundation）通过出售两场名人高尔夫锦标赛的门票，筹集到了 20 万美元的善款。这家基金会已经买下了第一个集体家庭，希望在"数月之内"开放，并计划举办第三场锦标赛。这场比赛的门票价格是 15 美元一人，门票可在西棕榈滩的一家牛排屋买到；票价包含午餐。[4]

　　没有人知道美国到底有多少孤儿。或许美国儿童局（United States Children's Bureau）有一天能提供相关信息。美国儿童局是一家联邦政府机构，由国会成立于 1912 年，"负责调查和报告与各阶层儿童福利和生活有关的事项"。但是，尼克松政府上台后，便将该局降级了，而且还削去了它很多职能。医学教师和研究者戴维·麦克尔斯博士（Dr. David Michaels）说道："我们不去跟踪调查那些失去父母的儿童，这真是让人惊奇啊！"麦克尔斯曾主持撰写了一份相关报告，发表在《美国医学协会期刊》1992年第12月刊上。这份报告估计美国大约有18500名没有感染艾滋病的儿童和青年，却因为被怀疑感染艾滋病而被遗弃；这份报告还估计，到2000年，因为感染艾滋病而被遗弃的人数会达到8万人。"多数人都很贫困，而且是黑人或西班牙裔，居住的地区缺少照顾他们的设施"，这份报告警告说："除非对这一容易受到伤害的群体增加投入，加大关心的力度，否则一场社会灾难将是不可避免的。"[5]

克莱拉·黑尔（Clara Hale，1905～1992年）是在上述那份关于艾滋病孤儿的报告发布前几天去世的。她证明一个穷人，住在一个贫困的地区，是能够帮助比她更差的人的。在黑尔小的时候，她的父亲就被人谋杀了，然后她的母亲，也即她善行的启迪者，在她16岁的时候也去世了。她和她的丈夫育有三个孩子。她的丈夫死于27岁。她白天给人打扫屋子，晚上打扫剧院，靠这个挣钱养家。之后，她在哈莱姆的公寓开了一间托儿所，以照看别人的孩子的方式挣钱。最后，她开了一家合法的孤儿院，领养了40个孤儿。所有的孩子都完成了高中学习，有的还读了大学。

1969年，黑尔妈妈已经到了退休的年龄，但她的女儿鼓励她继续收养一个孩子——在很多个其他孩子之后——这个孩子在他母亲的子宫里染上了毒品。在黑尔死的时候，黑尔之家——即她在哈莱姆成立的那个集体家庭，现在由其女儿负责打理——已经有1000个孩子，都是些染上毒品的孩子，有的一生下来就患有艾滋病。作为一家团体型的养育中心，在整整5年内，黑尔之家与纽约市的提倡个人领养孤儿的政策背道而驰；直到1989年，由于没有个人愿意领养孤儿，纽约市才允许向黑尔之家提供公共资金。而公共资金撤走后，黑尔之家又获得了个人捐赠的支持。[6]

与小说中不同的是，在实践中，慈善与商业间的合作要更为顺畅一些。和很多其他镇一样，康涅狄格州威尔顿镇的幸运之处在于其拥有一个市民领袖。这个领袖相信市民的慷慨有助于商业的发展。彼得·基廷（Peter Keating）是镇市场的经营者。他知道他所有顾客的名字。他和他的店员对顾客们都很关照，很客气。他每年给当地的组织，比如少年棒球联合会和基督教青年会等，捐赠 2 万美元，并配捐了一部分资金，用于给当地小学购买钢琴，给啦啦队买制服，同时，他还指导女童子军成员如何推销小饼干。出于同样的原因，英格兰索尔兹伯里的麦当劳将其收益的一部分捐给索尔兹伯里大教堂。这座大教堂是这个小镇上的主要旅游景点；而麦当劳则要靠向旅客售卖餐食来挣钱。这座大教堂每天的运营费用是 4500 美元。进入教堂的游客无须支付门票费用，但教堂方面建议其捐赠 3 美元，作为参观费用。凡捐赠的人都可以领到一张代金券，凭此券可以在麦当劳换取两个巨无霸，而同样的金额只能在麦当劳买到一个巨无霸。目前，最新的，也是最成功的慈善捐赠的获得者是美国的"丰收组织"（Second Harvest）。这是一家食品银行连锁机构。1990 年，在私人捐款收入方面，它的排名仅次于救世军（Salvation Army）和美国红十字会。它收到的大部分捐赠是滞销的，但依旧可食用的食物，捐赠者是食品生产商和超市。[7]

宗教是一条渠道，通过这条渠道，很多人都向他人表达了自己的善意——有时是恶意。有个教徒拒绝教会不断的吁请，抱怨道："在我眼里，基督徒的任务就只有一项，那就是不断地捐赠、捐赠、捐赠。"听到这句话后，他的牧师恭喜他，说他终于道出了基督徒的生活的真谛。[8]我们也可以用"犹太教徒"或"伊斯兰教徒"来替换上面那句话中的"基督徒"，因为这三种信仰都强调慈善是一种宗教义务。

禁食斋月后的那一天被称为"开斋节"（Eid-ul-Fur）。其含义是施舍日。在这一天，穆斯林信徒们都会向穷人做特别的布施。在现实中，多加会的成员，无论是清教徒，还是天主教徒，每周都会聚在一起，为穷人和医院的病人缝补衣服。每周二，佛罗里达州德尔雷比奇的一群妇女，大约是 50 岁上下，都会按照不同的组别，包括裁剪组、缝补组、熨烫组等，为社区里未婚母亲的孩子做衣服，或为海外的麻风病人做绷带。[9]佛罗里达州斯图尔特一个 63 岁的单身汉曾担任治安法官办公室中的书记官，但他现在已经退休了。在私底下，他曾"长期偷偷地服务于他人"。他曾走访海地的儿童医院，给那里送去衣服和玩具。而且，在 15 年的时间里，他一直赞助墨西哥的孤儿，做他们的教父。[10]

1987 年，多明我会的一个教徒向美国纽约市移民。他刚一踏上纽约的土地，便向上帝发下誓言，说如果他的地毯生意能够做起来的话，那他就会为监狱里的穷人做点事儿。5年后，他成功了。他遵照自己的誓言，挑选瑞克岛监狱里的一些犯人，为他们提供职业培训，并帮助完成这一培训计划（马特培训机构，Mateo Institute of Training，简称为 M. I. T）的犯人在他们刑满释放时找一份工作。与遵守诺言一样，凭借忠诚和坚守而忠于自己的信仰的行为也是具有典范意义的。在四十多年里，黑人浸礼会教徒埃尔温·尼古拉斯（Elvin Nichols）一直在纽约市的一座犹太教堂做门房和管理员。在这些年里，这家教堂的命运遭受了巨大的变故。这个教堂的信众们，20世纪40年代，曾经是这个城市里最富有，而且是最大规模的一群人，而因为人口流动，到20世纪70年代，他们已经变成了最贫穷的，而且最少的一群人。无论时运好坏，埃尔温·尼古拉斯都坚持在自己的岗位上，洒扫地面，维护灯烛和管道，修缮破败的建筑，微笑着向前来的信众们打招呼："安息日好。"20世纪80年代，在历经了数十年的衰败之后，大量有东欧背景的年轻犹太人们涌入这座城市，给这座教堂注入了新的活力。1988年，在尼古拉斯退休的时候，教众们纷纷夸奖他是"将大家粘在一起的胶水"，并称赞他是这样一类人，即做好自己的本分，由此便向大家展示自己的爱心。在这场聚会结束后，尼古拉斯先生评论说："我从未认识到，自己竟然这样受人喜爱。"[11]

很多时候，我们的善举的表现形式不是做好事或提供志愿服务，而是给一些机构或组织送去一张支票。在美国，现在有100多万家非营利组织，其中有超过半数的组织登记为免税的慈善组织。这些组织通过向个人、企业和基金会募捐而维持自身运营。很多慈善组织也接受政府的拨款，通过投资获取收益，向用户收费，或者，对于学院和大学而言，还收取学费和膳宿费等。那些有税收补贴（之前为税收全额支持）的组织也会向私人捐赠人募捐；公立电视台、电台、博物馆、图书馆，甚至公园，都组建了"伙伴"联盟，负责筹措款项，补贴公共拨款的不足；在各大城市或州里，学院或大学发展部门的员工数量正在快速增长，而学术研究项目则呈现出萎缩的态势。[12]

慈善组织提供的项目现在几乎跟超市或药店里陈列的商品一样，数量众多，五花八门。正是因为这个原因，各机构需要与同行做对比，以吸引潜在捐赠人的注意，唤起捐赠人的同情心。有的捐赠人更喜欢捐赠给健康组织，而非社会服务团体，而有的捐赠人的喜爱则正好相反，或者有人两种都喜欢。但是，不管是哪一种情况，他都需要比较各个不同的机构，并从选定的机构中选出一个符合他心意的项目。慈善领域中的竞争，和商业、宗教领域中的竞争是一样的：与在商业领域中一样，一个老牌的、成功的国内外穷苦儿童服务项目吸引了一家新机构的竞争，该新机构使用了与之类似的名称和标识；而在宗教领域，一些福音派和基要派团体坚持由自己主办，并以自己的方式搞一些事情，而这些事情已经由世俗的或主流教会团体做过了。与服务机构不同的是，倡导机构，即推动儿童、残疾人或环境领域政府项目和政策变革的组织，相互间竞争的内容是它们所开展的斗争的激烈程度，即从温和到激烈各种程度不等。[13]

不言而喻，很多人是出于情感、习惯或冲动而做出捐赠的。关注财务情况的捐赠人在遴选组织时，可以将各机构收入中用于项目的比例（一般应为70%以上）与用于行政开支和募捐费用的收入的比例进行比较。要快速了解组织收入中用于项目的比例的情况，人们可以从行业杂志《非营利时报：财富》（*Non Profit Times, Money*）上得到相关数据。该杂志罗列了美国排名前100强慈善组织的情况。据该杂志统计，平均的用于项目的资金的比例为80%。但是，在涉及来自于小机构的数据时，我们还需要考虑这些机构的管理和募捐费用之所以能保持这么低的水平，是因为它们使用了志愿者或低薪酬的文职人员，而且，其还对一些实物捐赠，如旧衣服、滞销食品等做了较高的估值。另外，机构的募捐开支可能是很高的，这是因为传统的捐赠，即填写认捐单形式的捐赠，已经很少了，或者是因为机构发起了新的项目，需要呼吁人们给予更多的捐赠，所以把成本给弄高了。[14]

有的电话推销公司为警察和救火员协会募捐。它们经常的做法是出售车尾贴纸，或演唱会、体育比赛的门票。这些公司只会把很少的一部分收入分给这些机构，而自己则赚取高额利润。所以，行业评估者给这些公司的评分很低。在这些募捐活动中，比例通常是相反的：只有约20%的收入被用于"项目"——警察或救火员协会，而有80%的收入则归了募捐人。当然，诚如其支持者所述，募捐人做了全部的工作，在这些募捐活动中，这些协会什么都没有付出，而这些活动反过来却支持了这些协会实现它们的宗旨。[15]

在《航行》（1987 年）中，乔森纳·拉曼（Jonathan Raban）写了他驾着一条小船巡航不列颠的经历。在该书中，他还写了关于曼岛上的英国退休人员的社会生活情况。他们的生活以各类慈善组织为中心，包括关于关节炎、失明、肾病、心脏病、生理或心理的不健康等疾病的组织。这里的老人身上有各种疾病，而每种疾病又都有一个自己的基金，所以从每年 9 月到次年 3 月，这些组织会举办各种的演唱会、舞蹈表演、晚宴等活动，一场接一场，一种病接一种病，连绵不绝。[16]

佛罗里达州的棕榈滩也有同样的活动，而且规模还要更大一些。每到冬天，在那里，几乎是每晚，上流社会的女性和她们的随从，都会付一大笔钱来参加博瑞克斯酒店为各类慈善组织或者为救助世界其他地方的野生生物而举办的舞会。这些慈善组织包括美国红十字会、心脏基金、其他医学类慈善组织、棕榈滩保护社团等。虽然在其他城市，也有类似的娱乐活动。但在棕榈滩，就像在曼岛一样，效果是不一样的，因为这里没有其他事情可干。一场成功的舞会能为这些机构筹到善款，而且这些活动本身也是一件艺术品，令倦怠的上流社会感到兴奋，同时，也是一项有挑战性的任务。而通过组织和推动这些活动，一些精力充沛的，富有能力的人也能获得一份事业。海伦·B. 里奇（Helen B. Rich）死于 1993 年，享年 89 岁。她曾帮助玛荷丽·梅莉薇德·波斯特（Marjorie Merriwether Post）组织过第一场美国红十字会舞会，而且，在很多年里，她还是这类活动的主要组织者。里奇太太的宠物格雷伊猎犬曾收到波斯特太太的一封邀请函，邀请它去参加玛尔拉格超豪华俱乐部。信里还写着一句提醒的话："带上你的妈妈。"里奇太太早年丧偶。她形容自己的生活是："十分的快乐，但完全是场意外。"在她去世的时候，一个朋友回忆说，里奇具有"修女的能力"，能劝说人们为慈善宗旨捐款。[17]

对于新闻媒体上出现的关于慈善舞会的报道，人们常见的反应是愤怒。人们看到的是奢靡无度，还有对他人的傲慢的漠不关心，而与此同时——就在棕榈海滩上，而不是其他遥远的地方——无家可归者正在找寻一处归宿，被解雇的航空工人在绝望地找寻一份报酬体面的工作，而移民劳工则挤在破败的房舍之中。但这些舞会不仅有经济功能，同时也能有助于社会问题的解决，因此是具有双重性的；有的机构每年近 1/3 的收入来自一场此类的舞会活动。更有甚者，诚如塞缪尔·约翰逊（Samuel Johnson）可能会提醒我们的那样，这些舞会提供了很多就业岗位，同时还提升了很多人们的生活福利，即酒店里上上下下的员工们，包括布景师、食物备办师、花工、音乐师、艺人、创意设计人员、裁缝、理发师、珠宝商、杂货批发商、酒品经销商、豪华汽车租赁商、保险商、下班的警务人员、社会记者和摄影师、停车场管理人员等。停车场管理人员收到的小费，平均每辆车是 1 美元；最近，在一场节庆活动结束后，有一个停车场管理员告诉记者："有的人会付 5 美元，而有的人虽然开着劳斯莱斯，但他会直接开进来，然后又开着车冲出去，什么钱都不给。"[18]

约翰逊和伯纳德·德·曼德维尔（约翰逊誉之为睁眼看到了真实的世界）可能会对 1993 年关于索马里的报告感兴趣。根据该报告，向当地运送食物的做法，在给这个农业凋落、饱受战争创伤的国家带来好处的同时，也可能会对其造成潜在的伤害。就像艾莉森·米切尔（Alison Mitchell）发在《纽约时报》的报道所说的那样，救济灾民"是一种国际慈善行为，但其在解救饥饿的人们的同时，自身最终也可能成为一个问题，即可能会摧毁当地仅存的农业经济"。1993 年 1 月，在索马里还有不少饥饿的和营养不良的人；国际红十字委员会的代表估计，"在可预见的未来"，当地还将有 200 万人口会依赖免费的食物。但是，从外地涌入的救济食物已经彻底摧毁了当地的主要产品的价格，比如，米、糖和谷物等。有些（不是全部）救济机构的官员表达了自己的担忧，即捐赠食物的过剩可能会导致当地农民不再种植谷物，这又会引发一个新的依赖的循环。1992 年 9 月，一名在索马里内战中侥幸生存下来的妇女种了很大的一块土地，收获了大量的庄稼，但在此后的 4 个月里，她一直都没有找到买家。"没有人想要买庄稼"，她告诉米切尔："每个人都分到了救济品。"[19]

马特尔·道森（Matel Dawson）是底特律的福特汽车公司的一名铲车司机。他已经 71 岁了。他给美国黑人学院联合基金捐赠了 5 万美元。在此之前，他还给该基金捐赠了 3 万美元。道森的学历是 9 年级，但他却相信赞助黑人接受更高级别的教育是他能做出的最好的投资。"其他黑人"，他说，"应该跟我一样，一起投资于他们的教育"。[20]

艾拉·汤普森（Ella Thompson）是威廉·潘恩之家（William Penn Homes）租客们的领导者。威廉·潘恩之家是宾夕法尼亚州切斯特市一个落地了的公共住房计划。汤普森对该计划中的建筑翻修的内容表达了明智的态度。她告诉记者："新房子是不错。但是，你还是要自己调整你的家庭。"她根据自己的第一手知识说道：她正在抚养自己 7 岁的孙子，亚伦（Aaron）。这孩子的父亲在他出生的时候就死了，而他的母亲又染上了毒品，便抛弃了他。亚伦和威廉·潘恩之家里其他一些幸运的孩子是尤金·M. 朗（Eugene M. Lang）先生新发起的项目的受益人。朗先生是 1981 年"我有一个梦想"项目的发起人。他和其他一些赞助人一起捐赠和筹措了 40 万美元，赞助大约 50 个小学生。他们承诺会支付这些学生未来读大学时的学费，并在这些孩子读书期间与之保持联系。而上述这个新的计划会将"我有一个梦想"项目拓展到住房领域，招募该计划周边地区的学院提供帮助。1993 年，该计划在芝加哥、丹佛、纽约和切斯特发起；1994 年，该计划的住房部分在洛杉矶、波士顿、德尔雷比奇、佛罗里达发起。加入这一计划的学院和大学包括索思摩学院（Swarthmore College）、丹佛大学（the University of Denver）、芝加哥的伊利诺伊技术学院（Illinois Institute of Technology in Chicago）、纽约的社会研究新学院（New School for Social Research in New York City）等。格罗利亚·杰里科（Gloria Jaricki）是纽约市拉伊县的博爱家。她是该计划在纽约住房项目的赞助人。她认识到自己接受一个艰巨的任务。"给你喜欢的慈善组织每年送出一张支票是一件很简单的事"，她说，"但看着孩子们的脸，帮助他们一起成长，一起走过 10 年或 12 年，则又是另一回事了"。[21]

《读者文摘》的创始人德威特·华莱士（DeWitt Wallace, 1891 ~ 1981 年）和他的妻子莱拉·艾奇逊·华莱士（Lila Acheson Wallace, 1890 ~ 1984 年）没有孩子。德威特的合伙人记得，德威特曾称他们夫妇的公益事业为"我们的孩子"。在他们去世前，他们建立了一个"支持机构"，以此为他们最喜爱的机构提供永久的支持，包括：纽约市的大都会艺术博物馆（The Metropolitan Museum of Art）、林肯中心（Lincoln Center）、斯隆-凯特琳癌症中心（Sloan-Kettering Cancer Center）和圣保罗的玛卡莱斯特学院（Macalester College）。他们还为一些特殊的宗旨，在纽约社区基金会里建立了多个信托基金。其中一个基金恰好是为修葺纽约公共图书馆期刊阅览室而创立的。1922 年，正是在那里，德威特开始从杂志中提炼与改写文章。那时，他还没有钱为新生的《读者文摘》买文章。在遗嘱中，华莱士夫妇并未限定他们的财富的公益用途。

1987 年，华莱士夫妇生前成立的 4 个基金合并为两个：德威特·华莱士 – 读者文摘基金和莱拉·华莱士 – 读者文摘基金。这两个基金的运营官和经理是同一批人。这些基金的前执行长官，同时也是华莱士夫妇生前的私人律师，批评将读者文摘作为这些基金的名字的后缀的做法，因为华莱士太太可能不会希望她的公益事业"企业化"。这些基金的主席为这一做法做了辩护。他指出这些基金控有读者文摘公司的股份，而这些股份价值又在不断上升，从而使其成为美国基金会中的最富裕者。[22]

1989 年，长期支持教育和青年领袖项目的德威特·华莱士 – 读者文摘基金拿出 4000 万美元，投入"图书馆之力"项目中。这个项目的内容是在 25 个城市里，帮助那些关门的、被忽视的或资金不足的学校图书馆，让它们重新开业，恢复活力。"图书馆之力"项目得到普遍好评，因为其让学校的图书馆充满了魅力，鼓励学生多阅读，并更新了图书馆的馆藏图书。娜奥米·S. 斯玛特（Naomi S. Smartt）是布鲁克林东弗莱特布什区小学的校长。她对这一项目在教工队伍中引起的效果，以及学生们积极的反应很是兴奋。但她也苦恼于在学校所在的范围内，没有其他一家图书馆是可以靠走路走到的。"我们有的学生已经读到 5 年级了。之后该怎么办？"她问道。[23]

到 1990 年底，莱拉·华莱士 – 读者文摘基金的资产规模达到了57700 万美元。它是很多博物馆，以及表演、视觉和文学艺术的主要赞助方之一。虽然这一项目跟联邦层面的赞助相比还是小巫见大巫，而且也经常被国家艺术基金围剿，但却在提升和推进公益和对艺术的公共支持此二者的公信力方面具有标志性意义和实在的价值。[24]

税法鼓励或限制为艺术及其他慈善目的而做出的捐赠。1986 年以前，法律鼓励人们的捐赠，即允许捐赠人在税前进行扣除，即扣除向博物馆或教育机构捐赠的艺术品、有价证券、不动产的市场价格。1986 年《税法改革案》只允许捐赠人扣除捐赠物的原始购买价格，而这一价格通常是远远低于市场价格的。从 1990 年起，不断有人尝试恢复市场价格抵扣规则，以鼓励捐赠人将其增值了的财产捐出来，而不是继续持有或在公开市场上卖掉。1993 年 2 月，克林顿总统宣布其支持恢复"慈善捐赠税法减免"。有很多人为总统的这一表态欢呼，其中之一便是大都会艺术馆的总裁。"这是一个天大的好消息"，他说，"这意味着克林顿政府支持对美国的大型文化机构进行投资"。[25]

艺术家和收藏家朱迪斯·罗斯柴尔德（Judith Rothschild）死于 1993 年。她在遗嘱中指定自己财产的绝大部分应被用于美国现代艺术。在她的收藏中，那些由当代一流艺术家创作的画作和艺术品，据信价值高达 4000 万美元。其中有些收藏品是她鼓动父母购买的。在未来 25 年里，朱迪斯·罗斯柴尔德基金会将其资产的收益用于帮助公共博物馆和画廊购买当地美国艺术家的作品。[26]

1993 年，"辉煌的遗产：哈弗梅耶收藏展"开幕。这场展览的举办地是大都会艺术馆。这场展览吸引了艺术批评家迈克尔·基梅尔曼（Michael Kimmelman）的关注。他呼吁人们关注在过去的一个世纪里，女性对博物馆事业的贡献，即其作为博物馆赞助者、收藏者、顾问和创办者所做的工作。露易丝（Louisine，亨利·奥斯本太太）和她的朋友兼顾问玛丽·卡萨特（Mary Cassatt）主要负责收集 19 世纪法国的画作，而这正是哈弗梅耶数量庞大的收藏品中的主体部分。1929 年，哈弗梅耶太太以其丈夫的名字陆陆续续地向大都会艺术馆捐赠了 2000 幅画作和其他艺术品。用基梅尔曼的话来说：这些作品"可能还是这个艺术馆收到的最重要的单项捐赠，这不仅是因为对这些捐赠没有做出任何限定，也是因为没有冠以任何画廊的名字，更是因为没有限定如何展示这些艺术品"。哈弗梅耶太太很友好而礼貌的解释了为什么她没有对布展和艺术品维护做出限定："我相信他们一定跟我一样的明智和感兴趣，能够维护和保管好这些有价值的捐赠品。"[27]

捐赠人可以提出捐赠物的价值，但却不应自我吹嘘推动做出这一捐赠的慷慨之心，就像哈弗梅耶太太所做的那样。斯巴达人为后来的捐赠人树立了一个榜样，即他们对于自己送给士麦那人谷物这件事中自己所做出的牺牲做了很低调的评价（参见本书第一章）。而我们现在看到的趋势是，人们正在将慈善捐赠中的牺牲替换为有趣的事、利益、投资和税收优惠。在去年春天"雪雀们"离开佛罗里达州的时候，当地的常住居民只要给癌症和肺病研究会捐赠 25 美元，或者给关节炎基金会捐赠 15

美元，就能得到几张特权卡。凭此卡，其可以免费或减免部分场地费，参加高尔夫课程（还需要使用高尔夫车，但不包括在内）。[28]

在捐赠和感受爱的层面，慈善继续展示着自己，并且是以与个人利益毫无挂碍的方式。1958 年，前棒球运动员罗伊·坎帕内拉（Roy Campanella）遭遇了一场车祸，瘫痪在床。多年以后，他说："我知道，打断你的脖子，并不是一条学东西的好路子。但是，躺在床上，全身瘫痪，让我学到了两样东西：容忍和耐心，针对我自己和所有其他人。这就是爱，不是吗？"[29]

本章注释

[1] 第一个案例源于我的个人经历；第二和第三个来自 *The New York Times*（hereafter cited as *NYT*），12 Oct. 1992，p. A16，and 3 Mar. 1993，p. C17；除有特别提及，否则皆引自全国版。

[2] Helen Gieser，"Names and Faces," *Palm Beach Post*（hereafter cited as *PBP*），4 Feb. 1993，p. 12D；Michael Lasandra，"Medical Matters," ibid.，19 Feb. 1993，p. 16A.

[3] Mitch Mckenney，"Visitor is Winner of $225,000 Home," ibid.，29 Mar. 1993，p. 1B；Jeff Houch，"Stuart Couple Wins $260,000 Home," ibid.，9 April 1993，p. 1B.

[4] Thom Smith，"Pro Golfers Raise Money for Orphans," ibid.，19 Feb. 1993，p. 1D.

[5] Ibid.，23 Dec. 1992，pp. 1A，5A. David Michaels and Carol Levine，"Estimates of Motherless Youth Orphaned by AIDS in the United States," *JAMA* 268（23 Dec. 1992），p. 3456。该报告没有考虑男同性恋家庭的存在，因为这样的男性很可能感染了致死的艾滋病毒。

[6] Bruce Lambert，"Clara Hale，87，Who Aided Addicts' Babies，Dies," *NYT*，20 Dec. 1992，p. 50（Metropolitan edition）.

[7] Andrew H. Malcolm，"Connecticut Grocer Thrives With His Personal Touches," ibid.，29 January 1993，p. A14. "Give to This Day …," *World Press Review*，Jan. 1993，p. 4；Felicity Barringer，"In the Worst of Times American Keeps Giving," *NYT*，15 Mar. 1992，p. 6E.

[8] W. F. A. Stride in *The（Old）Farmer's Almanac*，*1939*（Brookline，Mass.：Mabel M. Swan，1938），51.

[9] Mitch McKenney，"500 Gather for Muslim Holy Day，*PBP*，26 March 1993，p. 2B；Shana Gruskin，"Delray Group Helps Clothe the Needy," ibid.，4 Feb. 1993，p. 5B.

〔10〕 Sally Schwartz，"Stuart Bachelor Leads Secret Life Helping Children," ibid.，25 Jan. 1993，p. 1B.

〔11〕 Michael T. Kaufman，"A Promise to Inmates Comes Due," *NYT*，19 Dec. 1992，p. 16；Douglas Martin，"Keeping Faith：A Loyal Porter and A Synagogue," *NYT*，19 Oct. 1988，p. 24.

〔12〕 Barringer，"In the Worst of Times America Keeps Giving," p. 6E；Maria Newman，"As States Cut Aid, Public Colleges Work Harder for Private Money," *NYT*，29 Mar. 1993，pp. A1，B12.

〔13〕 Andrew L. Yarrow，"2 Charities for Poor Children Battle for a Name and a Turf," ibid.，2 Jan. 1992，p. A12；Jason De Parle，"Advocates Sell Antipoverty Policies Beneath Faces of America's Children," ibid.，29 Mar. 1993，p. A8.

〔14〕 Marguerite T. Smith，"Giving Wisely When the Need is Great," *Money*，Dec. 1992，pp. 113 – 123。最后一句提到的机构是美国残疾老兵组织（Disabled Veterans of America），它将其收入的 29% 用于开展邮件劝募；黑人学院联合基金（United Negro College Fund），在路易斯安那暴乱后，它发起了一场新的募捐活动，用于将该城市里的少数年轻人送到学院读书。

〔15〕 Charles Elmore，"Telemarketers Get Rich Off Donors to Police, Firefighters," *PBP*，28 Mar. 1992，pp. 1A，4A.

〔16〕 Jonathan Raban，*Coasting*（New York：Simon and Schuster，1987），76 – 77。拉曼（1942 年 ~ ）是英国的一名批评家、小说家和旅行文学作家。

〔17〕 Mitch McKenney，"Helen B. Rich, Charity Organizer, Ex-Society Writer, Dies," *PBP*，1 April 1993，p. 3B.

〔18〕 Loretta Grantham，"Putting It Together：The Heart Ball, Feb. 14," ibid.，25 Feb. 1993，p. 1D。瑞内特·耶特斯（Renate Yates）的《社会死亡，一场三个月的娱乐活动》〔*Social Death, An Entertainment in Three Months*（London：Century，1986）〕中写了一场节庆活动的筹备过程。这场活动是由澳大利亚悉尼市的残疾人拐杖社（the Crutches for Cripples Society）的精神健康分部组织的。

〔19〕 Alison Mitchell，"A New Question in Somalia：When Does Free Food Hurt?," *NYT*，13 Jan. 1993，pp. A1，A3。关于约翰逊提到的曼德维尔对他的启发，请参见本书第六章的相关内容。

〔20〕 *NYT*，19 Dec. 1992，p. 13.

〔21〕 Michael de Courcey Hinds，"Fishing for College Prospects in the Projects," ibid.，20 Jan. 1993，pp. 1A，5B.

〔22〕 Kathleen Teltsch，"Digest Founder's Legacy Gives \$150 Million a Year to Various Institutions," ibid.，26 Oct. 1992，p. B4.

〔23〕 Kathleen Teltsch，"\$40 Million Gift to Help School Libraries in 25 Cities," ibid.，29 Oct. 1992，pp. B1，B4.

〔24〕 1990 年 1 月 31 日，莱拉·华莱士 – 读者文摘基金做了 88 笔捐赠，合计 3220

万美元。1990~1991 年，国家艺术基金的支出约为 17000 万美元。《新闻日报》专栏作家詹姆斯·P. 平克顿（James P. Pinkerton）倡导，要削减联邦预算，第一项工作就要"减少国家艺术基金的支出，这不仅是因为其赞助色情艺术作品，还因为在这个阶段，其赞助艺术，而这些东西过于奢侈，我们现在还无法负担得起"。"A Call for the Loyal Opposition," *PBP*, 26 Feb. 1993, p. 16A。

[25] William Grimes, "Clinton Proposes to Restore Charitable-Gifts Tax Break," *NYT*, 19 Feb. 1993, pp. 1A, B9.

[26] Bruce Lambert, "Judith Rothschild, 71, a Painter; Began Foundation to Help Artists," ibid., 16 Mar. 1993, p. B9.

[27] Michael Kimmelman, "The Havemeyer Legacy Spotlighted at the Met," ibid., 26 Mar. 1993, pp. B1, B8。哈弗梅耶太太的话也引自该文。尼尔·哈里斯（Neil Harris）也在露易丝·哈弗梅耶（1855~1929 年）的传记中，就哈弗梅耶太太的收藏对于大都会艺术馆的重要意义做出了评论，参见 Edward T. James, ed., *Notable American Women* 2（1971）: 156 – 158。

[28] Advertisements in *PBP*, 11 April 1993, PGA Seniors Championship Tournament Supplement.

[29] Dave Anderson, "Campy Has Never Stopped Smiling During His Long Ordeal," *NYT*, 22 Feb. 1990, p. B10。在坎帕内拉死后，在一篇文章中，安德森（Anderson）重复了他的话。"In Campanella, The Heart of a Hero," *NYT*, 28 June 1993, p. B5。

后　记

　　《捐赠：西方慈善公益文明史》的篇幅并不算长，但却涵盖了很多内容，而且时间跨度也很大。如果换一个作者来写的话，那应该是一部更大部头的作品，而且书的内容会更加详尽，分析也更为深入。我在选择写这本中等体量的书的时候，自己心里也没有底。但我还是写了，因为我想与大家分享我的快乐，即我在古往今来的作品中发现的作者们所写的——或者书中角色表述的——关于慈善与公益的文字，我对他们的评述的重要意义，以及当时外在环境的思考。我选择作品的标准是思想的力量，无论这种观点我赞成与否，以及作者表达的流畅性如何；我并不以性别作为遴选的标准。这些遴选的工作全靠我一个人完成。为此，我要做大量阅读，并在为数众多的作者中遴选，故难免挂万漏一。所以，这部作品的出版给我提供了一个机会，让我能关注还有什么作者、角色和观点是没有被收录在其中的。

　　劝导他人捐赠可以成为一项重要的和有价值的服务（参见本书第二章），也可以成为一个逃避帮助他人的重担的托词。至于具体会是什么，取决于不同的人。诺里斯夫人（Mrs. Norris）是简·奥斯汀《曼斯菲尔德庄园》（1814 年）中的一个人物。她是一个穷牧师的妻子，是一个一毛不拔的人。她选择通过遥控的方式，来做第二种形式的慈善。奥斯汀（1775 ~ 1817 年）对她的评价是："只要是能办得到的事情，像走路、讲话和出主意之类的，她是没有隐藏的，彻底慈善的，没有人比她更懂得如何指挥别人做善事；但在她的心目中，对金钱的爱也十分重要，和对指挥别人做善事的爱一样的重要，所以她熟练地掌握了一门技巧，即省下自己的钱，花掉朋友的钱。"[1]诺里斯夫人劝导她天性善良但懒惰的妹妹，还有富有的妹夫承担起照顾和教育一个更穷的妹妹的女儿的责任。
这是一件代价颇巨的慈善事务，诺里斯夫人只想动动嘴皮子，自己却不
想往里面扔一个子儿。而她之所以要介入，并非是因为她同情贫苦的妹
妹，或者爱她的侄女，而是因为她那爱管闲事、喜欢指手画脚的天性。
无论如何，在事情都办妥后，她回到自己的寓所，"满心欢喜，相信自己
是这个世界上最为善解人意的姐姐和姑母"。[2]

自私以及过于容易满足的自尊心使得诺里斯夫人成了一个没有同情
心的人。如果是一个稍微仁善一些，更加慷慨一些的人，或者如果作者
用另一种笔调刻画诺里斯夫人的话，哪怕其依旧是劝导富裕的亲戚帮助
不幸的家人，也还是能赢得读者的喜爱的。如果需要帮助的不是直系亲
属，甚或是社会公众的话，那么这种劝导就应被称为倡导行为，而且，
人们认为其属于公益事业的职能范畴。

一名未婚女子，身无分文，住在老家农村，应不属于我们的公益研
究的合适对象。洛伊斯阿姨（Aunt Lois）是《老镇上的人们》（1869年）
中的角色。这是哈丽叶特·比切·斯托（1811～1896年）的作品，出版
于《曼斯菲尔德庄园》后半个世纪。该书的主要情节发生于18世纪90
年代新英格兰农村。之所以要关注洛伊斯阿姨，是有这么几个原因：其
一，虽然她的活动区域和捐赠规模都不是很大，但她对人们的需求很警
觉，并且反应速度很快。"在这个家中和周边地区，没有人"，斯托说，
"比洛伊斯阿姨做的善事更多"，而这些善事又提升了她在亲戚和邻居中
的地位和权威。其二，她满怀激情地从事慈善活动，以及她对接受她帮
助的人提出了很多特别的要求：

> 她……心里装着整个家庭；她照看着所有人，为所有人祈祷，
> 为所有人动肝火。如果她不是那么在意的话，那或许可以显得更
> 加亲切一些。所以说，她把自己献给了其他人，而这对于她来说，
> 是幸福的源泉，这不仅是说要让他们开心，还要让他们按照她设
> 想的样式和方式开心。她绘出了整个家庭的航海图，如果她能让
> 每个人按照她设定的道路前进的话，那她瘦削的脸上便也能少添
> 几道皱纹。对她来说，一个完美的事实是，她为大家设定的道路
> 是愉快而安逸的，而且其绝不容许上天破坏她的规划，让任何事

情偏离她的设计。[3]

洛伊斯阿姨并不是一个太讨人喜欢的角色；她甚至是要被描写成为一个动不动就发脾气的家里的暴君。之所以要研究她，最主要的原因是关注斯托在她身上刻画出来的洞察力和慈善心。斯托虽然亦着笔于洛伊斯阿姨性格中荒诞和不幸的一面，但却穿透了"这层冷峻严苛的外表"，剥出洛伊斯阿姨仁善、柔软的品质。

洛伊斯阿姨是一个如此栩栩如生的人物，由此使人不得不猜想斯托是不是以某个熟人为原型来写这个人物的。爱德华·吉本（1737～1794年）相信她的阿姨海斯德（Aunt Hester）是惠廉·劳虔诚的作品《一个重大的呼召》（1728年）中米兰达的原型，但看似更为可能的情况是，海斯德·吉本（1704～1790年）是按照惠廉书中的人物的路子来过自己的成熟的人生。米兰达是该书第八章中的核心人物，这一章的主题是"聪明而虔诚地使用财产"。米兰达将其财产"分为给自己的一份，和给几个其他的穷人的一份……这样就能避免很多蠢事。她想，使自己陷于无用的、无意义的开销之中，一定和把它们捐给他人来以同样的方式用掉一样的蠢"。她不会给一个穷人一便士，让他去看木偶剧，也不会自己花钱去看木偶剧。为了支持自己的慈善事业，她过得很节俭。"如果你去看望她"，惠廉写道，"你一定会惊讶她的身体怎么能这么差……关于着装，她只有一条规矩，那就是要保持干净，而且她穿的都是最便宜的……她吃东西仅仅是为了活着，并且定期禁食，以至于每顿饭对她来说都是一场自我否定的训练"。[4]

惠廉·劳是海斯德·吉本的哥哥（即爱德华·吉本的父亲）的家庭教师。他在这个家庭里受到所有家庭成员的尊重和爱戴，而且在《一个重大的呼召》一书出版时，他还跟他们住在一起。海斯德·吉本，在她父亲去世后，每年有五六百英镑的收入。这足够她独立生活了。18世纪40年代，她和一个富裕的闺蜜，以及惠廉的一个学生，共同加入了惠廉在北安普顿郡金斯克里夫的家庭。在那里，他们实践了惠廉在《一个重大的呼召》中设定的原则：做慈善、个人和家庭开支的节俭、经常祈祷、读经、吟唱赞美诗和诗篇。唯一奢侈的事情是他们允许自己购买圣书，放在图书室里，供大家互相借阅。他们在外面的慈善事业包括为孩子们捐建学校、为寡妇或未婚老妇捐建济贫院。他们有四头奶牛。他们把这些奶牛产的奶分给穷人，而且每天都会给上门讨要的人发汤——在惠廉尝过这些汤，肯定它的品质之后。他们坚持自己的仁善和慷慨之举，哪怕这个镇上的人们和教士抱怨，他们给乞丐的帮助使得这个教区陷于贫困。在《一个重大的呼召》中，惠廉已经预见和回答了人们的批评，即针对这种不做区分的慈善义举的批评。他写道，经文"直白地告诉我们，人的美德是对自己的善心不设标准，但现在我们所做的善事却全都不配得上这一点"。在惠廉的观念中，另一个同样"轻率的反对意见"，即捐赠在鼓励人们变成乞丐，是反对全体善行的，包括给赤裸者披上衣服，照顾生病这等善行，因为这些善行认为这会导致人们依靠他人，而不关心自己的健康。"当对上帝的爱存在你心中"，惠廉告诉古今所有的读者们，"当这种爱扩大你的胸襟，并用仁慈和同情……填满你的心灵，你就不再会做出如此的反对了"。[5]

在惠廉死后 40 年，海斯德·吉本才去世。海斯德出钱安葬了惠廉，并将她的闺蜜和室友安葬在惠廉坟墓的后面。她的侄子，也即那个著名的历史学家，在她去世后几年也跟着去世了，而且他只从她那里继承了一笔数额很小的遗产，但他依旧很高兴。爱德华·吉本承认自己不配讨论"精神生活的苦与乐"，但他依旧倾向于相信他阿姨的生活并非是不幸的。吉本在《一生的记忆》（1796 年）中写道："她的苦修是自愿的，而且，在她眼里，是功德无量的；而且这个老妇人非但不是无足轻重的，相反，她被各种依靠着、穷人和可怜人围绕着，他们乞求她慷慨的布施，吸收她传授的道理。"[6]

吉本夸奖惠廉是一个"杰出而虔诚的人，他相信自己所说的话，并实践所有自己感兴趣的事情"，但吉本也认为《一个重大的呼召》暴露出基督教教义中信仰与实践之间的矛盾。"地狱之火和永罚布满了该书的每一页；而且的确令人感到不可理喻的是，那些所谓的激情满怀的，反复宣扬对上帝的爱的追随者们，指的是那些剔除了自己所有和善品性的人。"[7]

吉本所谓的"追随者"对上帝可怕的品性，而非和善的品性更为折服。对于乔森纳·爱德华（1703～1758 年）来说，这就是事实。爱德华是惠廉的同时代人，比惠廉小几岁。他不停地在新英格兰的集会上宣扬对上帝的爱，发现形象地描绘地狱的恐怖能够成功的将对上帝的敬畏植入人们的心中。"他们站在地狱的悬崖边"，他在解释他激烈的布道的合理性时说道，"时刻会掉下去，还对自己危险的处境一无所知。难道我们不应该告诉人们这些事情，将他们从着火的屋子里吓出去吗"？[8]

爱德华的布道文，《慈善及其成果》（1738 年）是在惠廉的《一个重大的呼召》发表 10 年后完成的，取自于圣保罗的《哥林多前书》第十三章。其中所用的"慈善"一词，意为爱，特别是对上帝之爱。而慈善的另一种含义，即"期望和把人往最好的方面想的行为，以及妥善的安排自己的言行的做法"，或"向穷人捐赠的行为"都只是对上帝之爱的苍白的投影，是"新约中反复强调的"重要的德行。[9]就像《善行书》中的克顿·马瑟一样，爱德华列举和讨论了人们通过服务同胞而展示对上帝之爱的方式。马瑟和爱德华都把批评他人的过失作为一种服务上帝的有效方式。但爱德华比马瑟走得更远，他把矫正别人的邪恶，即"将他们的不幸与危险记在脑子里，然后将之作为唤醒他们的工具"，作为一个好人能为他人所做之事的典型案例。通过在外在方面帮助他人，即给饭吃、给衣穿，或者以其他方式使他们更加舒服，我们便在拯救他们的灵魂这一极其重要的工作中获得了一个优势条件。[10]

慈善和公益捐赠的目的具体是什么？是个人的救赎（如某些作家一直认定的那样），对他人的救赎（如爱德华建议的那样），还是简单的自尊和世俗的认可与回报？一切都有待讨论。在《捐赠：西方慈善公益文明史》之前的版本中，有一个之前没有提到的思想家，在这里我们要简单地提一下。人文主义者伊拉斯谟（1466？～1536 年）和路德一样对改革前教会中的恶习十分谴责，但他依旧坚信关于宗教思考、研究和慈善的修道院式的理想，同时还坚信新约中关于社会是一个有机体，是耶稣的身体的说法。在《基督徒战士手册》（1501 年）中，他写道："曾经发生在这个身体（body）的一个部分（member）上的事情，现在发生在整个身体上了。""我们是彼此的组成部分（member）。"因此，"我们不会忌妒比我们幸福的那部分，而乐意帮助比我们差的那部分。我们将会知道，帮助我们的邻人，我们将获得回报，同时，我们已经知道，伤害我们的兄弟，我们遭到了巨大的伤害"。[11]

伊拉斯谟和路德同属于一个僧团——奥古斯丁会。但伊拉斯谟却斥责那些人，说他们发下一个誓言，就将自己的财产全部处置掉了，然后又发下一个誓言，终生乞讨度日。不过，同时他还认为，将自己的生命用于追求财富也是不明智的，因为人应将生命用于追求其他更好的事物之上，而且"财富会给人带来众多的罪恶"。他宣称：拥有金钱并不是一种错误，错的只是爱钱本身，而不是把它看成一种工具。"那些富裕的人，应该像慷慨的管家那样办事；那些贫穷的人，应该觉得是一个朋友帮着解除了他们身上危险的负担。"[12] 不过，他最严厉的批评是针对守财奴的。这些守财奴，不论年龄，不论富裕程度，认为这些财富是他们自己的，应该按照他们自己的意愿来使用，对别人的痛苦漠不关心，对他们的恳求不闻不问。在他的观念里，"最恶劣的罪恶是心硬如铁"[13]，而这是一种会在人生的各个时期不断影响人们的行为的苦难。

还有很多作家的名字，为学者们所熟知。但是我写《捐赠：西方慈善公益文明史》的目的不是为了穷尽这一主题的一切内容，而是为了刺激人们对这一主题的兴趣，所以我把这些内容留给他们，让他们的好奇心泛滥，自己去翻查这些作者在作品里到底表达了什么样的看法。

注 释

［1］Jane Austen, *Mansfield Park* (New York：Everyman's Library, 1992), 8, chapter 1.

［2］Ibid. , 9.

［3］Harriet Beecher Stowe, *Old Town Folks* (New York：Library of America, 1982), 922。这段话引自：Robert H. Bremner, "The Blue River of Truth：Literature and Philanthropy," *Nonprofit Management & Leadership*, 6 (Fall 1995)：106 – 107。

［4］William Law, "A Serious Call to a Devout and Holy Life" in Law, *Selected Writings*, ed. by Janet Louth (Manchester, England：Fyfield Books, 1990), 50 – 53.

［5］Ibid. , 56 – 57。关于惠廉和他的同伴在金斯克里夫的慈善实践，以及他们的邻人对他们的回应，有很多人做了讨论，参见 Leslie Stephen, "Law, William (1686 – 1761)" in *Dictionary of National Biography*, vol 11：678 – 679；Arthur Mee, *Northamptonshire, County of Spires and stately Homes* (London：Hodden and Stoughton, 1945), 187；Tony Iverson, *Northamptonshire* (London：Robert Hale Limited, 1954), 280 – 281；and John Steane, *The Northamptonshire Landscape* (London：Hodder and Stoughton, 1974), 220 – 221。

［6］Edward Gibbon, *Memories of My Life*, ed. by Georges A. Bonnard (London：Thomas Nelson and Sons Ltd. , 1960), 21, 333 n. 15.

[7] Ibid. , 22 – 23。至少在米兰达那一章中，没有提到地狱之火和永罚。

[8] 引自 Clarence H. Faust and Thomas H. Johnson, eds. , *Jonathan Edwards*, *Representative Selections* (New York: American Book Company, 1935), 22 – 23。

[9] "Charity and Its Fruits" in *Jonathan Edwards Ethical Writings*, ed. by Paul Ramsey (New Haven and London: Yale University Press, 1989), 129. (Volume 8 of Jonathan Edwards *Works*, General Editor Perry Miller, John E. Miller et al. , 13 vols. to date. New Haven and London: Yale University Press, 1957 – 1974).

[10] Ibid. , 207 – 208.

[11] Erasmus, *Handbook of the Militant Christian*, translated with an introductory essay by John P. Dolan (Notre Dame, Ind. : Fides Publishers Inv. , 1962), 131, 150. *Enchiridion Militis Christiani*, written by Erasmus in 1501 was published in Antwerp in 1504 and reissued in 1518 "as the manifesto of Erasmianism in the early debates of the Reformation. " Brian Pullam, *Rich and Poor in Renaissance Venice* (Oxford, Basil Blackwell, 1971), 224.

[12] Erasmus, *Handbook of the Militant Christian*, 151.

[13] Ibid. , 131, 146.

参考文献

一般性文献

Adler, Mortimer J., and Charles Van Doren. *Great Treasury of Western Thought*. New York and London: R.R. Bowker Company, 1977.

Ausubel, Nathan, ed. *A Treasury of Jewish Folklore: Stories, Traditions, Legends, Humor, Wisdom and Folk Songs of the Jewish People*. New York: Crown Publishers, Inc., 1948.

————. *A Treasury of Jewish Humor*. Garden City, N.Y.: Doubleday and Company, 1951.

Blain, Virginia, Patricia Clements, and Isobel Grundy. *The Feminist Companion to Literature in English*. New Haven: Yale University Press, 1990.

Coles, Robert. *The Call of Stories. Teaching and the Moral Imagination*. Boston: Houghton Mifflin Company, 1989.

Curti, Merle. "Philanthropy." In Philip P. Wiener, ed., *Dictionary of the History of Ideas*, 3:486–93. 4 vols. New York: Charles Scribner's Sons, 1973.

Daly, Mary. "Faith, Hope, and Charity." In Philip P. Wiener, ed., *Dictionary of the History of Ideas*. 2:209–16. 4 vols., New York: Charles Scribner's Sons, 1973.

Drabble, Margaret, ed. *The Oxford Companion to English Literature*. Oxford: Oxford University Press, 1985.

Eliade, Mircea, ed. in chief, *The Encyclopedia of Religion*. 16 vols. New York: The Macmillan Publishing Company, 1987.

Gabel, John B., and Charles Wheeler. *The Bible as Literature, An Introduction*. New York: Oxford University Press, 1986.

Hart, James D., ed. *The Oxford Companion to American Literature*. New York: Oxford University Press, 1986.

Joy, Charles R., comp. *A Concordance Of Bible Readings*. Cleveland and New York: The World Publishing Company, 1965.

Loch, Charles Stewart. "Charity and Charities." In *The Encyclopedia Brittanica*, eleventh edition, 2:860–91. 29 vols. New York: The Encyclopedia Brittanica Co., 1910.

McCarthy, Kathleen D. "The Gospel of Wealth: American Giving in Theory and Practice." In Richard Magat, ed., *Philanthropic Giving*. New York: Oxford University Press, 1989.

Mencken, H.L., ed. *A New Dictionary of Quotations on Historical Principles from Ancient and Modern Sources*. New York: Alfred A. Knopf, 1942.

Mitchison, Rosalind. *Coping with Destitution: Poverty and Relief in Western Europe*. Toronto: University of Toronto Press, 1991.

O'Connell, Brian. *America's Voluntary Spirit. A Book of Readings*. New York: The Foundation Center, 1983.

Payton, Robert L. "Philanthropic Values." In Richard Magat, ed., *Philanthropic Giving*, 29–45. New York: Oxford University Press, 1989.

———. *Philanthropy, Voluntary Action for the Public Good*. New York: American Council on Education, 1988.

Pray, Kenneth L.M. "Charity." In *Encyclopedia of the Social Sciences*, 3: 340–45. 15 vols. New York: The Macmillan Company, 1930–34.

Rosten, Leo. *The Joys of Yiddish*. New York: McGraw Hill Book Company, 1968.

———. *Leo Rosten's Treasury of Jewish Quotations*. New York: McGraw Hill Book Company, 1972.

Salzman, Jack, ed. *The Cambridge Handbook of American Literature*. Cambridge: Cambridge University Press, 1986.

Scott, Austin W. "Charitable Trusts." In *Encyclopedia of the Social Sciences*, 3:338–40. 15 vols. New York: The Macmillan Company, 1930–34.

Stapleton, Michael, ed. *The Cambridge Guide to English Literature* Cambridge: Cambridge University Press, 1983.

Woods, Ralph L., comp. & ed. *The World Treasury of Religious Quotations*. New York: Hawthorn Books, Inc., 1966.

第一部分　古代世界

Alter, Robert, and Frank Kermode. *The Literary Guide to the Bible*. Cambridge, Mass.: Harvard University Press, 1987.

St. Augustine. *On Christian Doctrine*. Translated by D.W. Robertson, Jr. Indianapolis: Bobbs-Merrill Educational Publisher, 1958.

Baron, Salo Wittmayer. *A Social and Religious History of the Jews*. New York: Columbia University Press, 1952.

Deferrari, Roy J. *Saint Basil, The Letters*. 4 vols. Cambridge, Mass.: Harvard University Press, 1962.

Der Meer, F. Van. *Augustine the Bishop, The Life and Work of a Father of the Church*. Translated by Brian Battershaw and G.R. Lamb. London and New York: Sheed and Ward, 1961.

Fox, Sister Margaret Mary. *The Life and Times of St. Basil the Great as*

Revealed in His Works. Washington D.C.: The Catholic University Press, 1939.

Frisch, Ephraim. *An Historical Survey of Jewish Philanthropy From the Earliest Times to the Nineteenth Century*. New York: The Macmillan Company, 1924.

Frye, Northrop. *The Great Code, The Bible and Literature*. New York and London: Harcourt Brace Jovanovich, 1982.

Hesiod, *Works and Days*. Translated by Apostolo Athanassakis. Baltimore: Johns Hopkins University Press, 1983.

The Holy Bible. Revised Standard Version, Containing the Old and New Testaments. New York: Thomas Nelson and Sons, 1953.

Homer. *The Odyssey*. Translated by E.V. Rieu. Baltimore: Penguin Books, 1962.

The Interpreters' Bible. The Holy Scripture in the King James and Revised Standard Versions with General Articles and Introduction, Exegis, Exposition for Each Book of the Bible. 12 vols. New York: Abington Press, 1951–57.

Jones, Alexander, ed. *The New Testament of the Jerusalem Bible*. Garden City, N.Y.: Doubleday and Company, 1969.

McCurdy, Helen. *The Quality of Mercy. The Gentle Virtues in Greek Literature*. New Haven: Yale University Press, 1940.

Maimonides, Moses. *The Guide for the Perplexed*. Translated by M. Friedlander. London: George Routledge and Sons Limited, New York: E.P. Dutton and Company, 1947.

————. *Mishneh Torah: Maimonides' Code of Law and Ethics*. Abridged and translated from the Hebrew by Philip Birnbaum. New York: Hebrew Publishing Company, 1974.

Moe, Henry Allen. "Notes on the Origin of Philanthropy in Christendom." In *Proceedings of the American Philosophical Society*, 105 (1961): 141–44.

Morison, E.F. *St. Basil and His Rule*. London: Oxford University Press, 1912.

Plumptre, E.H. *Aeschylos, Tragedies and Fragments*. Boston: D.C. Heath and Company, 1900.

Plutarch. *Plutarch's Moralia*. With an English translation by Frank Cole Babbitt. 16 vols. Cambridge, Mass.: Harvard University Press, 1969.

Seneca, Lucius Annaeus. *The Epistles of Seneca*. Translated by Richard M. Gummere. 3 vols. Cambridge, Mass.: Harvard University Press, 1962.

Watt, Mary Caroline. *St. Martin of Tours, The Chronicles of Sulpicius Severus Done into English from the French of Paul Monceaux*. London: Sands and Company, 1928.

第二部分 中世纪和近代世界

Aland, Kurt, ed. *Martin Luther's 95 Theses*. Saint Louis: Concordia Publishing House, 1967.

Alpert, Michael. *Two Spanish Picaresque Novels. Lazarillo de Tormes (Anon.) and The Swindler (Francisco De Quevado)*. Harmandsworth: England. Penguin Books, 1969.

Ashley, W.J. *An Introduction to English Economic History and Theory*. 2 vols. New York: Putnam, 1898.

Aydelotte, Frank. *Elizabethan Rogues and Vagabonds*. Oxford: Clarendan Press, 1913.

Bacon, Francis. "Essays or Counsels Civil and Moral." In *The Harvard Classics*, 3:7–149. 50 vols. New York: P.F. Collier and Son, 1937.

Barron, Isaac. "The Duty and Reward of Bounty to the Poor." In *The Works of Dr. Isaac Barrow*, edited by Rev. T.S. Hughes, 2:308–80. 7 vols. London: A.J. Valpy, 1830–31.

Barron, Caroline M. "Richard Whittington: The Man Behind the Myth." In A.E.J. Hollaender and William Kellaway, *Studies in London History*, 192–248. London: Hodder and Staughton, 1967.

Blaiklock, E.M., and A.C. Keys, translators, *The Little Flowers of St. Francis and His Followers*. Ann Arbor, Michigan: Servant Books, 1985.

Bunyan, John. *The Annotated Pilgrim's Progress*. Chicago: Moody Press, 1980.

Chambers, C.K., comp. *The Oxford Book of Sixteenth Century Verse*. Oxford: Clarendon Press, 1932.

Chandler, Frank Wadleigh. *The Literature of Roguery*. 2 vols. Boston: Houghton Mifflin and Company, 1907.

Chaucer, Geoffrey. *The Canterbury Tales*. Rendered Into Modern English by J.U. Nicolson. Garden City, N.Y.: Garden City Publishing Company, Inc. 1934.

Clark, Peter. *English Provincial Society from the Reformation to the Revolution, Religion, Politics and Society in Kent, 1500–1640*. Hassocks, Sussex, England: The Harvester Press, 1977.

Cowper, J.M. *The Selected Works of Robert Crowley*. London: N. Trubner and Company for the Early English Text Society, 1872.

Emanuel, Cyprian W. *The Charities of St. Vincent De Paul; An Evaluation of His Ideas, Principles and Methods*. Washington D.C.: Catholic University of America, 1923.

Fuller, Thomas. *Church History of England*. 6 vols. Oxford: Oxford University Press, 1845.

————. *The Worthies of England*. 3 vols. London: Thomas Tegg, 1840.

————. *The Worthies of England*. edited with an introduction and notes by John Freeman. London: George Allen and Unwin, Limited, 1952.

Furlong, Monica. *Puritan's Progress*. New York: Coward, McCann and Geoghegan, 1975.

Giordani, Igino. *St. Vincent De Paul, Servant of the Poor*. Translated by Thomas J. Tobin. Milwaukee: The Bruce Publishing Company, 1961.

Helm, P.J. *England Under Yorkists and Tudors, 1471–1603*. London: C. Bell and Sons, Limited, 1968.

Imray, Jean. *The Charity of Richard Whittington. A History of the Trust*

Administered by the Mercers' Company, 1424–1966. London: Athlone Press, 1968.

Jenner, Michael. *Journeys into Medieval England.* London: Michael Joseph,1991.

Jessopp, Augustus, D.D., comp. *Wise Words and Quaint Counsels of Thomas Fuller.* Oxford: Clarendon Press, 1892.

Johnson, Richard. "The Nine Worthies of London." In *The Harleian Miscellany*, 12: 164–93. 12 vols. London: Robert Dutton, 1811.

Jordan, W.K. *Philanthropy in England, 1480–1660.* New York: Russell Sage Foundation, 1959.

———. *Social Institutions in Kent, 1480–1660, A Study in Changing Patterns of Social Aspirations.* In *Archeologia Cantiana*, 75 (1961).

Lambert, M.D. *Franciscan Poverty.* London: Society for Promoting Christian Knowiedge, 1961.

Leach, A.F. *The Schools of Medieval England.* New York: Benjamin Blom, 1968.

Lines, Kathleen. *Dick Whittington.* Illustrated by Edward Ardizzone. New York: Henry Z. Walck, Inc., 1970.

Lysons, Samuel. *Model Merchant of the Middle Ages.* London: Hamilton Adams, and Co., 1860.

Martz, Linda. *Poverty and Welfare in Hapsburg Spain, The Example of Toledo.* Cambridge: Cambridge University Press, 1982.

Mather, Cotton. "Bonafacius." In Perry Miller, ed., *The American Puritans Their Prose and Poetry.* 216–18. Garden City, N.Y.: Anchor Books, 1956.

Matt, Leonard von, and Louis Coget. *St. Vincent De Paul.* Translated from the French by Emma Craufurd. Chicago: Henry Regnery Company, 1960.

Maynard, Theodore. *Apostle of Charity, The Life of St. Vincent De Paul* New York: The Dial Press, 1939.

Milton, John. *Paradise Lost. Paradise Regained, Samson Agonistes.* With a New Introduction by Harold Bloom. New York: Collier Books, 1962.

Mollat, Michel. *The Poor in the Middle Ages. An Essay in Social History* New Haven and London: Yale University Press, 1986.

Moore, Norman, M.D. *The History of St. Bartholomew's Hospital.* 2 vols. London: C. Arthur Pearson Limited, 1918.

Penn, William. *Some Fruits of Solitude.* In *The Harvard Classics* 1:331–416. 50 vols. New York: P.F. Collier and Son, 1937.

Pound, John. *Poverty and Vagrancy in Tudor England.* London: Longman Group Limited. 1971.

Rogers, James Thorold. *A History of Agriculture and Prices in England* Oxford: Oxford University Press, 1866.

Schama, Simon. *The Embarassment of Riches.* New York: Alfred A. Knopf, 1987.

Trevelyan , G.M. *English Social History, A Survey of Six Centuries, Chaucer to Queen Victoria.* London: Longmans, Green and Company, 1942.

Vives, Juan Luis. "On Assistance to the Poor." Translated by Sister Mary

Alice Trobriner. *A Sixteenth Century Urban Report*, 33–57. Chicago: School of Social Service Administration, University of Chicago, 1971.

Walton, Izaak. "The Life of Dr. John Donne." "The Life of Mr. George Herbert." In *Izaak Walton's Lives*. London: Thomas Nelson and Sons, Limited, n.d.

Wheatley, Henry B., ed. *The Diary of Samuel Pepys*. 2 vols. New York: Random House, n.d.

————. *The History of Sir Richard Whittington by T.H.* London: The Villon Society, 1885.

Youings, Joyce. *Sixteenth-Century England*. London: Allen Lane, 1984.

第三部分　18世纪

Backscheider, Paula. *Daniel Defoe, His Life*. Baltimore: Johns Hopkins University Press, 1989.

Battestin, Martin C., with Ruthe R. Battestin. *Henry Fielding, A Life*. London and New York: Routledge, 1989.

Bindman, David. *Hogarth*. London: Thames and Hudson, 1981.

Boswell, James. *Life of Johnson*. Edited by R.N. Chapman, revised by J.D. Fleeman. Oxford: Oxford University Press, 1980.

Boyce, Benjamin. *The Benevolent Man, A Life of Ralph Allen of Bath* Cambridge, Mass.: Harvard University Press, 1967.

Brownlow, John. *The History and Objects of the Foundling Hospital, With a Memoir of the Founder*, 3rd ed. London: The Foundling Hospital, 1860.

Burns, Robert. *The Poetical Works of Burns*, Cambridge ed. Edited by Raymond Bentman. Boston: Houghton Mifflin Company, 1974.

Cook, Richard. *Bernard Mandeville*. New York: Twayne Publishers, Inc., 1974.

Cunnington, Phillis, and Catherine Lucas. *Charity Costumes of Children, Scholars, Almsfolk, Pensioners*. New York: Harper and Row Publishers, Inc., Barnes and Noble Import Division, 1978.

Defoe, Daniel. "Giving Alms No Charity." In *Defoe's Writings*, 13:153–88. 14 vols. Boston and New York: Houghton Mifflin Company, 1927.

————. *A Tour Through England and Wales*. 2 vols. London: J.M. Dent and Sons Limited, 1948.

Dobson, Austin, ed. *Steele, Selections from the Tatler, Spectator and Guardian*. Oxford: Clarendon Press, 1886.

————. *Henry Fielding, A Memoir*. New York: Dodd Mead and Company, 1900.

————. *A Paladin of Philanthropy and Other Papers*. London: Chatto and Windus, 1899.

Erskine-Hill, Howard. *The Social Milieu of Alexander Pope, Lives, Example and the Poetic Response*. New Haven: Yale University Press, 1975.

Fielding, Henry. *The Adventures of Joseph Andrews*. Edited by Martin C. Battestin, Middletown, Connecticut: Weslyan University Press, 1967.

————. *An Enquiry into the Causes of the Late Increase of Robbers and*

Related Writings. Edited by Malvin R. Zirker. Middletown: Conn.: Wesleyan University Press, 1988.

————. *Tom Jones. An Authoritative Text*. Edited by Sheridan Baker. New York, London: W.W. Norton and Company, 1973.

Ford, Newell B., ed. *The Poetical Works of Shelley*, Cambridge ed. Boston: Houghton Mifflin Company, 1874.

Franklin, Benjamin. *Writings*. New York: The Library of America, 1987.

Fuller, Thomas. *Gnomologia: Adagies and Proverbs: Wise Sentences and Witty Sayings, Ancient and Modern, Foreign and British*. London: B. Barker, 1732.

Gay, John. "The Beggar's Opera." In *Dramatic Works*, edited by John Fuller, 2: 1–65. 2 vols. Oxford: Clarendon Press, 1983.

Goldsmith, M.M. *Private Vices, Public Benefits, Bernard Mandeville's Social and Political Thought*. Cambridge: Cambridge University Press, 1985.

Goldsmith, Oliver. *The Poetical Works of Oliver Goldsmith*. Edited with Introduction and Notes by Austin Dobson. London: Oxford University Press, 1906.

Hetzenrater, Richard F. *The Elusive Mr. Wesley*. 2 vols. Nashville: Abingdon Press, 1984.

Johnson, E.D.H. *Paintings of the British Social Scene from Hogarth to Sickert*. New York: Rizzoli, 1986.

Lamb, Charles. "A Complaint of the Decay of Beggars." In *Essays of Eliah*, 148–55. London: G. Bell and Son, 1913.

Law, William. *A Serious Call to a Devout and Holy Life: The Spirit of Love*. Edited by Paul G. Stanwood. New York: Paulist Press, 1978.

Lonsdale, Roger, ed. *The New Oxford Book of Eighteenth Century Verse*. Oxford: Oxford University Press, 1984.

Mandeville, Bernard. "An Essay on Charity and Charity Schools." In *The Fable of the Bees, or, Private Vices, Public Benefits*. London: Edmund Parks, 1723.

More, Hannah. "Estimate of the Religion of the Fashionable World." In *The Works of Hannah More*, 1:287–376. 11 vols. London: Henry G. Bohn, 1853.

Nichols. R.H., and F. A. Wray. *The History of the Foundling Hospital*. London: Oxford University Press, 1935.

Pope, Alexander. *Epistles to Several Persons (Moral Essays)*. Edited by F.W. Bateson. London: Methuen and Co., Ltd., 1961.

————. *The Complete Poetical Works of Alexander Pope*. Edited by Henry W. Boynton. Boston: Houghton Mifflin Company, 1903.

————. *The Poetical Works of Alexander Pope*. Edited by Sir Adolphus William Ward. New York: St. Martin's Press, 1964.

Porter, Roy and Dorothy Porter. *In Sickness and Health The British Experience 1650–1850*. London: Fourth Estate, Limited. 1988.

Rodgers, Betsy. *Cloak of Charity, Studies in Eighteenth-Century Philanthropy*. London: Methuen and Co., Ltd., 1949.

Scott, Sir Walter. "Advertisement." In *The Antiquary*, 1:9–22. 2 vols. New York: Harper and Brothers, 1901.

Semmel, Bernard. *The Methodist Revolution*. New York: Basic Books, Inc. 1973.

Shepherd, T.B. *Methodism and the Literature of the Eighteenth Century*. London: The Epworth Press, 1940.

Smollet, Tobias. *The Expedition of Humphrey Clinker*. Athens, Georgia: University of Georgia Press, 1990.

Southey, Robert. *The Life of Wesley and the Rise and Progress of Methodism*, with Notes by Samuel Taylor Coleridge. Edited with Introduction by Maurice H. Fitzgerald. 2 vols. London: Oxford University Press, 1925.

Steele, Sir Richard. *The Tatler*. Edited by Louis Gibbs. London: J.M. Dent and Sons, Limited. 1953.

Stephen, Leslie. *History of English Thought in the Eighteenth Century*. 2 vols. London: Smith, Elder and Company, 1876.

Thompson, John D., and Grace Goldin. *The Hospital: A Social and Architectural History*. New Haven: Yale University Press, 1975.

Wheatley, Henry B. *Hogarth's London*. London: Constable and Company, Ltd., 1909.

第四部分　19世纪

Alison, William Pulteney. *Observations on the Management of the Poor in Scotland, and its Effects on the Health of Great Towns*. Edinburgh: William Blackwood and Sons, 1840.

Altick, Richard. *Presence of the Present. Topics of the Day in the Victorian Novel*. Columbus: Ohio State University Press, 1991.

————. *Victorian People and Ideas*. New York: W.W. Norton and Company, Inc. 1973.

Best, G.F.A. "The Road to Hiram's Hospital, A Byway of Early Victorian History." In *Victorian Studies* 5 (1961–62), 135–50.

Beveridge, William Henry. "Charitable Trusts – A Charitable Chamber of Horrors and Other Notes." In *Voluntary Action*, 356–80. New York: The Macmillan Company, 1948.

Briggs, Asa. *The Making of Modern England 1783–1867, The Age of Improvement*. New York: Harper and Row, 1959.

Burton, Richard. *Personal Narrative of a Pilgrimage to El-Medinah and Meccah*. 3 vols. London: Longman, Brown, Green and Longmans, 1855, 1857.

————. *The Book of the Thousand and One Nights. With an Introduction, Explanatory Notes . . . and a Terminal Essay*. 10 vols. Benares: The Burton Club, 1885.

Butt, John, and Kathleen Tillotson. *Dickens at Work*. London: Methuen and Co., Ltd., 1957.

Carlyle, Thomas. "Model Prisons." In *Carlyle's Latter-Day Pamphlets*, edited by M.K. Goldberg and J.P. Seigel, 60–108. Port Credit, Ontario: Canadian Federation for the Humanities, 1983.

Chalmers, Thomas D.D. *Statement in Regard to the Pauperism of Glasgow, From the Experience of the Last Eight Years*. Glasgow: Chalmers and Collins, 1823.

Coleridge, Ernest Hartley, ed. *The Poems of Samuel Taylor Coleridge*. London: Oxford University Press, 1957.

Cunningham, Valentine. *Everyone Spoke Against Dissent in the Victorian Novel*. Oxford: Clarendon Press, 1975.

Dickens, Charles. *The Adventures of Oliver Twist*. With an Introduction by Humphrey House. Oxford: Oxford University Press, 1987.

———. *Bleak House*. With an Introduction by Sir Osbert Sitwell. Oxford: Oxford University Press, 1987.

———. *Dombey and Son, Wholesale, Retail and for Exportation*. Oxford: Oxford University Press, 1987.

———. *The Letters of Charles Dickens*. 6 vols. to date. Oxford: The Clarendon Press, 1965–1988.

———. *The Life and Adventures of Nicholas Nickleby*. Oxford University Press, 1950.

———. *Martin Chuzzlewit*. New York: Grosset and Dunlap, 1935.

———. *The Mystery of Edwin Drood*, concluded by Leon Garfield, with an Introduction by Edward Blishen. London: Andre Deutsch, 1980.

———. *Our Mutual Friend*. Oxford: Oxford University Press, 1987.

———. *Sketches by Boz Illustrative of Every-Day Life and Every-Day People*. London: Oxford University Press, 1957.

Dostoevsky, Fyodor. *The Brothers Karamazov*. Translated and annotated by Richard Pevear and Larissa Volokhovsky. San Fransisco: North Point Press, 1990.

Edel, Leon, ed. *Henry James Letters, 1883–1895*. Cambridge, Mass.: Harvard University Press, 1980.

Eliot, George. *Adam Bede*. Edited with an Introduction by Stephen Gill. Penguin Books, 1980.

———. *Middlemarch*. Edited by Bert G. Hornbeck. New York: W.W. Norton, Inc., 1977.

Emerson, Ralph Waldo. *Essays: Second Series*. Cambridge, Mass.: Harvard University Press, 1983.

———. *The Journals and Miscellaneous Notebooks of Ralph Waldo Emerson*. 16 vols. Cambridge, Mass.: Harvard University Press, 1960–1982.

———. "Self Reliance." In *The Complete Works of Ralph Waldo Emerson*, 2:43–90. 12 vols. Boston and New York: Houghton Mifflin Company, 1903–04.

Glendenning, Victoria. *Anthony Trollope*. New York: Alfred A. Knopf, 1993.

Hall, N. John. *The Letters of Anthony Trollope*. 2 vols. Stanford, Calif.: Stanford University Press, 1983.

———. *Trollope, A Biography*. Oxford: Clarendon Press, 1991.

Hart, James D., ed. *RLS From Scotland to Silverado*. Cambridge, Mass.: Harvard University Press, 1966.

Hawthorne, Nathaniel. *The American Notebooks*. Edited by Claude Simpson. Columbus: Ohio State University Press, 1972.

———. *The Blithedale Romance and Fanshaw*. Columbus: Ohio State University Press, 1964.

———. *The English Notebooks*. Edited by Randall Stewart. New York: Modern Language Association of America, 1941.

———. *Mosses from an Old Manse*. Columbus: Ohio State University Press, 1974.

———. *Our Old Home: A Series of English Sketches*. Columbus: Ohio State University Press, 1970.

———. *The Complete Short Stories of Nathaniel Hawthorne*. Garden City, New York: Hanover House, 1959.

Himmelfarb, Gertrude. *The Idea of Poverty, England in the Early Industrial Age*. New York: Alfred A. Knopf, 1984.

———. *Poverty and Compassion, The Moral Imagination of the Late Victorians*. New York: Alfred A. Knopf, 1991.

Hobhouse, Sir Arthur. *The Dead Hand, Addresses on the Subject of Endowments and Settlements of Property*. London: Chatto and Windus, 1880.

House, Humphrey. *The Dickens World*. London: Oxford University Press, 1941.

Howells, William Dean. "Tribulations of a Cheerful Giver." In *Impressions and Experiences*, 150–88. New York: Harper and Brothers Publishers, 1896.

Hugo, Victor. *Les Miserables*. Translated by Norman Denny. Harmondsworth, England: Penguin Books, 1987.

James, Henry. *The Bostonians*. New York: Random House, 1956.

———. *Hawthorne*. New York: Harper and Brothers Publishers, 1879.

———. *The Princess Casamassima*. New York: Viking Press, 1989.

James, William. *The Will to Believe and Other Essays in Popular Philanthropy*. New York: Longmans, Green and Company, 1897.

Jewett, Sarah Orne. "The Spur of the Moment." In Richard Cary, ed., *The Uncollected Stories of Sarah Orne Jewett*, 365–71. Waterville, Maine: Colby College Press, 1971.

Johnson, Edgar. *Charles Dickens, His Tragedy and His Triumph*. 2 vols. New York: Simon and Schuster, 1952.

———. *Sir Walter Scott, The Great Unknown*. 2 vols. New York: The Macmillan Company, 1970.

Kaplan, Fred. *Dickens, A Biography*. New York: William Morrow and Co., Inc., 1988.

Keating, P.J., *The Working Classes in Victorian Fiction*. London: Routledge and Kegan Paul, 1971.

Kincaid, James R. *The Novels of Anthony Trollope*. Oxford: Clarendon Press, 1977.

Lascelles, E.C.P. "Charity." In G.M. Young, ed., *Early Victorian England*, 2:317–49. 2 vols. London: Oxford University Press, 1934.

Lowell, James Russell. *The Poetical Works of James Russell Lowell*, Cambridge ed. Revised and with a new Introduction by Marjorie R. Kaufman. Boston: Houghton Mifflin Company, 1978.

Lubove, Roy, ed. *Social Welfare in Transition, Selected English Documents, 1834–1909*. Introductory Essays by John Duffy and Samuel Mencher. Pittsburgh: University of Pittsburgh Press, 1966.

Owen, David. *English Philanthropy, 1600–1960*. Cambridge, Mass.: Harvard University Press, 1964.

Pope, Norris. *Dickens and Charity*. New York: Columbia University Press, 1978.

Prochaska, F.K. *Women and Philanthropy in Nineteenth Century England*. Oxford: Oxford University Press, 1980.

Rice, Edward. *Captain Sir Richard Burton*. New York: Charles Scribner's Sons, 1990.

Scott, Sir Walter. *The Antiquary*. 2 vols. New York and London: Harper and Brothers, 1901.

Smiles, Samuel. *Self-Help, With Illustrations of Conduct and Perserverance*. London: John Murray, 1958.

Stevenson, Lionel. *The Showman of Vanity Fair, The Life of William Makepeace Thackeray*. New York: Charles Scribner's Sons, 1947.

Thackeray, William Makepeace. *The History of Pendennis, His Fortunes and Misfortunes, His Friends and His Greatest Enemy*. New York: Wm. L. Allison, n.d.

———. *The Newcomes*. 2 vols. Cambridge: Cambridge University Press, 1954.

Thoreau, Henry D. *Walden*. Edited by J. Lyndan Shanley. Princeton, N.J.: Princeton University Press, 1989.

Tolstoy, Leo. *What Men Live By, Russian Stories and Legends*. Translated by Louis and Aylmer Maude. New York: Pantheon Books, 1944.

Trollope, Anthony. *An Autobiography*. With an Introduction by Charles Morgan. London: William and Northgate, Limited, 1946.

———. *Barchester Towers*. London: The Zodiac Press, 1975.

———. *Can You Forgive Her?* 2 vols. London: Oxford University Press, 1948.

———. "The Genius of Nathaniel Hawthorne." In *North American Review* 129 (1879), 203–22.

———. *The Warden*. With an Introduction by Ronald Knox. London: Oxford University Press, 1952.

Wordsworth, Jonathan, M.H. Abrams, and Stephen Gill, eds. *William Wordsworth: The Prelude, 1799, 1805, 1850*. New York: W.W. Norton and Company, 1979.

Wordsworth, William. *The Complete Poetical Works of Wordsworth*, edited by A. J. George. Boston: Houghton Mifflin Company, 1904.

———. *Yarrow Revisited and Other Poems*. London: Longman, 1835.

Young, G.M., ed. *Early Victorian England* 2 vols. London: Oxford University Press, 1934.

第五部分　19世纪80年代到现在

Aleichem, Sholom. *Inside Kasrilevke*. Translated from the Yiddish by Isidore Goldstick. New York: Schocken Books, 1965.

Auchincloss, Louis. *False Gods*. Boston: Houghton Mifflin Company, 1992.

———. *The Golden Calves*. Boston: Houghton Mifflin Company, 1988.

Bangs, John Kendrick. *Mrs. Raffles*. New York: Harper and Brothers, 1905.

Bellamy, Edward. *Looking Backward: 2000–1887*. New York: Random House, Inc., 1951.

Benchley, Nathaniel. *Lassiter's Folly*. New York: Atheneum, 1971.

Berry, Faith, ed. *Good Morning Revolution, Uncollected Social Protest Writings by Langston Hughes*. New York: Lawrence Hill and Company, 1973.

Bercovici, Konrad. *Crimes of Charity*. New York: Alfred A. Knopf, 1917.

Bloom, Harold, ed. *Ralph Ellison*. New York and Philadelphia: Chelsea House Publishers, 1986.

———. *Zora Neale Hurston*. New York and Philadelphia: Chelsea House Publishers, 1986.

Bontemps, Arna. "A Woman With A Mission." In *The Old South*, 71–87. New York: Dodd, Mead and Company, 1973.

Bradbury, Ray. "The Beggar on the Dublin Bridge." In *Saturday Evening Post Stories*. Garden City, N.Y.: Doubleday and Company, Inc., 1962.

Chekhov, Anton. *Stories of Russian Life*. Translated by Marcia Fell. London: Duckworth, 1914.

———. *The Unknown Chekhov, Stories and Other Writings Hitherto Untranslated*. Translated by Avrahm Yarmolinsky. New York: The Noonday Press, 1954.

Clotfelter, Charles T., ed. *Who Benefits from the Nonprofit Sector?* Chicago: The University of Chicago Press, 1992.

Gullason, Thomas A., ed. *The Complete Short Stories and Sketches of Stephen Crane*. Garden City, N.Y.: Doubleday and Company, Inc. 1963.

Crossman, R.H.S. *The Role of the Volunteer in Modern Social Service*. Sidney Ball Memorial Lecture, 1973. Oxford: Clarendon Press, 1973.

Curti, Merle, and Roderick Nash. *Philanthropy in the Shaping of American Higher Education*. New Brunswick, N.J.: Rutgers University Press, 1965.

———. *Tradition and Innovation in American Philanthropy. In Proceedings of the American Philosophical Society* 105 (1961): 146–56.

Cutlip, Scott M. *Fund Raising in the United States*. New Brunswick, N.J.: Transaction Publishers, 1990.

Davies, William H. *The Autobiography of a Super Tramp*. Preface by Bernard Shaw. London: Jonathan Cape, 1955.

Du Bois, W.E.B. *The Philadelphia Negro*. New York: Schocken Books, 1967.

Dunne, Finley Peter. "The Carnegie Libraries." In *Dissertations by Mr. Dooley*, 177–82. New York: Harper and Brothers, 1906.

Dybek, Stuart. *Childhood and Other Neighborhoods*. New York: Viking Press, 1980.

Edgerton, Clyde. *In Memory of Junior*. Chapel Hill: Algonquin Books, 1992.

Ellis, Susan J., and Katherine H. Noyes. *By the People, A History of Americans as Volunteers*. San Francisco: Jossey-Bass Publishers, 1990.

Ellison, Ralph. *Invisible Man*. New York: Random House, 1952.

———. *Shadow and Act*. New York: Random House, 1953.

Fitzpatrick, Kathleen. "The Dorcas Society." In *The Weans of Rowallon*, 108–21. New York: Coward - McCann, Inc., 1937.

Forster, E.M. *Howard's End*. New York: Alfred A. Knopf, 1946.

Freeman, Mary E. *A Humble Romance and Other Stories*. New York: Harper and Brothers, 1887.

George, Henry. *Social Problems*. Garden City, N.Y.: Doubleday Doran and Company, Inc., 1930.

Gorky, Maxim. "My Travelling Companion." In *Selected Stories*, 103–6. Moscow: Progress Publishers, 1981.

———. *Tales from Gorky*. Translated by R. Nisbet Bain. New York: Funk and Wagnalls Company, n.d.

Hassler, Jon. *Grand Opening*. New York: William Morrow and Company, Inc., 1987.

Howells, William D. *A Hazard of New Fortunes*. 2 vols. New York: Harper and Brothers, 1890.

Hughes, Langston. *The Langston Hughes Reader*. New York: George Braziller, Inc., 1958.

———. "Professor." In *Laughing to Keep From Crying*, 79–105. Mattituck: New York, Aeonian Press, 1976.

James, Henry. "The Coxon Fund." In *Henry James' Shorter Masterpieces*, edited by Peter Rawlings, 1:169–234. 2 vols. Totawa, N.J.: Barnes and Noble, 1984.

Jewett, Sarah Orne. *A Native of Winby and Other Tales*. Boston and New York: Houghton Mifflin and Company, 1894.

Karp, David. *All Honorable Men*. New York: Alfred A. Knopf, 1956.

Keillor, Garrison. "Jack Schmidt, Arts Administrator." In *Happy to Be Here*, 3–14. New York: Penguin Books, 1983.

Kramer, Ralph H. *Voluntary Agencies in the Welfare State*. Berkeley: University of California Press, 1981.

Lagemann, Ellen C. *The Politics of Knowledge, The Carnegie Corporation, Philanthropy and Public Policy*. Middletown, Conn.: Wesleyan University Press, 1989.

Lerner, Gerda, ed. *Black Women in White America, A Documentary History*. New York: Vintage Books, 1973.

Lewis, Sinclair. *Arrowsmith*. New York: New American Library, 1961.

———. *Gideon Planish*. New York: Random House, 1960.

Lively, Penelope. *City of the Mind*. New York: Harper Collins Publishers, 1991.

Magat, Richard. *Philanthropic Giving*. New York: Oxford University Press, 1989.

Maurin, Peter. *Easy Essays*. Chicago: Franciscan Herald Press, 1984.

McCarthy, Kathleen D., ed. *Lady Bountiful Revisited: Women, Philanthropy, and Power*. New Brunswick, N.J.: Rutgers University Press, 1990.

Miller, William D. *Dorothy Day, A Biography*. San Francisco: Harper and Row Publishers, 1982.

Morrison, Toni. *Beloved*. New York: Alfred A. Knopf, 1987.

Nesbit, E. *The Bastables, The Story of the Treasure Seekers, The Wouldbegoods*. New York: Franklin Watts, Inc., 1966.

———. *The Railway Children*. New York: Philomel Books, 1989.

Nevins, Allan. *Study in Power, John D. Rockefeller, Industrialist and Philanthropist*. 2 vols. New York: Charles Scribner's Sons, 1953.

Nissenson, Hugh. *In the Reign of Peace*. New York: Farrar, Straus, and Giroux, 1972.

O'Connell, Brian, and Ann O'Connell. *Volunteers in Action*. New York: The Foundation Center, 1989.

Penuel, Arnold M. *Charity in the Novels of Galdos*. Athens: University of Georgia Press, 1972.

Peretz, I.L. *Selected Stories*. Edited by Irving Howe and Eliezer Greenberg. New York: Schocken Books, 1974.

Perez Galdos, Benito. *Compassion*. Translated from the Spanish by Tony Talbot. New York: F. Ungar Publishing Company, 1962.

Piehl, Mel. *Breaking Bread, The Catholic Worker Movement and the Origin of Catholic Radicalism in America*. Philadelphia: Temple University Press, 1982.

Powers, J.F. *Morte D'Urban*. Garden City, N.Y.: Doubleday and Company, Inc., 1961.

———. *The Presence of Grace*. Garden City, N.Y.: Doubleday and Company, Inc., 1956.

———. *Wheat That Springeth Green*. New York: Alfred A. Knopf, 1988.

Raffel, Burton. "Foundations in Fiction: Philanthropic Folklore." In *Foundation News* 3 (May 1962), 7–10.

Rampersad, Arnold. *The Life of Langston Hughes*. 2 vols. New York: Oxford University Press, 1986–88.

Ross, Edyth L., comp. and ed. *Black Heritage in Social Welfare, 1860–1930*. Metuchen, N.J.: The Scarecrow Press, 1978.

Salamon, Lester M. "Social Services." In Charles T. Clotfelter, ed., *Who Benefits From the Nonprofit Sector*? 149–50. Chicago: University of Chicago Press, 1992.

Sharp, Margery. *The Faithful Servants*. Boston: Little, Brown and Company, 1975.

Sharpe, Tom. *Ancestral Vices*. London: Secker and Warburg, 1980.

Shaw, George Bernard. "Major Barbara." In *Bernard Shaw's Plays*, edited by Warren Sylvester Street, 1–73. New York: W.W. Norton Company, 1970.

―――. "Socialism for Millionaires." In *Contemporary Review* 69 (1896), 204–17.

Stern, Richard. "Idylls of Dugan and Strunk." In *1968*, 131–71. New York: Holt, Rinehart and Winston, 1970.

Stewart, J.I.M. *Myself and Michael Innes, A Memoir*. London: Victor Gollancz, Limited, 1987.

―――. "Sweets from a Stranger." In *Parlour 4 and Other Stories*, 175–84. London: Victor Gollancz, Limited, 1986.

―――. *Vanderlyn's Kingdom*. New York: W.W. Norton and Company, 1967.

Strode, Josephine, ed. *Social Insight Through Short Stories, An Anthology*. New York: Harper and Brothers, 1946.

Titmuss, Richard. *The Gift Relationship, From Human Blood to Social Policy*. New York: Pantheon Books, 1971.

Updike, John. *The Poorhouse Fair*. New York: Alfred A. Knopf, 1977.

Van Til, Jon, and Associates. *Critical Issues in American Philanthropy*. San Francisco: Jossey-Bass Publishers, 1990.

Wall, Joseph Frazier. *Andrew Carnegie*. New York: Oxford University Press, 1970.

Whittemore, Reed. *The Self-Made Man and Other Poems*. New York: The Macmillan Company, 1959.

Williams, David. *Treasure in Oxford*. New York: St. Martin's Press, 1989.

Yezierska, Anzia. *Hungry Hearts*. New York: Grosset and Dunlap, 1920.

索　引

图书在版编目（CIP）数据

捐赠：西方慈善公益文明史／（美）罗伯特·H.伯姆纳（Robert H. Bremner）著；褚蓥译. -- 北京：社会科学文献出版社，2017.8

（南山慈善译丛）

书名原文：Giving：Charity and Philanthropy in History

ISBN 978 - 7 - 5201 - 0657 - 3

Ⅰ.①捐…　Ⅱ.①罗…　②褚…　Ⅲ.①慈善事业 - 历史 - 西方国家　Ⅳ.①D57

中国版本图书馆 CIP 数据核字（2017）第 074898 号

南山慈善译丛·第一辑

捐赠：西方慈善公益文明史

著　　者／〔美〕罗伯特·H.伯姆纳（Robert H. Bremner）
译　　者／褚　蓥

出 版 人／谢寿光
项目统筹／曹义恒
责任编辑／曹义恒　孙军红

出　　版／社会科学文献出版社·社会政法分社（010）59367156
　　　　　地址：北京市北三环中路甲 29 号院华龙大厦　邮编：100029
　　　　　网址：www. ssap. com. cn
发　　行／市场营销中心（010）59367081　59367018
印　　装／北京季蜂印刷有限公司

规　　格／开本：787mm × 1092mm　1/16
　　　　　印张：16.75　字数：280 千字
版　　次／2017 年 8 月第 1 版　2017 年 8 月第 1 次印刷
书　　号／ISBN 978 - 7 - 5201 - 0657 - 3
著作权合同／图字 01 - 2016 - 5824 号
登 记 号
定　　价／79.00 元